Jürgen Schlieckau
Imke Geest

Cannabispolitik – quo vadis?

Plädoyer für eine gute Beziehungsarbeit mit Jugendlichen und gegen eine Legalisierung oder Liberalisierung der Droge Cannabis

Eine Streitschrift

disserta Verlag

Schlieckau, Jürgen; Geest, Imke: Cannabispolitik – quo vadis? Plädoyer für eine gute Beziehungsarbeit mit Jugendlichen und gegen eine Legalisierung oder Liberalisierung der Droge Cannabis. Eine Streitschrift, Hamburg, disserta Verlag, 2020

Mit einem Vorwort von Prof. Dr. Gerd Glaeske,
Leiter der Abteilung Gesundheit, Pflege und Alterssicherung der Universität Bremen,
Autor des „Cannabis-Reportes" (2018)

Mit 3 Abbildungen, 4 Exkursen, 4 Synopsen und 4 Tabellen

Buch-ISBN: 978-3-95935-532-2
PDF-eBook-ISBN: 978-3-95935-533-9
Druck/Herstellung: disserta Verlag, Hamburg, 2020
Covermotive: Pixabay.com

Bibliografische Information der Deutschen Nationalbibliothek:
Die Deutsche Nationalbibliothek verzeichnet diese Publikation in der Deutschen Nationalbibliografie; detaillierte bibliografische Daten sind im Internet über http://dnb.d-nb.de abrufbar.

Dr. Imke Geest und Jürgen Schlieckau haben die geteilte Erstautorenschaft.

© disserta Verlag, Imprint der Bedey Media GmbH
Hermannstal 119k, 22119 Hamburg
http://www.disserta-verlag.de, Hamburg 2020
Printed in Germany

Besonderer Hinweis

Die Medizin und das Recht unterliegen einem fortwährenden Entwicklungsprozess, so dass alle Angaben, insbesondere zu diagnostischen und therapeutischen Verfahren, zu Gesetzgebung und Rechtsprechung immer nur dem Wissensstand zum Zeitpunkt der Drucklegung bzw. Onlineveröffentlichung des Buches entsprechen können. Hinsichtlich der angegebenen Empfehlungen zur Pädagogik, Therapie und zum Umgang mit Cannabis wurde die größtmögliche Sorgfalt beachtet. Gleichwohl werden die Benutzer aufgefordert, Fachinformationen zur Kontrolle heranzuziehen und im Zweifelsfall einen Spezialisten zu konsultieren. Fragliche Unstimmigkeiten sollten bitte im allgemeinen Interesse dem Verlag mitgeteilt werden. Die Autoren machen sich die Meinungen der zitierten Quellen und Autoren ausdrücklich nicht zu Eigen und überlassen es dem Leser, diese zu bewerten.

Die medizinischen Informationen in diesem Buch ersetzen nicht den Besuch beim Arzt. Sicherheitshalber sollten Sie bei medizinischen Fragen immer einen Arzt aufsuchen.

Hinweis: Um den Textfluss nicht zu stören, wurde im weiteren Text bei Abhängigkeitskranken und Berufsbezeichnungen die grammatikalisch maskuline Form gewählt. Selbstverständlich sind in allen diesen Fällen immer Frauen, Männer und Diverse gemeint.

Anschrift der Autoren

Dipl.-Päd. Jürgen Schlieckau und Dr. Imke Geest
c/o Fachstelle für Sucht, Suchtprävention und psychosoziale Beratung
im Landkreis Cuxhaven des VBS e. V.
Grodener Chaussee 21, 27472 Cuxhaven
E-Mail: schlieckau@vbs-cuxhaven.de
Home: https://www.vbs-cuxhaven.de

Deklaration möglicher Interessenkonflikte

Es liegen keinerlei Interessenkonflikte im Zusammenhang mit der Erstellung dieser Publikation vor. Wir erhalten von Dritten keine Mittel für die Erstellung des Buches. Das Buch haben wir im Rahmen unseres ehrenamtlichen Engagements in unserer Freizeit erstellt.

Unser fachliches Erkenntnisinteresse ist die Suche nach einer gesundheitsorientierten und ideologiefreien Gestaltung der Cannabiskontrollpolitik in Deutschland. Wir setzen uns advokatorisch für Jugendliche, Abhängigkeitskranke und sozial Benachteiligte in der Gesellschaft ein.

„Arbeite! Aber nicht wie ein Unglücklicher oder wie einer,
der bewundert oder bemitleidet werden will.
Arbeite oder ruhe, wie es das Beste für die Gemeinschaft ist." [1]

Marc Aurel

---

[1] Marc Aurel, Selbstbetrachtungen IX, 12, zit. n. Wolfgang Weinkauf 2001, als Beispiel für eine stoische Haltung

Vorwort

Seit dem 10. März 2017 ist die Kostenübernahme von medizinischem Cannabis in der gesetzlichen Krankenversicherung (GKV) im 5. Sozialgesetzbuch (SGB V) geregelt, der Wirkstoff hat es, wie kein anderer, sogar namentlich in dieses Gesetz geschafft (§ 31, Abs. 6 SGB V) – warum, bleibt allerdings fraglich. Diese Regelung umgeht nämlich das System der sog. frühen Nutzenbewertung und Preisverhandlung, wie es normalerweise für neue Arzneimittel in der GKV gilt. Mit der frühen Nutzenbewertung neuer Arzneimittel, dem sogenannten AMNOG-Prozess, müssen Pharmafirmen nachweisen, dass ihre Produkte einen Zusatznutzen für die Patienten haben. Das war für Cannabis aber bei der Einführung in den gesetzlichen Vorgaben leider nicht vorgesehen, trotz der unbefriedigenden Studienlage und der geringen Evidenz, sowohl für den Nutzen wie für die Nebenwirkungen. Die Politik hatte sich auf die unsystematischen Erfahrungswerte bisheriger Ausnahmegenehmigungen des Bundesinstitutes für Arzneimittel und Medizinprodukte (BfArM) für Indikationen wie Schmerz, Epilepsie, Depressionen, ADHS oder zur Appetitsteigerung bei Krebs oder AIDS gestützt und sie als Basis für die Zulassung herangezogen. Was allerdings nicht in gleichem Maße beachtet und bei dieser Entscheidung berücksichtigt wurde, sind die unerwünschten Wirkungen, die längst schon vorher in vielen Publikationen diskutiert worden waren. Denn auch hier gilt: Wenn ein Mittel wirkt, sind auch Nebenwirkungen zu erwarten. Die Pflanzenstoffe aus Cannabis wirken auf das cannabinoide System in unserem Körper, insbesondere auf das zentrale Nervensystem, aber auch zum Beispiel auf Haut, Lunge, hormonale Drüsen oder auf die Augen. Die körpereigenen Endocannabinoide sind zwar in der Wirkung ganz ähnlich wie die pflanzlichen Cannabinoide, sind aber anders zusammengesetzt. Dennoch können diese Pflanzenstoffe die körpereigenen Cannabinoide ersetzen. Sie sind überall dort wichtig, wo sich der menschliche Organismus entwickelt. Daher kann es auch nicht erstaunen, dass sie auch in der Muttermilch enthalten sind. Und wenn Cannabis auf die Psyche und den Körper wirkt, gibt es auch immer unerwünschte Wirkungen. Es können beim Cannabiskonsum, allerdings abhängig von den konsumierten Mengen, häufig Denkstörungen auftreten, die sich vor allem in ideenflüchtigem Denken äußern. Konzentrationsfähigkeit und Aufmerksamkeit können vermindert werden, ebenso die Leistung des Kurzzeitgedächtnisses. Selten kommt es auch zu niedergedrückter Stimmung, gesteigertem Antrieb, Unruhe, Angst und Panik. Nimmt man Cannabis über längere Zeit in sehr hohen Mengen ein, kann es zu einer psychischen Abhängigkeit kommen. In seltenen Fällen können Psychosen mit Halluzinationen auftreten bzw. bei einer Anlage zu solchen psychischen Störungen ausgelöst werden, die dem Bild einer Schizophrenie ähneln. Wer eine genetische Anfälligkeit für Psychosen hat, erkrankt bei einem Cannabiskonsum etwa zwei bis drei Jahre früher, Schizophrenie-Schübe werden häufiger erlebt.

All diese Fakten und Informationen zur Anwendung von Cannabis, insbesondere bezüglich der z. T. problematischen Folgeerscheinungen müssen ernstgenommen werden. Dies gilt vor allem bei einer unkontrollierten Anwendung der Droge Cannabis. Eine Liberalisierung würde alle bekannten und gravierenden „Nebenwirkungen" bagatellisieren, da ist auch der Vergleich mit Alkohol oder Tabak kein gutes Argument für eine Gleichstellung. Noch hat die Politik in diesem Bereich die Möglichkeit, im Rahmen der Prävention die Verbreitung von Cannabis zu steuern – eine freie Verfügbarkeit würde vermeidbare Schäden fördern.

Daher bietet die nun vorgelegte Streitschrift von Jürgen Schlieckau und Imke Geest einen wichtigen, wohl überlegten und kompetenten Beitrag zur Cannabis-Politik, der von allen berücksichtigt werden sollte, die für zukünftige Entscheidungen verantwortlich sind.

Bremen, im Januar 2020

Prof. Gerd Glaeske[2], Universität Bremen
Autor des „Cannabis-Reportes" (2018)

---

[2]   Prof. Dr. Gerd Glaeske ist Leiter der Abteilung Gesundheit, Pflege und Alterssicherung (ehemals Gesundheitsökonomie, Gesundheitspolitik und Versorgungsforschung im Zentrum für Sozialpolitik -ZeS-), Universität Bremen, SOCIUM Forschungszentrum Ungleichheit und Sozialpolitik, Bremen

Inhalt

1. Unsere Ziele – unser Wunsch

Dieses Buch soll ein Beitrag zur aktuellen politischen Diskussion über die Cannabiskontrollpolitik sein, die leider zum Teil hoch emotional geführt wird.

Die im Buch enthaltenen *„Cuxhavener Thesen für eine gesundheitsorientierte Cannabispolitik"* sind ein Plädoyer der Autoren für die Fortsetzung der bisherigen Cannabisprohibition in Deutschland.

> **Unsere Haltung**
>
> Wir beziehen als Autoren Position für die Aufrechterhaltung des Cannabisverbots in Deutschland und begründen dies im Folgenden.
> Unsere Forderung nach einer konsequenteren Alkoholkontrollpolitik halten wir für mindestens so wichtig wie die Cannabisprohibition.

Dr. Imke Geest

Ich habe als Psychiaterin, die auch in einer Suchtberatungsstelle tätig ist, das Thema Cannabis zu meinem Steckenpferd gemacht. An diesem Thema kann man wunderbar erkennen, welche Probleme die Demokratie hat und welche Probleme liberale Bewegung erzeugt. Demokratie bedeutet im Idealfall, dass nach einer sachlichen differenzierten Diskussion über eine Abstimmung abschließend eine Entscheidung zu einem Thema getroffen wird. Das Ideal einer liberalen Gesellschaft ist, dass sich jeder mündige Bürger mit selbst erarbeitetem Wissen und Erfahrung eine persönliche Meinung bildet und diese in den Diskurs einbringt. Der Knackpunkt aber ist, dass die meisten Themen so komplex sind, dass man es kaum wirklich schafft, sich den nötigsten Sachverstand anzueignen. Deswegen haben wir Repräsentanten. Diese sehen sich aber mittlerweile so vielen verschiedenen Themen ausgesetzt, dass die Vielfalt und die Minderheitenbewegungen großen Fleiß und klaren Geist erfordern, um den besten Weg für unser Land zu finden.

Ein weiterer Knackpunkt ist, dass die Demokratie Mehrheiten für Entscheidungen braucht. An dem Brexitdrama der Engländer sehen wir, wie Lobbyismus und Stimmungen und Rhetorik die Wahrheitsfindung beeinflussen können und wie zeitintensiv eine Entscheidungsfindung sein kann.

Bleibt die Wissenschaft als Wegweiser. An der Klimadebatte sehen wir, dass klare wissenschaftliche Ergebnisse zu den Folgen und Realitäten eines Fehlverhaltens nur unzureichend zur Kenntnis genommen werden. Das Gleiche gilt aus unserer Sicht auch für die Ergebnisse aktueller Cannabisforschung. Die Psychiater sorgen sich um einen Missbrauch von Psychopharmaka. An den Themen Nikotin, Koffein, Essen resp. Zucker, Handys, Computer, Alkohol erleben wir, dass trotz intensiver wissenschaftlich begründeter Aufklärung über Suchtfragen eine hohe Dunkelziffer an Menschen mit Abhängigkeitserkrankungen bzw. „Substanzge-brauchsstörung" (DSM-V) mit den entsprechenden Folgeschäden entsteht.

Diese Störungen treten so häufig auf, dass sie von Vielen als Normalität erlebt werden. Einige, die eher für die Legalisierung von Cannabis sind, fordern gleichzeitig ein Verbot von Zucker und Fleischverzehr. Die liberale Gesellschaft ringt also mit den Teilen der Bevölkerung, die aus welchen Gründen auch immer es nicht schaffen, Selbstdisziplin zu üben.

Zusammengefasst haben wir diese Probleme trotz intensiver Präventionsarbeit noch lange nicht im Griff.

In unserer sozialen Marktwirtschaft bestimmt des Weiteren die Vermehrung des Geldes oft oder unterschwellig den Verlauf der Debatten bzw. schafft die Macht des Faktischen. Das können wir z. B. daran erkennen, dass Cannabisaktien gegenwärtig gern gekauft werden, ohne dass gleichzeitig feststeht, ob ein wachsender Cannabismarkt überhaupt wünschenswert ist.

Die Familie als Keimzelle für die Beziehungsgestaltung in unserer Gesellschaft ist gegenwärtig über verschiedene Einflüsse überlastet. Die Mütter wollen und sollen außerhalb der Familie arbeiten. Der Findungsprozess der modernen Paarbeziehung ist noch lange nicht abgeschlossen. Die Väter sind vielfach noch in alten Rollenmustern verhaftet. Erziehung soll verstehbar, angstfrei und liebevoll sein und die individuelle Persönlichkeit der Kinder fördern - ständig, mindestens 18 Jahre lang. Erziehung, wenn man sie überhaupt noch so nennen darf, flößt vielen Eltern Angst ein, wenn damit der Begriff Autorität verknüpft wird. Regeln sollen ver-stehbar und teilweise verhandelbar sein, das braucht Zeit und Geduld. Gleichzeitig fordert die Digitalisierung uns immer mehr heraus. Die Ernährung wird für die Eltern, wenn sie überhaupt noch selbst kochen, komplexer. Die aktive Sexualität fängt früher an. Wer soll da zeitlich in 24 Stunden den eigenen Familienstil schaffen? Wie sollen Eltern diesem ganzen Diskussions- und Selbstfindungsbedarf ohne gesetzliche Begrenzung und Unterstützung von außen entgegen-treten? Wie sollen sie der Liberalität im Umgang mit einer zunehmenden Vielfalt von Drogen zuhause begegnen? Es werden immer mehr Menschen mit unterschiedlichen Kulturen in unser Land kommen.

Das alles und noch mehr erfordert viel Engagement und Kreativität zum Finden von Lösungen. Drogen nehmen einem die Kraft dafür und können das Ganze komplizieren. Klare einfache Regeln könnten helfen.

Über die christliche Tradition haben wir seit 2.000 Jahren ein psychisches Grundgerüst erwor-ben, das als Kristallisationspunkt für einen gemeinsamen gesellschaftlichen Wertekodex hilf-reich sein konnte. Hierzu gehört Nächstenliebe, im Sinne der Achtsamkeit auch selbstfürsorg-lich, auf sich selbst bezogen.

Der Humanismus vermittelte u. a. die Grundwerte Maß halten, Sorgfalt und gerechtes Han-deln, zusammengefasst das Streben nach Menschlichkeit.

Beide Wertesysteme, das Christentum und der Humanismus sind Vielen nicht mehr tiefer-gehend bekannt. Als Gesellschaft sind wir auf der Suche.

Kindheit und Jugend sind bekanntermaßen prägend für das ganze Leben. Wir brauchen heute immer mehr Psychotherapeuten, die versuchen, fehlerhafte Entwicklungen und deren Folgeschäden zu korrigieren, leider nicht immer mit Erfolg. Es besteht bekanntermaßen Ärzte-, Lehrer- und Sozialarbeitermangel. Vielleicht hat das auch etwas miteinander zu tun. Dem aufklärerischen Projekt, einen Rahmen zu schaffen für sorgfältige intensive Selbstfindungsprozesse fehlt das Personal. Nicht zu vergessen ist hierbei die zu beobachtende zunehmende Gier von Menschen. Die gewünschte Befreiung von Angst, Scham und Hemmung als Leitmotiv kann begleitet werden von Hedonismus, Respektlosigkeit, Grenzüberschreitung, Aggression und Hass als Ausdruck der tiefen inneren Triebe des Menschen, die es, seit Sigmund Freud beschrieben, zu beachten und zu beherrschen gilt. Die Tiefenpsychologie deckt Gefühle auf und reflektiert sie, um besser mit ihnen umgehen zu können. Das Ergebnis von Verhaltenstherapie hängt in hohem Maße von Selbstdisziplin und der Bereitschaft zur Veränderung durch tägliches Üben ab. In der Psychotherapie welcher Richtung auch immer wird die Erfahrung gemacht, dass viele Patienten die Bereitschaft resp. Fähigkeit zur Selbstreflexion, Selbstdisziplin, zum Verzicht und zur Verhaltensänderung nicht in Kindheit und Jugend erworben haben.

Je heftiger die Schädigungen in Kindheit und Jugend, desto langwieriger werden therapeutische Behandlungen und umso prognostisch ungünstiger ist die Behandlungsperspektive.

Ziel unseres Buches vor diesem gesellschaftlichen Hintergrund ist es, eine andere Sichtweise auf die Cannabispolitik aufzuzeigen. Zwar ergeben Umfragen, dass es eine eher schweigende Mehrheit in Deutschland gibt, die eine Cannabislegalisierung ablehnt, siehe Seite 113. Demgegenüber steht aber eine lautstarke weltweite Bewegung, die Cannabiskonsum als selbstverständlich und legalisiert erlebt und dafür kämpft. Die Opioidkrise in den USA sollte uns eine Warnung sein. Was sagt uns die derzeitige Kokainschwemme? Soll etwa Kokain als nächstes legalisiert werden? Wir wünschen uns für Cannabis und weitere illegale Drogen klare, gut verständliche gesetzliche Regelungen und Übereinkommen, die den mafiösen Strukturen international, besonders in Südamerika durchdacht entgegenwirken. Dabei plädieren wir für klare internationale, europäische und kommunale Anti-Drogen-Konzepte. Wir wünschen uns keine Laissez-faire-Haltung.

Mindestens seit 2.300 Jahren ringt der Mensch mit den Grenzen zwischen Stoa und Epikureern, Disziplin und Lust. Die im neuen Gewand erscheinenden uralten gleichen Fragen erfordern immer wieder neue, moderne, gut durchdachte Antworten. Wie soll die deutsche und damit wohl europäische Lösung für Cannabis aussehen? Stellen wir uns in diesem Zusammenhang überhaupt gerade die richtigen Fragen, auf die wir Antworten finden müssen oder reagieren wir nur auf gesellschaftlichen und wirtschaftlichen Druck? Wer ist die schützenswerte Minderheit: die suchtgefährdeten Menschen oder die Genusskiffer? Die Minderheit, die Schutz benötigt, ist die Gruppe der suchtgefährdeten Menschen. Wir verweisen auf Kapitel 2 des Buches.

Auf diese komplexen Themen muss die Politik Antworten finden, auf die wir mit unserer Wählerstimme Einfluss nehmen - und hoffentlich mit diesem Buch.

Jürgen Schlieckau

Wir lassen uns als Autoren auf die Gratwanderung ein, das fachliche Erkenntnisinteresse mit dem advokatorisch-ethischen Interesse, dem Einsatz für die hilfe- und schutzbedürftigen Menschen in der Gesellschaft zu verknüpfen und möglichst miteinander in Einklang zu bringen.[3] Wir zitieren einerseits aktuelle Forschungsergebnisse der Cannabisforschung und bringen unser berufliches Erfahrungswissen ein, beziehen als aktiv mit Klienten und Patienten arbeitende Suchtexperten aber gleichzeitig advokatorisch Stellung für eine am Gemeinwohl und am Jugendschutz orientierte prohibitive Politik. Wir nehmen unsere Aufgabe wahr, die Öffentlichkeit und die Politik über grundsätzliche Missstände zu informieren, die uns in unserem beruflichen Alltag begegnen. Wir wollen auf der Basis unseres bisherigen Wissensstandes keine gesellschaftliche Realität widerspruchslos anerkennen, in der durch massive Einflussnahmen der Cannabislobby und eine verstärkt geführte quasi-rationale Verharmlosungsdebatte die Zahl der jungen Cannabiskonsumenten steigt. Wir wollen nicht, dass die repressive Säule der Drogenpolitik fundamental infrage gestellt wird. Denn die Repression hat u. E. bisher einen wesentlichen Beitrag zur erfolgreichen Cannabispolitik in Deutschland geleistet und zum Schutz der Allgemeinheit beigetragen. Es tut u. E. daher dauerhaft not, die Standortbedingungen für den Cannabismarkt in Deutschland und Europa durch eine *„Anticannabispolitik"*, wie die vormalige Drogenbeauftragte der Bundesregierung, Frau Mortler (CSU) sie nennt, möglichst unattraktiv zu gestalten. Und wir sind nicht davon überzeugt, dass die bisherige Cannabisprohibition in Deutschland gescheitert ist. Dabei verschließen wir uns selbstredend nicht der Weiterentwicklung der vier Säulen der staatlichen Drogenpolitik (siehe Seiten 49 und 79) und fordern wie die meisten Fachleute eine solide finanzielle Ausstattung der staatlich geförderten unabhängigen Cannabisforschung. Denn die Cannabisforschung wird bisher - schwer durchschaubar - sowohl von medizinischen als auch stark von privatwirtschaftlichen Interessen der Cannabisbranche bestimmt.

Wir stellen fest, dass heute Cannabis zum einen für eine bestimmte Gruppe von Konsumenten in Deutschland eine attraktive Lifestyle-Droge ist und dass zum anderen mächtige Interessengruppen der Industrie zuerst in den USA, in Kanada und nun auch in Europa einen Markt für Cannabisprodukte sehen. Dieser Markt verspricht künftig hohe Umsätze, auch wenn die heute gehandelten Werte zum Teil noch hoch spekulativ sind. Man kann die turbulente Entwicklung der Cannabiswerte auf dem Aktienmarkt seit mehreren Jahren beobachten. Cannabislobbyisten sind sehr aktiv und haben bereits einen hohen Einfluss auf die deutsche Politik sowie über die sozialen Medien auf die wichtige Zielgruppe der Jugendlichen gewonnen. Es geht schlicht um das große Geschäft mit der Droge und Pflanze Cannabis. Selbstverständlich wollen wir nicht die Tatsache der verheerenden Drogenkriege vor allem in Lateinamerika ignorieren. Die Ursachen der illegalen Drogenmärkte müssen durch globale Initiativen international noch stärker bekämpft werden. Daraus aber eine Antiprohibitionspolitik abzuleiten, liegt uns fern. Wir wünschen uns eine bessere Politikfolgenabschätzung und eine kritische,

---

[3]   Zur ethischen Fundierung des Paternalismus siehe Schlieckau 2013, 107ff, sowie Schlieckau 2015, 36ff.

auch ideologiekritische und sachbezogene Auseinandersetzung mit den Politikvorschlägen der Legalisierungsbefürworter von Cannabis. Marlene Mortler, die stark von der Cannabislobby und vielen interessierten Einzelpersonen angefeindet wurde, wies auf den hohen Druck der Cannabisindustrie hin, die nur auf die Legalisierung des Freizeitkonsums von Cannabis in Deutschland warte.[4] Eine Liberalisierung oder Legalisierung von Cannabis ruft neue wirtschaftliche Interessengruppen auf den Plan, die in der Folge gegen eine Regulierung von Cannabis wirken werden. Sie werden u. a. gegen Cannabissteuern, Konsum- und Werbeverbote zu Felde ziehen und die Probleme im Public Health-Sektor eher noch verstärken, wie dies die legalen Suchtmittelindustrien (Tabak, Alkohol, Pharma, Geldglücksspiel, Computerspiel) und nicht zu vergessen die Zuckerindustrie bereits tagtäglich demonstrieren. Dies relativiert die vermeintlichen Vorteile einer Liberalisierung der Cannabispolitik, wie z. B. der Kontrolle von Herstellung und Vertrieb, der Entkriminalisierung der Cannabiskonsumenten, der Cannabissteuer, der Reduzierung des Schwarzmarktes, usw. Die Zeche kann später jeder Bürger zahlen, der zwangsweise und vernünftigerweise in die Sozialversicherungssysteme einzahlen muss, falls diese nach einer Cannabisliberalisierung vermehrt von erkrankten Cannabiskonsumenten belastet werden.[5] Die Beibehaltung der Cannabisprohibition ist u. E. kein „Nicht-Handeln", wie dies leider auch einige Suchtfachverbände und Politiker formuliert haben, sondern sehr wohl verantwortungsbewusst praktizierter Jugend- und Gesundheitsschutz. Denn es kann, das ist eine unserer Thesen, aufgrund unterschiedlicher Machtverteilung kein Gleichgewicht zwischen einer künftigen Cannabiswirtschaft und dem Gesundheitsschutz der Bevölkerung geben. So treibt man mit einer Cannabislegalisierung „den *Teufel* (Cannabis-Schwarzmarkt) mit dem *Beelzebub* (z. B. marktwirtschaftliches Regulierungsmodell von Cannabis)" aus, in der Annahme, dass dann alles gut wird. Hier wird deutlich, dass die Cannabisprohibition für den Public Health-Sektor eher Vorteile birgt.

In aktuellen Blog-Beiträgen im Internet ist eine z. T. stark polarisierende Debatte zu beobachten, in der Sachargumente immer dann eine untergeordnete Rolle spielen, wenn sie der Ideologie der interessierten Gruppen entgegenstehen. Die in dieser Debatte stattfindende Verharmlosung von Cannabis und die fortgesetzte Lifestylewerbung für das Kiffen tragen nicht unerheblich zur Normalisierung des Konsums eines problematischen Suchtmittels und zum Anstieg der Konsumentenzahlen bei Jugendlichen bei. Letztere sind besonders vulnerabel. Die offene oder versteckte Cannabiswerbung steht im direkten Konflikt mit gesundheitspolitischen Zielen. Darauf weisen u. a. Frank Zobel und Marc Marthaler (2016) hin. Die Cannabiswerbung wird sich nach der möglichen Etablierung eines legalen Cannabismarktes auf Dauer aber nicht strikt begrenzen lassen. Die Idee eines strikten Werbeverbotes für Cannabis von Anfang an bleibt folglich bloße Theorie. Zudem wird die Cannabisindustrie immer neue Schlupflöcher finden, wie sie ihr Marketing für die Zielgruppe der Jugendlichen betreiben

---

[4] Vgl. Marlene Mortler, In: ntv, https://www.n-tv.de/panorama/Mortler-fordert-eine-Anti-Cannabis-Politik-article19990098.html?gclid=EAIaIQobChMImb7SgMKI5gIVw6SaCh2OswY4EAAYASAAEgKK7_D_BwE, aufgerufen am 26.11.2019.

[5] Vgl. den Wirtschaftsprofessor Michael Adam im ntv-Interview vom 02.01.2018. In: https://www.handelsblatt.com/video/unternehmen/legalisierung-von-cannabis-die-finger-davon-lassen-warum -deutschland-weiterhin-drogen-verbieten-sollte-/20804888.html?ticket=ST-32726521-fGzVRAXbN D2eSJ1rtTtS-ap6, aufgerufen am 26.11.2019.

kann. Vergleichbare Beispiele der Alkoholindustrie gibt es zuhauf. Befürworter einer Cannabisliberalisierung sprechen gern von einer in Deutschland vermeintlich misslungenen Cannabisprohibition. Viele Menschen halten diesen Mythos für glaubhaft, weil es in Deutschland stärker als vor 30 oder vor 50 Jahren in Mode gekommen ist, bestehende Verbote und Begrenzungen in Frage zu stellen und sich schnell persönlich benachteiligt zu fühlen. Die Auffassung, dass die Cannabisprohibition gescheitert sei, entspricht aber nicht der Realität.

In den sozialen Medien werden prominente Vertreter, die für die Beibehaltung der bisherigen Cannabispolitik plädieren, nicht selten persönlich angefeindet und diffamiert. In Universitätshörsälen und auf Kongressen werden sie ausgebuht und beschimpft. Regierungshandeln mit Strategien der Cannabisprohibition wird verteufelt. Ähnliche Erfahrungen müssen seit Jahrzehnten etwa auch Verfechter der Alkoholprohibition machen. Das passt übrigens gut in die gegenwärtige Unkultur von Hassbotschaften. Mit demokratischen Gepflogenheiten haben solche Verabsolutierungen der eigenen Meinung nichts zu tun.

Cannabislobbyisten beklagen eine menschenrechtswidrige Verbotspolitik und eine vermeintliche Bevormundung des Bürgers durch den Staat.[6] Sie propagieren ihr Recht auf einen Rausch und beklagen eine undifferenzierte moralische Verteuflung des Cannabiskonsums. Die Parteien der Großen Koalition werden heute von einer aktiven Minderheit von Cannabislobbyisten und interessierten Bürgern unter Druck gesetzt, um den Weg endlich frei zu machen für eine Cannabisliberalisierung oder -legalisierung. So wirbt der Deutsche Hanfverband bei Richtern für einen Normenkontrollantrag nach Art. 100 Abs. 1 Grundgesetz. Der Verband hat zwei Berliner Anwälte mit der Erstellung eines Musterkontrollantrags beauftragt, um Richtern sozusagen diesen Schritt „mundgerecht" vorzubereiten, damit sie diese Mustervorlage für eine Verfassungsbeschwerde nach Art. 93 Abs. 1 Nr. 4a Grundgesetz benutzen können. Der Hebel soll also über das Bundesverfassungsgericht angesetzt werden, um die Legislative zu Gesetzesänderungen zu nötigen. Hier ist die Frage, ob sich Richter vor den Karren der Cannabislobbyisten spannen lassen. Es geht u. E. auch um gelebten Hedonismus, politische Macht und um die Frage, welche Fraktion sich durchsetzen wird.

Wir fürchten, dass die Modellvorstellungen einer alternativen Cannabispolitik allesamt an der Realitätsprüfung scheitern werden. Das offene antiprohibitive Experiment wird wahrscheinlich neue Risiken und Opfer schaffen und ständig dem versprochenen Erfolg hinterherjagen, eben weil der Mensch und die Welt nicht so ist, wie man ihn und sie sich wünscht. Es ist nicht ausgeschlossen, dass dieses offene Experiment scheitert.

Dagegen helfen stoische Ruhe, Affektkontrolle, Unaufgeregtheit, Offenheit, Selbstgenügsamkeit und Unerschütterlichkeit. Nach der stoischen Logik führt die Selbstbeherrschung zur Wahrheit. Es ist viel mühevoller, auf der Grundlage bedingter wissenschaftlicher Erkenntnis politische Entscheidungen zu treffen, die nicht Ideologien folgen, sondern das Notwendige, auch das Unpopuläre für das Land beinhalten. Es erfordert von Politikern die Bereitschaft zur Verantwortungsübernahme, insbesondere für den Jugendschutz.[7]

---

6 Zur ethischen Fundierung des Paternalismus vgl. Schlieckau 2013, 107ff. sowie Schlieckau 2015, 36ff.
7 Vgl. dazu insbesondere die von der Generalversammlung der Vereinten Nationen am 20.11.1989 verabschiedete Kinderrechtskonvention, die in Deutschland am 05.04.1992 unter Vorbehalt in Kraft getreten ist, sowie die Allgemeine Erklärung der Menschenrechte der UN vom 10.12.1948.

Die Fronten in der seit Jahrzehnten stattfindenden Cannabisdebatte haben sich früh verhärtet, so dass die frühere Drogenbeauftragte der Bundesregierung, Marlene Mortler (CSU) wie auch einige ihrer Vorgängerinnen als „Verbotstante" beschimpft wurde und dann selbst vor dem wachsenden Druck der Cannabislobby warnte.

Und die aktuelle Drogenbeauftragte der Bundesregierung, Daniela Ludwig (ebenfalls CSU) sieht sich veranlasst, die Vertreter verschiedener Interessengruppen zu einem Dialog einzuladen. Ihre vorläufige Botschaft ist, dass sie am Status Quo der Cannabispolitik etwas ändern möchte, sich aber noch nicht festgelegt habe und sich noch informieren möchte. Die notwendige demokratische Auseinandersetzung über eine sachgerechte Cannabispolitik, die auf Kompromissbildung und der Besinnung auf gemeinsame Grundwerte beruht, scheint sich also weiter schwierig zu gestalten und bleibt jedenfalls in den sozialen Netzwerken oft auf der Strecke. Cannabislobbyisten nehmen für sich gern und häufig in Anspruch, die besseren Argumente zu haben. Begründete Sachargumente für die Cannabisprohibition werden dagegen sehr ungern gehört oder als Ideologie abgetan. Eine zunehmend emotional überhitzte Debatte findet statt, die zur Verunsicherung vieler Bürger beiträgt. Es entsteht der Eindruck einer interessegeleiteten und egoistischen Verfolgung von Partikularinteressen durch die Protagonisten der Cannabislegalisierung und einer abnehmenden Bereitschaft zur Rücksichtnahme auf cannabisgefährdete Gruppen in der Gesellschaft.

Der von einigen Cannabislobbyisten geltend gemachte Absolutheitsanspruch relativiert sich jedenfalls angesichts einer deutschen Bevölkerungsmehrheit, die laut mehrerer Meinungsumfragen und anders als in einigen US-Staaten, einer Cannabislegalisierung nach wie vor kritisch gegenübersteht. Wir fragen kritisch: Dienen die Interessen der Cannabislobbyisten dem Gemeinwohl oder wollen sie uns nur ihre neuen Geschäftsmodelle verkaufen? - Was also sind ihre wahren Ziele? Geht es sinngemäß wie bei Timothy Leary oder Milton Friedman[8] vorrangig um die Förderung des freien Handels und der Cannabisindustrie sowie um Konsumfreiheit für (erwachsene) Cannabiskonsumenten?

Ausgangspunkt unserer Publikation über die Cannabispolitik war der Öffentliche Vortrag von Jürgen Schlieckau, *„Keine Legalisierung des Freizeitkonsums von Cannabis! Plädoyer für eine Kultur des Hinschauens"* am 01.04.2019 im Kreishaus in Cuxhaven.

Wir versuchen mit diesem Buch, die komplexe Thematik übersichtlich zu präsentieren.

Von der Darstellung epidemiologischer Daten über Fragen zur Beziehungsgestaltung und Erziehung, Medizin, Psychiatrie, beraterische, rehabilitative und rechtliche Aspekte sowie eine ausführliche Diskussion der politischen Aspekte kommen wir zu einer vorläufigen Zusammenfassung unserer Ergebnisse in den *„Cuxhavener Thesen für eine gesundheitsorientierte Cannabispolitik"*.

Wir wünschen keinen freien Cannabiskonsum, sondern Schutz und Hilfen für Cannabisgefährdete und -abhängige, Kinder aus Suchtfamilien und Angehörige von Suchtkranken und gesunde Alternativen. Wir fordern von der Politik konsequentes Handeln in der Cannabiskontroll-

---

8   Friedman, M 1971, Kapitalismus und Freiheit. Stuttgart-Degerloch: Seewald.

politik. Bestehen wir auf der konsequenten Beachtung des Gemeinwohls, auf dem Vorrang des Jugendschutzes und des Gesundheitsschutzes vor den Partikularinteressen der Cannabis-lobby!

Bemühen wir uns um eine sachliche und friedfertige gesellschaftlich-politische Debatte der Cannabispolitik und zugleich um einen ideologiekritischen Diskurs.

Da sich die Cannabisdebatte noch fortsetzen wird, planen wir für 2021 die Herausgabe einer 2. Auflage des Buches. Zwischenzeitlich können Updates bei den Autoren angefordert werden.

Cuxhaven, im Januar 2020

Jürgen Schlieckau und Imke Geest

2. Cannabis und Risiken

Jürgen Schlieckau und Imke Geest

Der Cannabiskonsum von Kindern und Jugendlichen kann das Leben einer Familie gehörig durcheinanderbringen. Der Stoff THC in der Pflanze Cannabis ist ein Rausch- und Suchtmittel. Die Risiken des Cannabiskonsums hängen von der Persönlichkeit, der Lebenssituation und der Zusammensetzung der Droge ab. Einen hohen Anteil an den Einstellungen zu Drogen hat die elterliche Einflussnahme auf den Jugendlichen.[9]

Die meisten Cannabiskonsumenten entwickeln keine Störungen. Wir können nicht voraussagen, wer Cannabiskonsumstörungen entwickelt. Die Risiken können weder der Konsummenge oder Konsumhäufigkeit noch der sozialen Lebenssituation eindeutig zugeordnet werden. Regelmäßig cannabiskonsumierende Jugendliche gehen ein größeres Gesundheitsrisiko ein, als bisher allgemein bekannt sein dürfte.

Die Gründe dafür sind

- Die schon in der Kindheit durch Versäumnisse in der Erziehung durch die Eltern erworbene Unfähigkeit, impulshaftes Verhalten angemessen zu regulieren,
- Das frühe Einstiegsalter von knapp 14 Jahren [10] (in Niedersachsen),
- Die nicht abgeschlossene Hirnreifung,
- Die Neigung zum Konsum von Drogen mit antriebssteigernder Wirkung (als Antidot),
- Dem allgemein höheren Risikoverhalten von Jugendlichen,
- Ggf. vorher oder parallel zum Kiffen vorliegende komorbide Störungen.

Wir haben uns bemüht, nur die größeren epidemiologischen Studien mit gutem Studiendesign, welche die wissenschaftlichen Gütekriterien erfüllen, zu zitieren.

Aktuelle epidemiologische Daten:

- Cannabis ist die weltweit am häufigsten konsumierte illegale Droge.[11] Weltweit wird die Zahl der Cannabiskonsumenten auf bis zu 227 Millionen geschätzt.[12]
  Die Konsummuster reichen vom experimentellen bis zum abhängigen Konsum.
- Cannabiskonsumierende bilden eine sehr heterogene Gruppe. Sie kommen aus allen sozialen Schichten, aus allen Altersgruppen und Berufen.
- 9,7 % der 12- bis 17-jährigen Deutschen haben schon einmal Cannabis konsumiert.[13]
- *„Besonders häufig ist der Konsum bei 18- bis 20-Jährigen“.*[14]
- In Deutschland konsumieren insgesamt ca. 4,5 % der Erwachsenen diese Droge.[15]

---

[9] Landschaftsverband Westfalen-Lippe (LWL) 2007; Schlieckau, J 2011
[10] Fischer, FM 2013, 27
[11] United Nations Office on Drugs and Crime 2014
[12] United Nations Office on Drugs and Crime 2014, ebd.
[13] BZgA 2015
[14] Hoch, E, Bonnet, U, Thomasius, R et al. 2015
[15] Pabst, A, Kraus, L, Gomes de Matos, E & Piontek, D 2013, 321ff., zitiert in: Hoch, E, Bonnet, U, Thomasius, R et al. 2015, 271

- In Deutschland betreiben laut Eva Hoch et al. ca. 0,5 % der Erwachsenen einen Cannabismissbrauch, und 0,5 % der Erwachsenen sind cannabisabhängig.[16]

- In der Jugendphase ist das sich in Entwicklung befindliche Gehirn sehr verletzlich. In dieser Phase findet gleichzeitig der Hauptkonsum der Droge Cannabis statt.[17]

- Etwa 17 % der 15- bis 16-Jährigen in Europa konsumieren Cannabis (Lebenszeitprävalenz).[18]

- Ca. 9 % der Cannabiskonsumenten entwickeln im Leben eine Cannabisabhängigkeit;[19] 17 % sind es, wenn der Konsum in der Jugend beginnt; 25 % bis 50 % sind es, wenn Cannabis täglich konsumiert wird.[20] Dies betrifft besonders jüngere Konsumenten.

- 21.907 Kinder und Jugendliche zwischen 10 und 20 Jahren wurden 2015 aufgrund einer Alkoholvergiftung stationär im Krankenhaus behandelt.[21]

- Schätzungsweise 20 % der Kinder im Grundschulalter bekommen heute bereits bei geringfügigen körperlichen Beschwerden leichtfertig Medikamente zur Entspannung, Anregung oder Leistungssteigerung verabreicht.[22] Antidepressiva werden immer häufiger auch bei Kindern eingesetzt.

- Von ca. 600.000 Menschen mit problematischem Cannabiskonsum sind laut Jahrbuch Sucht 2011 bundesweit rund 220.000 cannabisabhängig und ungefähr 350.000 cannabisgefährdet und jugendlich.[23]

- Die Zahl der Menschen mit cannabisbezogenen Störungen, die in der Suchthilfe Beratung oder Behandlung nachsuchen, hat sich im Zeitraum von 2000 bis 2009 versechsfacht [24] bzw. auf 30.000 erhöht.[25]

- Die Anzahl der Rauschgiftdelikte bezüglich Cannabis ist laut Polizeilicher Kriminalstatistik für Niedersachsen zwischen 2008 und 2017 um ca. 17 % oder ca. 4.000 Fälle auf ca. 22.800 Fälle angestiegen.[26]

- Nach Schätzungen verbrauchen täglich Cannabis Konsumierende ca. drei Viertel der gesamten Cannabismenge auf dem Markt.[27] Hier entstehen die meisten gesundheitlichen und sozialen Probleme, und der Staat hat für diese kleine Konsumentengruppe die stärksten Anstrengungen im Jugend- und Gesundheitsschutz zu unternehmen.

- Die Anzahl der Verstöße unter Alkoholeinfluss ist laut Polizeilicher Kriminalstatistik für Niedersachsen im Zeitraum zwischen 2008 und 2017 um ca. 20 % auf ca. 40.500 Fälle gesunken.[28]

---

[16] Hoch, E et al. 2015, 272 und Hoch, E et al. 2019
[17] Vgl. Hoch, E et al. 2019a, 15ff.
[18] ESPAD 2016
[19] Degenhardt, L und Hall, WD 2012, zitiert nach Hoch, E et al. 2019, 177
[20] Haffajee, RL et al. 2018
[21] Destatis 2015
[22] Hurrelmann, K & Bründel, H 2003
[23] DHS 2012; Hoch, E et al. 2015, 272; DGKJP, BAG KJPP & BKJPP 2015
[24] DHS 2012, ebd.
[25] Deutscher Bundestag 2012, 6
[26] PKS Jahrbuch 2017
[27] Zobel, F & Marthaler, M 2016, 40
[28] PKS Jahrbuch 2017, 26

Gregor Burkhart, der frühere Leiter der europäischen Beobachtungsstelle für Drogen in Lissabon, schlug daher eine u. E. ganz praktische Differenzierung von Cannabiskonsumenten nach vier Gruppen vor, die sich vor allem nach Konsumhäufigkeit und Setting unterscheiden und von denen die letzten beiden Gruppen klinisch relevant sind und eine Risikogruppe darstellen: [29]

1. Individualkonsumenten (THC-Konsum 20 Tage/Jahr in eigener Wohnung, durchschnittlich 31 Jahre alt),
2. Gelegenheitskonsumenten (THC-Konsum [30] maximal 1x wöchentlich),
3. Freizeitkonsumenten (THC-Konsum 19 Tage/Monat, durchschnittlich 29 Jahre alt),
4. Dauerkonsumenten (THC-Konsum 6 Tage/Woche, 4x täglich, überall, Beginn mit 15,9 Jahren, durchschnittlich 23,5 Jahre alt, 15 % aller Konsumenten, 41 % Polytoxikomane (Mehrfachabhängige).

Die konsumierte Menge THC bei Naturcannabis kann nur geschätzt werden, da allein die Konzentration in den Blüten oder der Pflanze höchst unterschiedlich sein kann. Die Mengenangabe, z. B. 3 g am Tag kann daher nicht als reale Messgröße genommen werden.

Unabhängig von dieser Einteilung können Menschen mit psychischen Grundstörungen wie z. B. Affektstörungen (Gefühlsstörungen, Stimmungsschwankungen, depressive Störungen), Angststörungen oder Psychosen recht bald eine stärkere Krankheitsbelastung erfahren, wenn sie zu kiffen beginnen. Je früher ein Jugendlicher zu kiffen beginnt, desto größer wird das Risiko, behandlungsbedürftig zu werden.

„Das Risiko, durchs Kiffen an einer Psychose zu erkranken, ist bei Jugendlichen fast sechsmal so hoch wie bei Älteren… Ich spreche von langanhaltenden mitunter irreversiblen Psychosen, die sich kaum behandeln lassen", sagt der Facharzt für Psychiatrie Prof. Rainer Matthias Holm-Hadulla.[31]

„Hasch macht doch nicht süchtig!" - Über kaum eine andere Droge kursieren so viele falsche Vorstellungen und unreflektierte Mythen. Und es ist schwer, diese Mythen über Drogenaufklärung zu entzaubern. Wer Cannabiskonsum bagatellisiert, signalisiert Jugendlichen damit, dass diese Droge harmlos sei und lädt indirekt zum Konsum ein. Dies spielt wiederum der wachsenden Cannabisindustrie in die Hände. Jürg Barben sagt: *„Zum Zweck der Legalisierung wurde Marihuana gezielt verharmlost, und einige wenige machen damit ein Milliardengeschäft".*[32] Josef Mischo, Vorstandsmitglied der Bundesärztekammer und Vorsitzender der Arbeitsgruppe Sucht und Drogen sagt: *„Durch eine generelle Freigabe würden die gesundheitlichen Gefahren des Cannabiskonsums verharmlost und präventive Bemühungen durchkreuzt".*[33]

---

[29] Burkhart, G, EBDD 2004
[30] THC ist die Abkürzung für Tetrahydrocannabinol, das Hauptrauschmittel in Cannabis
[31] Holm-Hadulla, RM 2016
[32] Barben, J 2018
[33] Mischo, J in: Neue Osnabrücker Zeitung vom 17.10.2018

Legalisierungsbefürworter können nicht mehr glaubhaft Cannabis verharmlosen und müssen die in den letzten 20 Jahren zu hohe Anzahl jugendlicher und erwachsener Cannabiskonsumenten mit cannabisbezogenen Störungen zur Kenntnis nehmen.

Eva Hoch et al. sagen außerdem, dass besonders die Kombination verschiedener Stressoren wie z. B. früher, regelmäßiger, langandauernder, hochdosierter Cannabiskonsum, Gewalt- und Missbrauchserfahrungen in der Kindheit und Psychosen in der Ursprungsfamilie das Risiko für psychotische Störungen erhöhen.[34] Oft geht es den jungen Cannabiskonsumenten (jCK) um die Suche nach einem immer stärkeren Rausch. Dazu passt auch der noch riskantere Konsum unterschiedlicher Derivate synthetischer Cannabinoide, u. a. bekannt unter dem Szenenamen *„Spice"* [35] (hier gibt es eine Unzahl Derivate und Bezeichnungen), denn:

„Kräutermischungen ... enthielten jedoch synthetische Cannabinoide, die sogar ein höheres Wirkungspotential aufbieten konnten als gewöhnliche Cannabispflanzen. Das heißt, sie zeigten auch ein höheres Psychoserisiko".[36]

Eva Hoch, Udo Bonnet und Rainer Thomasius weisen auf folgende Sachverhalte hin: In der gesellschaftlichen Diskussion gehe es häufig mehr um Interessen als um wissenschaftliche Fakten, und Cannabisforschung sei noch sehr jung und unterfinanziert.[37]

Es ist in der Forschung z. B. noch unklar, warum bestimmte Personen mehr als andere von den gesundheitlichen Folgen des Cannabiskonsums betroffen sind. Ein unbedenklicher Konsum von Cannabis wurde nie erforscht. Eva Hoch sagt: *„Wir wissen nicht, was bei langfristigem Gebrauch passiert."* [38]

Zudem wäre die Nennung einer risikoarmen Untergrenze für den Cannabiskonsum auch trügerisch, leichtfertig und problematisch, da cannabiskonsumierende Menschen sich nicht nur mit dem Alter voneinander unterscheiden. Ähnliches gilt für Alkohol sowie für alle anderen psychoaktiven Substanzen.

Bei *Freizeitkonsumenten*, die eine Behandlung nachfragen, wird häufig eine einfache Diagnose „Schädlicher Gebrauch von Cannabis" oder „Cannabisabhängigkeit" gestellt. *Schädlicher Gebrauch von Cannabis* liegt vor, wenn trotz Gesundheitsschäden infolge des Konsums weiter gekifft wird.[39] Cannabis wird von Jugendlichen, die Mischkonsum von Drogen betreiben, eher benutzt, um die aufputschenden Wirkungen zuvor konsumierter Substanzen nach einer Party abzumildern. Der gefährliche Mischkonsum verschiedener Drogen findet bei Jugendlichen am häufigsten statt.

---

[34] Hoch, E et al. 2015, 276
[35] Schlieckau, J 2009, 271ff.
[36] Fischer, FM 2013, 26
[37] Hoch, E et al. 2015, a.a.O.
[38] Hoch, E 2019b
[39] WHO, ICD-10, F12.1

Eines von zahlreichen Beispielen für versteckte Cannabiswerbung im Internet (Ort und Name sind uns bekannt):

„Cannabis - Jahrtausende alte Heilpflanze",
Freitag, ... März 2019 um 19 Uhr.
Ein Vortrag von ..., Arzt für Allgemeinmedizin und Naturheilverfahren.
Ort: ... .
Veranstalter: Hanfverband xxx.

Die Akzentuierung der Droge als Heilpflanze soll Cannabis offenbar ein positives Image verschaffen. Die zentrale Botschaft ist, dass die Hanfpflanze natürlich und nützlich ist (...denn was aus der Natur kommt, kann doch nicht schädlich sein!). Risiken werden bei solchen Werbeveranstaltungen oft nur am Rande erwähnt und dann häufig bagatellisiert.

Dass die Gefährdung durch den Konsum einer Droge nichts mit dem legalen oder illegalen Status der Droge zu tun hat, zeigen schon die Risiken des Konsums von Tabak, Alkohol, Koffein und psychoaktiven Medikamenten. Daher enthält dieses Buch ausführliche Informationen rund um das Thema Cannabis. Weil die Bekämpfung der legalen Drogen Tabak, Alkohol, Koffein und psychoaktive Medikamente bereits sehr schwierig ist, brauchen wir nicht noch eine fünfte legale psychoaktive Substanz.

Dauerkonsumenten haben häufig ein frühes Einstiegsalter. Bei ihnen stellen wir oft die Diagnose „Polytoxikomanie" (Mehrfachabhängigkeit) und sehen weitere psychische, psychiatrische und soziale Störungen. Sie benötigen auf Grund der Schwere der Erkrankung und des häufig jungen Alters i. d. R. eine stationäre Behandlung und nicht etwa jahrelange und häufig frustrierend erfolglose ambulante Therapieversuche. Viele cannabiskonsumierende Jugendliche leben auch im Alter von über 20 Jahren noch bei ihren Eltern. Die Behandlungsnachfrage ist bei Cannabisabhängigen in den letzten 35 Jahren deutlich gestiegen. Eva Hoch et al. berichten einerseits von der Steigerung der Erstbehandlungszahlen von 43.000 auf ca. 76.000 im Zeitraum zwischen 2006 und 2015 [40] sowie andererseits davon, dass die Prävalenz der *Cannabisabhängigkeit* in Deutschland in den letzten zehn Jahren konstant geblieben sei.[41] Dies spricht mehr als andere aktuelle Forschungsergebnisse für den Erfolg der bisher in Deutschland praktizierten Cannabispolitik. Die Eigenmotivation der Betroffenen zur Behandlung ist abhängig vom Alter und von weiteren Faktoren. Deshalb brauchen cannabisabhängige Jugendliche, denen der Behandlungswille noch fehlt, eine stützende und stabilisierende Akutbehandlung von bis zu 12 Wochen, bis sie mit ausreichender Behandlungsmotivation und mit Aussicht auf Erfolg eine postakute stationäre Therapie in einer auf Jugendliche spezialisierten Entwöhnungsklinik aufnehmen. Diese dauert dann ca. sechs bis neun Monate, in Einzelfällen auch länger.[42] Gerade die Entwöhnungsbehandlung dient der Stabilisierung, der Vorbeugung

---

[40] Hoch, E et al. 2019a, 25
[41] Ebd., 188
[42] Vgl. Hoch, E et al. 2015, 276

vor Rückfällen, der Behandlung komorbider Störungen und der Abstinenzsicherung. Dabei ist die Prognose für Cannabisabhängige mit frühem Einstieg in den Cannabiskonsum und schwerem Verlauf der Erkrankung schlechter als bei Erwachsenen mit späterem Einstieg in den Cannabiskonsum. Ich, JS, kann diesen Standard aus eigener 25-jähriger Erfahrung als Suchttherapeut und Suchtpädagoge in der stationären Behandlung junger Cannabisabhängiger bestätigen.[43] Hinzufügen möchte ich noch, dass die Entwöhnungsbehandlung der erste Schritt in ein abstinentes Leben sein sollte und nicht, wie viele Betroffene abwehrend argumentieren, zuerst noch die Schule abgeschlossen, die Berufsausbildung oder das Studium beendet, der Familienurlaub angetreten werden soll, oder viele weitere „Ausweichmanöver". Nach klinischen Erfahrungen verlängern solche zeitliche Verzögerungen bei Hochkonsumenten nur den Krankheitsprozess und provozieren weitere Rückfälle und Misserfolge. Sie entsprechen bei Betroffenen und Angehörigen eher einem Wunschdenken, sind i. d. R. nicht zielführend und werden von Suchtexperten nicht befürwortet. Der Rat heißt stattdessen: So früh wie möglich und vorrangig den Einstieg finden in die medizinische Rehabilitation Abhängigkeitserkrankungen. Je jünger die Betroffenen sind, desto höher ist nach unserer Erfahrung der Anteil der Fremdmotivierten.

Wer eine Cannabisabhängigkeit entwickelt hat, hat ein Sozialrecht auf Behandlung. Die Entscheidung, welcher Behandlungsrahmen erfolgversprechend ist, hängt vor allem von der Diagnose und dem Schweregrad der Störungen ab. Schwerer gestörte Jugendliche benötigen ein intensives stationäres Behandlungsprogramm. Der Facharzt für Kinder- und Jugendpsychiatrie und -psychotherapie nimmt im Versorgungssystem eine zentrale Rolle ein. Der Erstkontakt zu einer Fachstelle für Suchtberatung und -behandlung ist ein wichtiger erster Schritt zur Veränderung der Ausgangssituation. Bei cannabiskonsumierenden Jugendlichen können bereits deutliche Verhaltensänderungen Anlass zur Suchtberatung sein, noch bevor sie eine Abhängigkeitserkrankung entwickelt haben. Kostenträger für die Behandlung sind vor allem Krankenkassen (Familienversicherung) und die Deutsche Rentenversicherung. Eine qualifizierte stationäre Entzugsbehandlung ist für diese Betroffenen eine gute Intervention, bevor sie nahtlos in eine Entwöhnungsbehandlung wechseln. Diese Behandlung ist indiziert bei schwerem Entzugssyndrom, schweren Folgestörungen, hoher Rückfallgefährdung, Vorliegen weiterer psychischer Störungen, z. B. Angststörungen, Depression.[44] Wir möchten besonders darauf hinweisen, dass junge Cannabisabhängige mit mehrjährigem Suchtverlauf eine stationäre Entwöhnungsbehandlung benötigen, um überhaupt eine ausreichende Chance auf einen Erfolg in der medizinischen Rehabilitation zu haben, zumal die Erfolgsquoten international wesentlich niedriger liegen als bei anderen Suchtstörungen; Rainer Thomasius beziffert sie mit ca. 20 %.[45] In der Entwöhnungsbehandlung wird die Behandlungsmotivation weiter gefestigt. Mitunter führt erst eine zweite stationäre Entwöhnungsmaßnahme zu einer ausreichend stabilen Abstinenzmotivation, jedoch ohne Erfolgsgarantie.

Es gibt in Deutschland derzeit 22 Suchtschwerpunkte in der Kinder- und Jugendpsychiatrie mit insgesamt fast 220 Betten, was aber nicht ausreichend ist. Laut Kerndatensatz der Deutschen

---

[43] Schlieckau, J 2011
[44] Vgl. Bonnet, U et al. 2004, AWMF-Leitlinie „Cannabis-bezogene Störungen"
[45] Thomasius, R 2015 in: Bürgerschaft der Freien und Hansestadt Hamburg, Folie 6.

Suchthilfestatistik von 2014 kommen etwa 23 % der Betroffenen mit einer Auflage von Schule, Eltern, Gericht, Arbeitgeber, usw. fremdmotiviert in die ambulante Suchttherapie. Ca. 21 % sind es für die stationäre Suchttherapie.

Es gibt mittlerweile eine ganze Reihe evidenzbasierter ambulanter und stationärer Frühinterventions-, Beratungs- und Behandlungsprogramme für Cannabisabhängige in Deutschland, die auch leicht einsetzbar sind, wie z. B. *FreD, CAN Stop, CANDIS, MDFT, MI, MOVE, CBT/MET, realize-it, quit-the-shit*, u. a. Darüber hinaus können sich Fachkräfte im Projekt AVERCA[46] über Behandlungsansätze informieren. Diese Programme werden im Buch nicht näher beschrieben. Eine Kombination aus Motivationsförderung (z. B. über Kurzinterventionen), kognitiver Verhaltenstherapie und Kontingenzmanagement sind aktuell die effektivsten Behandlungsansätze der Cannabisabhängigkeit (Evidenzgrad 1a; das ist der höchstmögliche Evidenzgrad). Für Jugendliche werden auch familientherapeutische Interventionen empfohlen (ebenfalls Evidenzgrad 1a).[47] Und dennoch *„werden etwa die Hälfte dieser Patienten innerhalb eines Jahres nach der Behandlung wieder rückfällig".*[48]

Eltern, die besorgt sind und Beratung nachsuchen, erhalten in Angehörigengesprächen und Angehörigengruppen, aber auch in Familiengesprächen die Gelegenheit dazu. Wir halten das Angebot der Angehörigenberatung in der Fachstelle Sucht und auch die Beratung in Erziehungs- und Familienberatungsstellen für besonders wichtig, weil es bei der Behandlung der Abhängigkeitserkrankungen und weiterer Störungen sehr häufig um eine Mehrgenerationenperspektive geht und die Arbeit mit Eltern von daher eine immense Bedeutung hat. Es wird bei cannabisabhängigen Jugendlichen eine Therapie unter Einbezug der Eltern empfohlen. Die Fachstellen Sucht bieten häufig entsprechende Hilfen an. Wichtig ist, dass Schwellenängste bei allen Betroffenen und ihren Angehörigen vor Beginn einer Beratung oder Behandlung abgebaut werden.

Die Ansicht, Cannabis berge bei Weitem nicht so hohe Risiken wie z. B. Alkohol trägt nicht zur sachlichen Information bei. Rainer Matthias Holm-Hadulla sagt: *„Der relative Prozentsatz der Alkoholkonsumenten, die schwere Schäden bekommen, ist wesentlich geringer als der relative Prozentsatz bei Cannabis-Konsum. Die Schäden treten bei schädlichem Gebrauch von Alkohol auch wesentlich später auf... Die meisten Alkoholkonsumenten trinken nicht oder nicht regelmäßig so viel, dass sich ein Rausch, also eine deutliche Großhirnintoxikation, einstellt. Das ist aber das Ziel von Cannabis. Cannabis wurde kulturell schon immer als Rauschmittel genutzt, wohingegen Alkohol vorwiegend als Nahrungsmittel diente".*[49]
Von vielen Vertretern der älteren Generation aus den 1960er und 1970er Jahren werden persönliche Konsumerfahrungen häufig ungeprüft auf die heutige Situation und Lebenswelt

[46] https://www.lwl-ks.de/de/unsere-schwerpunkte-fuer-die-suchthilfe/projekte/ProjektArchiv/AVerCA_Start/, aufgerufen am 05.01.2020
[47] Hoch, E, Bonnet, U, Thomasius, R et al. 2015, 271
[48] Budney, AJ et al. 2007 und Davis, ML et al. 2015, zitiert in Hoch, E et al. 2015, 277
[49] Holm-Hadulla, RM 2016, a.a.O.

cannabiskonsumierender Jugendlicher übertragen. Griffnähe und Risiken von Cannabis sind in den letzten 30 Jahren gestiegen. Risiken treten besonders bei Jugendlichen auf, weil sie sich noch in der Entwicklung befinden. Insbesondere die Gehirnentwicklung ist durch die zell- und gewebeschädigenden (zytotoxischen) Effekte des Kiffens nachweislich gefährdet.[50]

Um Licht ins Dunkel zu bringen, können auch Eltern, Lehrer und andere Bezugspersonen einfache Fragebögen oder z. B. Online-Selbsttests zur Früherkennung problematischen Konsumverhaltens einsetzen, damit betroffene Jugendliche sich selbst reflektieren können und möglichst frühzeitig auch den Kontakt zum Hilfesystem suchen können.

Der Göttinger Pädagoge Dietrich Hoffmann stellte bereits in den 1990er Jahren fest:

„Im Zuge des Hedonismus steigt der Egoismus bzw. sinkt der Altruismus, die fehlenden äußeren Kontrollen werden nicht durch innere ersetzt, weil genau das fehlt, was Adorno die Erfahrungen nannte, die es erlauben, sich frei und autonom und doch zugleich verantwortlich und solidarisch zu verhalten: Bildung."[51]

Die Alkohol- und Drogenberatung versteht sich heute als eine bürgernahe Dienstleistung, die viel gezielter als früher Menschen mit Cannabisstörungen Hilfen anbieten kann.

Wir sind Fachstellenleiter und Fachstellenärztin einer Beratungsstelle, die auf der Wissensbasis evidenzbasierter Forschung für eine drastische Reduktion des gefährdenden Alkoholkonsums insbesondere bei 14- bis 21-Jährigen und gegen eine Legalisierung des Freizeitkonsums von Cannabis ist.

Wir sind eine Beratungsstelle, die auf der Wissensbasis aktueller Forschung eine Zunahme des Kiffens bei Jugendlichen und eine Zunahme von Cannabisfahrten im Straßenverkehr nach einer Liberalisierung oder Legalisierung des Cannabiskonsums für Erwachsene für wahrscheinlich hält.[52]

Wir vermuten auch, dass nach einer Liberalisierung oder Legalisierung von Cannabis die Motivation von Jugendlichen mit cannabisbezogenen Störungen für eine Entwöhnungsbehandlung sinkt und Cannabisprävention weniger Wirksamkeit als heute entfalten kann.

---

[50] Thomasius, R 2015 in Bürgerschaft der Freien und Hansestadt Hamburg, 45
[51] Hoffmann, D et al. 1993
[52] Vgl. Borodovsky, JT, Lee, DC, Crosier, BS, Gabrielli, JL, Sargent, JD & Budney, AJ 2017; F.A.Z. 2019; Zobel, F & Marthaler, M 2016, 14

3. Cannabis und Familie

Imke Geest und Jürgen Schlieckau

3.1. Elterliche Haltung und elterliches Verhalten

Die eigene Haltung von Eltern ist immens wichtig, weil sie Teil der Beziehung zum Kind ist und ihm Halt gibt. Miteinander sprechen und sich gegenseitig zuhören schafft Vertrauen und führt zu einer guten Beziehung, unabhängig davon, ob es in der Familie auch immer wieder zu mehr oder weniger starken Konflikten kommen kann, was normal ist. Nehmen Sie hier Ihre Verantwortung als Eltern wahr und gehen Sie respektvoll und wohlwollend mit Ihrem Kind um, ohne Ihr Kind gleich anzuklagen, wenn Sie sich gerade Sorgen machen. Sagen Sie Ihrem Kind stattdessen mit einer ICH-Botschaft, was Sie bedrückt, was Ihnen Sorgen macht und was Ihnen wichtig ist, um dann mit ihm gemeinsam eine Lösung für den Konflikt zu suchen. Weder ein zu strenger noch ein zu lockerer Erziehungsstil bringt den gewünschten Erfolg.

Dazu gehören aber auch wenige unmissverständlich klare Regeln und mitunter ein klares NEIN! Bei Nichteinhalten von Absprachen seitens des Kindes müssen außerdem klare und vorher besprochene Konsequenzen folgen, sonst sind aufgestellte Regeln wert- und wirkungslos. Begründete Konsequenzen sind ein Entwicklungsreiz und geben dem Kind je nach seinem Entwicklungsstand Orientierung. Wenn die Beziehung zwischen den Eltern und dem Kind grundsätzlich gut ist und gegenseitiges Vertrauen herrscht, müssen Sie bei der Durchsetzung von Regeln auch nicht die Sorge haben, dass die Beziehung zu Ihrem Kind darunter leidet. Vielmehr versteht Ihr Kind Ihr liebevolles Handeln sehr gut. Dagegen hat *„...der soziale Kontext, in dem die Kinder aufwachsen, einen starken Einfluss auf die Entwicklung cannabisbezogener Störungen".*[53]

Darüber hinaus sollten jede Schule und jede Jugendhilfeeinrichtung eine „Cannabispolitik" festlegen.

Wir möchten Sie als Eltern zum Nachdenken über folgende 12 Verhaltensweisen anregen:

1. Machen Sie sich mit Hilfe des Internets kundig über Präventionsprogramme (*Lions Quest, HaLT, Move, Stark statt breit* und viele andere Programme). Informieren Sie sich über Drogen. Sie können Broschüren bei der Bundeszentrale für gesundheitliche Aufklärung [54] oder bei der Deutschen Hauptstelle für Suchtfragen [55] bestellen. Sie können z. B. auch Beratungsangebote in einer Fachstelle Sucht nutzen.

2. Gehen Sie mit Suchtgefährdung bewusst um und erklären Sie sich auch. Nikotin ist die Einstiegsdroge Nummer eins. Wenn Sie Raucher sind, überlegen Sie, ob Sie Ihren Kindern zuliebe mit dem Rauchen aufhören wollen/können. Haben Sie bewusst drei alkoholfreie Tage pro Woche, trinken Sie keinen Alkohol bei Problemen, am besten keinen Alkohol allein. Setzen Sie Medikamente nur zurückhaltend ein. Kiffen Sie nicht selbst. Haben Sie

---

[53] Hoch, E et al. 2019, 174
[54] BZgA; https://www.bzga.de
[55] DHS; https://www.dhs.de

einen maßvollen Umgang mit den Medien Handy, Computer und Internet, nutzen Sie diese bewusst und sinnvoll. Gleichwohl müssen Eltern nicht in jeder Hinsicht Vorbilder für ihre Kinder sein. Dennoch können Sie auf die Gesundheit ihrer Kinder achten und Regeln des Zusammenlebens vereinbaren.

3. Die Vielfalt von Einstellungen in der Drogenerziehung kann Kinder und Jugendliche verwirren. Entwickeln Sie mit dem erziehenden Partner, im besten Falle auch mit den Lehrern, eine einheitliche klare Haltung zu Drogen.[56] Nehmen Sie eine klare Haltung ein, selbst wenn Sie als Eltern bezüglich eines Alkohol- oder Drogenkonsums persönlich nicht immer Vorbild waren oder sind. Noch wichtiger ist es, welche Wahrnehmung die Kinder haben und was Drogen in ihrem Leben bedeuten. Sprechen Sie mit Ihrem Kind dabei nicht ausschließlich über Drogen, sondern auch über andere Themen, die es interessiert.

4. Fördern Sie das Selbstbewusstsein Ihres Kindes. Es muss lernen, Verantwortung zu übernehmen und mit seinen Schwächen umzugehen. Es muss auch Erfolge haben, indem es seine Persönlichkeit entfalten darf. Fördern Sie Standfestigkeit und Selbstdisziplin. Loben Sie, belohnen in Maßen und kritisieren Sie konstruktiv.

5. Willkür und Gewalt helfen nicht. Ebenso wenig schaffen Sie Vertrauen mit der regelmäßigen Durchsuchung der Kleidung und des Zimmers ihrer Kinder. So etwas sollte nach reiflicher Überlegung die Ausnahme sein. Die Privatsphäre Ihrer Kinder ist nämlich eine Grenze, die Sie als Eltern achten sollten. Solche Eingriffe führen oft zu noch mehr Problemen, als Ihnen selbst lieb ist. Ein solches Kontrollverhalten kann ein Agieren auf der Grundlage eigener Ängste und Ohnmachtsgefühle sein. Besser ist allemal ein Gespräch, um herauszufinden, wie es Ihrem Kind geht. Dies kann die Situation klären und entspannen. Weder eine autoritäre Erziehung noch ein Laissez-faire-Erziehungsstil sind zielführend. Der *„goldene Mittelweg"* ist in der Erziehung gefragt: Seien Sie klar in den Regeln und empathisch-zugewandt in der Beziehung zu Ihrem Kind. Verurteilen Sie nicht Ihr Kind, sondern das Konsumverhalten Ihres Kindes. Nach Kontakt mit einer Suchtberatungsstelle kann z. B. durch regelmäßige Drogenscreenings beim Hausarzt das verlorene Vertrauen zueinander wiedergewonnen werden.

6. Seien Sie offen für Gefühle, insbesondere belastende wie Scham, Neid, Trauer, Melancholie, Unlustgefühle. Und entwickeln Sie gemeinsam „gesunde" Strategien zum Aushalten, Entlasten und Trösten. Leben Sie Beziehung. Seien Sie offen für Bedürfnisse Ihres Kindes. Genießen Sie auch das Leben gemeinsam und lachen viel zusammen. Bleiben Sie ruhig in den Gesprächen und dramatisieren Sie nicht, auch wenn es Ihnen mitunter vielleicht schwerfällt. Dazu gehört eine klare und faire Kommunikation.

7. Wichtig ist auch die Frage, wie sich die Familienmitglieder das Zusammenleben vorstellen. Viele Abhängigkeitserkrankte können nichts mit sich allein anfangen. Pflegen Sie eine sinnvolle Tagesstruktur, teilen Sie die Hausarbeit auf, sorgen Sie für regelmäßigen Austausch in der Familie und alleinige und gemeinsame Hobbys, die als erfüllender erlebt werden als Drogenkonsum.

---

[56] Calafat, A et al. 2014

8. Überlassen Sie Ihr Kind nicht zu oft sich selbst. Seien Sie einfach da. Schaffen Sie Vertrauen. Es kommt dann schon, wenn es etwas zu besprechen gibt. Nehmen Sie Anteil, aber kontrollieren in Maßen (s. o.). Achten Sie auf ausreichenden und erholsamen Schlaf und regelmäßige Ernährung.

9. Achten Sie darauf, dass Ihr Kind Freunde hat, nehmen Sie Anteil an den Freunden. Fördern Sie bei Konflikten den Gemeinschaftssinn, aber auch die eigene Abgrenzungsfähigkeit und Standfestigkeit Ihres Kindes (s. o.). Nehmen Sie diese Konflikte ernst. Sie sind ein wichtiges Übungsfeld.

10. Fördern Sie gemeinsam mit den Lehrern die Klassengemeinschaft. In einer netten Umgebung lernt es sich besser, und es wird auch offener miteinander geredet. Starten Sie gemeinsame Präventionsprogramme und nutzen Sie Elternschulungen.

11. Sprechen Sie dann über Cannabis, wenn Ihr Kind selbst mit dem Kiffen beginnen sollte, oder wenn Sie selbst es für angezeigt halten. Am besten sollte Ihr Kind gar nicht kiffen, nicht nur, weil es verboten ist. Zeigen Sie offenes Interesse und erklären Sie, warum Ihnen das Gespräch darüber wichtig ist. Nehmen Sie eine ruhige unaufgeregte Haltung ein und nehmen Sie sich Zeit für das Gespräch. Fragen Sie nach, was Ihr Kind schon darüber weiß und warum es sich dafür interessiert.

    Es ist durchaus möglich, dass Schamgefühle das Gespräch schwierig machen. Dann ist es möglich, dass Ihr Kind dem Gespräch zunächst ausweicht. Bestehen Sie also nur dann auf einer zeitnahen Klärung der Situation, wenn Sie sich ernsthaft Sorgen um das Kindeswohl machen. Dann ist es auch angezeigt, Unterstützung bei einer Drogen- und Suchtberatungsstelle oder bei einer Erziehungs- und Familienberatungsstelle zu suchen.

12. Eine weitere Möglichkeit, die Sie nutzen können, wenn Sie sich Sorgen machen müssen, ist das gemeinsame Gespräch zwischen Kindern, Eltern und Suchtberatern „auf neutralem Boden" nach telefonischer Vereinbarung in der Fachstelle Sucht. Hier können evtl. Lösungen gefunden werden, die Sie vielleicht bisher nicht bedacht haben.

3.2. Wie Eltern dem Cannabiskonsum der Kinder und Jugendlichen begegnen können

Manche Eltern fühlen sich zu Unrecht in ihrer Haltung zu Fragen der Alkohol- und Drogenerziehung verunsichert. Sie sollten selbstbewusst ihre Beziehungs- und Erziehungsbemühungen praktizieren. Sie können sich ggf. Hilfe in Angehörigengruppen holen.

Wir kennen viele Eltern, die zu spät merken, dass ihre Kinder vom regelmäßigen Kiffen krank geworden sind. Sie finden über die Beziehung häufig überhaupt keinen Zugang mehr zu ihren cannabiskonsumierenden Jugendlichen und verzweifeln darüber. Sie setzen entweder überhaupt keine Grenzen in der Erziehung oder erziehen uneinheitlich. Oder sie brechen die Beziehung zu den Jugendlichen oder jungen Erwachsenen ab. Sie unterscheiden nicht zwischen der Person des Kindes, die sie lieben und dem Verhalten des Kindes, das sie verurteilen. Es folgt ein jahrelanges Leiden der Eltern und Familienangehörigen mit sich wiederholenden Versprechungen, Lügen, Phasen der Hoffnung und Enttäuschung, Rückfällen des Betroffenen, Beschämungen, Verletzungen, Vorwürfen, Schuldgefühlen, Streitgesprächen, Misserfolgen, usw. Das

Familiensystem wird vom Cannabisabhängigen immer wieder parasitär als Helfersystem aktiviert. Die Beziehungen zu den Eltern und Angehörigen sind meistens schwer gestört und werden funktionalisiert, um den Cannabiskonsum weiter betreiben zu können und in den Grundbedürfnissen wie Schlafen, Essen, Wohnen, Erwerb von Konsumgütern, Finanzen versorgt zu werden. Oft wird auch noch von erwachsenen Cannabiskonsumenten das „Hotel Mama" oder auch das „Hotel Oma" in Anspruch genommen. Die Kifferpartys finden dann wahlweise im eigenen Zimmer oder bei Drogenfreunden statt. Therapeutische Hilfen werden von jungen Cannabiskonsumenten häufig abgelehnt. Wenn Eltern hier keine Grenzen setzen und „helfen" wollen, verlängern sie dadurch oft nur die Krankheit der Kinder. Die Probleme nehmen im Zeitverlauf zu, und die Hoffnungen der Eltern auf eine Besserung der Situation sterben zuletzt. Häufig entstehen co-abhängige Beziehungen zwischen Angehörigen und Betroffenen, die für Angehörige nicht selten über lange Zeiträume in behandlungsbedürftige psychosomatische Störungen münden. Aus diesen Verstrickungen können sich Angehörige oft schlechter befreien als Betroffene aus ihrer Cannabisabhängigkeit.

Deshalb ist *Nichthilfe* strategische Hilfe für den Betroffenen und für die Angehörigen zugleich und ein probates Mittel, sich aus den stark belastenden Verstrickungen in den Beziehungen zu lösen.

Zur autoritativen Erziehung für bestimmte Altersstufen des Kindes und Jugendlichen, die sich u. a. von der autoritären Erziehung und der Laissez-faire-Erziehung unterscheidet, gehört notwendig die Vermittlung von Werten zum Umgang mit Alkohol und Drogen. Das gilt in gleicher Weise auch für Schulen und außerschulische Einrichtungen für Kinder und Jugendliche.[57] Ein Aufwachsen ohne die Erfahrung riskanten/gesundheitsgefährdenden Alkohol- und Drogenkonsums ist für den jungen Menschen ein Gewinn für das ganze Leben. Eine Seuche Cannabis an Schulen, in denen nicht konsequent gegen den Drogenhandel zwischen Schülern vorgegangen wird, gefährdet das Kindeswohl. Eine klare elterliche Haltung und eine klare Wertevermittlung in Schulen unterstützen Kinder und Jugendliche in der Bewältigung ihrer Entwicklungsaufgaben und schützen sie. Grundsätzlich sollten Sie aus unserer Sicht die elterliche Haltung vertreten, dass Sie nicht wollen, dass Ihr Kind kifft, raucht und übermäßig Alkohol trinkt. Hierbei spielt das Alter des Konsumbeginns eine große Rolle. Es ist immer gut, wenn Schüler und Schülersprecher sich aktiv gegen Alkohol-, Cannabis- und Drogenkonsum aussprechen.

Sicher wird es keine Gesellschaft ohne Drogenkonsum geben. Und es ist für das Jugendalter zunächst normal, dass Jugendliche Risiken eingehen und sich ausprobieren wollen.

Was Jugendliche allerdings in den „schwierigen und konfliktbelasteten Phasen" des Jugendalters am wenigsten gebrauchen können, sind Eltern oder andere Erwachsene, die in der Drogenerziehung keine Grenzen setzen und das Kiffen im Jugendalter völlig verharmlosen.

Und sie können es schlecht gebrauchen, wenn Erwachsene auch noch Alkohol und verschiedene Drogen als unterschiedlich riskant und Cannabis als vergleichsweise harmlose weiche Droge oder gar als gewöhnliches Genussmittel darstellen.

---

57 Vgl. Schlieckau 2009, 260-270; DHS & Wirth, N 2017b

4. Cannabis und Medizin

Imke Geest

Man muss zwischen Cannabis als Medikament (Medizinalhanf ist mittlerweile ca. 15 Jahre im Einsatz) und Cannabis als Lifestyledroge unterscheiden.

4.1. Woher kommt Hanf?

- Die Pflanze Cannabis gehört zur Gattung der Hanfgewächse, die sich vor mehreren Jahrtausenden von Zentralasien über Europa bis nach Nord- und Südamerika verbreitet haben. Sie kann bis zu fünf Meter hoch werden.
- Cannabis gilt als eines der ältesten und bekanntesten Rauschmittel und hat eine mit schriftlichen Zeugnissen belegte über 4.000-jährige Tradition als Nutz- und Heilpflanze. Aktuell werden 13 unterschiedliche Sorten im medizinischen Bereich angewandt.
- Schon in vorchristlicher Zeit wurde Hanf in China angebaut, um daraus Textilien zu fertigen.
- Es ist eine anspruchslose, einjährige Pflanze, die sich selbst aussät. Die Cannabispflanze enthält über 500 Substanzen, davon über 100 Phytocannabinoide.
- Es gibt ein aus Hanfsamen gewonnenes nicht psychoaktiv wirkendes Speiseöl, das genauso heißt wie THC-haltiges Öl, nämlich Hanföl.
- Von Interesse sind die unbestäubten weiblichen Hanfpflanzen (häufig) resp. weiblichen Blütenanteile (selten)

4.2. Was ist Cannabis genau?

- **Cannabis** ist der lateinische Begriff für die Hanfpflanze. Er wird auch als Oberbegriff für die Drogen Haschisch und Marihuana verwendet. Die Pflanze hat je nach Sorte männliche und weibliche Anteile (selten) oder es gibt männliche und weibliche Pflanzen (häufig).
- **Nutzhanf** bzw. die „männliche" Pflanze verfügt nur über eine sehr geringe Menge des berauschenden Wirkstoffs THC und ist für die Gewinnung der Drogen Haschisch und Marihuana ungeeignet.
- **Marihuana** besteht aus getrockneten „weiblichen" Blütenteilen der Hanfpflanze. Marihuana kann auch ohne Zugabe von Tabak geraucht werden.
- **Haschisch** besteht aus Cannabisharz, das aus den „weiblichen" Blüten der Hanfpflanze gewonnen wird und zu Platten oder Klumpen gepressten Pflanzenteilen.
- **Haschischöl** ist eine ölige Lösung, die durch Filtern und Eindampfen von mit Cannabis versetzten Lösungsmitteln entsteht. Der THC-Gehalt ist mit 25 bis 75 Prozent am höchsten.
- Alle Konsumformen haben eines gemeinsam: Sie enthalten den psychoaktiven rauscherzeugenden Wirkstoff Delta-9-Tetrahydrocannabinol (THC), jedoch in unterschiedlich hoher Konzentration.
- **Cannabinoide** in den „weiblichen" Hanfpflanzen wirken auf ein endocannabinoides System (eCB-System), das im Organismus vom Menschen vorkommt und viele Lebensfunktionen beeinflusst. Deswegen gibt es die Cannabinoidrezeptoren CB1 und CB2.

- Grundsätzlich beeinflussen diese Stoffe im Zusammenspiel die Erregungsleitung u. a. im Nervensystem. Zu den Cannabinoiden gehören u. a. die schon genannten Pflanzenstoffe THC (Tetrahydrocannabinol), CBD (Cannabidiol), daneben auch Cannabinol (CBN) und Cannabichromen (CBC). Die berauschenden Wirkungen kommen durch das THC zustande, es wirkt aber auch gleichzeitig muskelentspannend und kann Übelkeit und Brechreiz lindern. CBD soll überwiegend entzündungshemmend wirken. In vielen Studien werden aktuell die tatsächlichen medizinischen Wirkungen beforscht, und wir sind gespannt auf die Ergebnisse. Es gibt noch erhebliche Forschungslücken.
- THC und CBD sind **fettlöslich**. Sie werden deswegen in öligen Lösungen zubereitet und lagern sich im chemisch wie Fette strukturierten Gewebe an (Körperfett als Isolationsstoff der Nervenbahnen).
- **CBD** wird isoliert als sogenanntes Nahrungsergänzungsmittel eingesetzt. Uns ist bekannt, dass es in Deutschland als Medikament ausschließlich in Kombination mit THC vorkommt. Deswegen gibt es CBD und THC nur auf BtM-Rezept. Noch zu beforschende Hauptanwendungsgebiete sind aktuell neuropathische und noziceptive Schmerzen, Spastik bei MS, Übelkeit und Appetitlosigkeit bei Chemotherapien. Bei welchen Indikationen Cannabis als Medizin eingesetzt werden darf, ist im Cannabis-als-Medizin-Gesetz erschreckenderweise nicht festgelegt.[58] Die Verantwortung wird auf den einzelnen Arzt delegiert. Im Ausland gibt es auch Zulassungen als Tranquillizer. Wirken diese Medikamente ursächlich oder indirekt als Beruhigungsmittel? Dies ist insbesondere auch für die stressassoziierten Schmerzerkrankungen wie Fibromyalgie wichtig.

Es gibt drei verschiedene körperliche Ursachen für Schmerzen: neuropathische, entzündungsbedingte und noziceptive Schmerzen. Außerdem gibt es die psychisch bedingten Schmerzen. Grob orientierend sind für neuropathische Schmerzen Neurologen, für noziceptive, meistens Tumorschmerzen Onkologen zuständig. Am häufigsten werden Cannabismedikamente aber von Hausärzten verordnet. Hier muss das Verordnungsverhalten beforscht werden.

Am häufigsten wird halbsynthetisches THC (Dronabinol) verordnet, das bei Übelkeit in Chemotherapien und Appetitlosigkeit eingesetzt wird, wenn alle anderen Mittel versagt haben. Das Mittel wird in einer Apotheke in Form von Kapseln oder Tropfen hergestellt oder importiert. Canemes® (Nabinol) ist ein vollsynthetisches THC, das auch bei Übelkeit und neuropathischen Schmerzen eingesetzt wird.

Mit der am 19.01.2017 im Bundestag erfolgten Verabschiedung des „Cannabis-als-Medizin-Gesetzes" wurde die Entscheidung des Bundesverfassungsgerichts umgesetzt, Einzelgenehmigungen für die Vergabe von Cannabis zu erlauben. Das Gesetz trat am 10.03.2017 als „Gesetz zur Änderung betäubungsmittelrechtlicher und anderer Vorschriften" in Kraft. Das Bundesinstitut für Arzneimittel und Medizinprodukte (BfArM) wurde mit der Umsetzung des Gesetzes beauftragt.

---

[58] Unabhängige Patientenorganisation Deutschland 2019

Abbildung 1: Cannabinoid-Rezeptoren im Körper

Typ 1 Cannabinoid-Rezeptoren

Typ 1 Cannabinoid-Rezeptoren befinden sich im gesamten Körper, aber insbesondere im zentralen Nervensystem, daher wird der mögliche Nutzen von Cannabinoiden auch immer wieder bei unterschiedlichen Nervenschädigungen und neurodegenerativen Krankheiten wie MS und neuropathischem Schmerz untersucht. Die Folgen des Cannabiskonsums werden in den Veränderungen des Nervensystems deutlich.

„Die Cannabisrezeptoren im Gehirn sind dann dauerhaft überreizt, das System schützt sich und wird herunterreguliert". *

Ein natürliches cannabinoidhaltiges Mundspray (Sativex®, Nabiximols (d. h. THC & CBD in festen Anteilen) kann zum Beispiel bei MS-bedingten Verspannungen und Verkrampfungen (Spastik) eingesetzt, wenn keine anderen Medikamente geholfen haben. Es muss auf BtM-Rezept verordnet werden.

*) Glaeske, G & Sauer, K 2018, 11

Typ 2 Cannabinoid-Rezeptoren

Typ 2 Cannabinoid-Rezeptoren wie auch die Typ-1-Cannabinoidrezeptoren kommen im Immun-, im Verdauungs- oder dem Fortpflanzungssystem vor, sie befinden sich aber auch zum Beispiel in Knochen, Haut, Lunge, hormonalen Drüsen oder in den Augen. Darum gibt es auch immer wieder Berichte über die Anwendung von Cannabinoiden bei Krankheiten, die mit den genannten Körpersystemen oder Organen zu tun haben. Darüber hinaus wird auch darüber nachgedacht, die Wirkstoffe bei Diabetes, Schuppenflechte, rheumatoider Arthritis, Darmkrankheiten, chronischen Schmerzen oder Krebs einzusetzen.

Weil Cannabinoid-Rezeptoren nicht in lebenserhaltenden Regionen des Gehirns, z. B. im Stammhirn vorkommen, kommt es auch weniger zu letalen Folgen, anders als etwa bei Opiaten oder Alkohol, die eine Hemmung der Atemregulation auslösen können.

Cannabishaltige Medikamente dürfen nicht an Patienten mit einer Suchtvorgeschichte verabreicht werden. Nicht empfohlen sind sie bei zusätzlichen psychischen Störungen.

Cannabis darf nun auf BtM-Rezept zu Lasten der Gesetzlichen Krankenversicherung (GKV) verordnet werden. Damit sind aber erkennbar Probleme verbunden. Leistungen, die von der GKV bezahlt werden dürfen, sind nämlich nach dem Fünften Sozialgesetzbuch (SGB V) an bestimmte Voraussetzungen geknüpft. So heißt es in den §§ 2, 12 und 70, dass die Qualität und die Wirksamkeit der Leistungen dem allgemein anerkannten Stand der Wissenschaft und dem medizinischen Fortschritt entsprechen soll. Wenn man dies auf medizinische

Erkenntnisse in Bezug auf die Behandlung mit Cannabis überprüft, findet man zwar viele Indikationen und Anwendungsbereiche, bei denen Cannabis angewandt wird.

Man findet aber bisher nur wenige unabhängige Studien, die eine Behandlung mit Cannabis wissenschaftlich begründen können.

Außerdem darf die Ausstellung eines Cannabisrezeptes nur in begründeten Fällen abgelehnt werden, das heißt, der Medizinische Dienst der Krankenkassen (MDK) muss innerhalb von drei Tagen oder drei Wochen nach Ausstellung des Rezepts eine begründete Ablehnung vorlegen. [59]

Für einige bisher wenige Patienten ist Cannabis bei Spastik und Schmerz ein letztes Mittel der Hoffnung. Für die Abgrenzung zum Missbrauch als Beruhigungsmittel brauchen wir dringend Forschung, um die medizinisch sinnvolle Anwendung von der missbräuchlichen Zweckentfremdung zu unterscheiden.

Nach § 2 Absatz 1 Betäubungsmittel-Verschreibungsverordnung (BtMVV) darf der Arzt innerhalb von 30 Tagen bis zu zwei Betäubungsmittel unter Einhaltung der jeweiligen festgesetzten Höchstmengen verschreiben. Für Cannabisblüten beträgt die Höchstmenge 100.000 mg, für Cannabisextrakt 1.000 mg bezogen auf den THC-Gehalt und für Dronabinol 500 mg. Es wird als Tee oral aufgenommen oder in Tropfenform eingenommen oder als Inhalation vaporisiert.

Laut Rainer Thomasius besteht zudem die Gefahr, dass regelmäßige Cannabiskonsumenten den Druck auf ihre Hausärzte erhöhen werden, damit sie Cannabismedikamente zur Stressprophylaxe verschrieben bekommen. Dies würde das Medikamentenproblem in Deutschland weiter vergrößern.[60] Wir fügen hinzu: Cannabiskonsumenten machen auch Druck auf Apotheker, trotz anderslautender ärztlicher Verordnungen Cannabispräparate mit noch stärkerer psychoaktiver Wirkung zu erhalten.

Folgende Fragen ergeben sich für den Arzt bei der Verordnung:

- Ist die Erkrankung schwerwiegend (was ist eigentlich schwerwiegend...)?
- Gab es zuvor ausreichend frustrane Therapieversuche? Dies ist z. B. bei Tumorschmerz überhaupt nicht zu realisieren.
- Gibt es eine berechtigte Hoffnung auf Linderung? Hier weisen wir auf die mangelnde Studienlage hin.
- In welcher Form wird das Cannabis verordnet (warum sind Cannabisblüten besser als synthetisches Cannabis, zumal Cannabisblüten teurer sind und die THC-Konzentration kaum zu ermitteln ist? In welcher Form möchte der Patient es konsumieren: rauchen, vaporisieren oder schlucken)?
- Welche Apotheke kann eine solche Mixtur herstellen?
- Vor der ersten Verordnung muss die Krankenkasse nach drei Wochen, im Falle eines Gutachtens nach fünf Wochen genehmigen. Kann die Krankenkasse diese Fristen nicht einhalten, gilt der Antrag als genehmigt. Bei Palliativpatienten verkürzen sich die Fristen auf drei Tage. Der Arzt muss dies formlos beantragen.

---

59   Gerd Glaeske et al. 2018, 77
60   Rainer Thomasius 2015 in Bürgerschaft der Freien und Hansestadt Hamburg, 46

- Des Weiteren gibt es Einzelfallentscheidungen außerhalb der von Krankenkassen anerkannten Anwendungsgebiete. Außerdem können die Medikamente privat und ohne Anordnung der Krankenkasse verordnet werden. Nach Genehmigung muss der Arzt für eine
Begleitstudie Dokumente führen. Cannabisblüten kosten pro Gramm 22 Euro. Opiate sind
in der Regel wirtschaftlicher.

2006 lag die durchschnittliche Konzentration des Cannabiswirkstoffs **Δ9-Tetrahydrocanna-
binol (THC)**, der wichtigsten psychoaktiven Substanz in der Cannabispflanze, in Marihuana bei
5 Prozent, aber 2016 bei 17 Prozent. [61] Der gestiegene THC-Gehalt [62] beruht auf gezüchteten
Cannabispflanzen, *„wobei Cannabidiol kaum noch nachweisbar ist"*.[63] [64] [65] Der Preis pro Gramm
habe sich in diesem Zeitraum kaum verändert. 2006 kosteten 12,65 mg THC einen Euro und
2016 kosteten 12,72 mg THC einen Euro.

Die durchschnittliche Konzentration des Cannabiswirkstoffs Δ9-Tetrahydrocannabinol (THC),
der wichtigsten psychoaktiven Substanz in der Cannabispflanze, lag in Haschisch 1992 bei rund
3 %, 2006 bei rund 8 % und 2012 bei 12 %.[66] Zwischen 2006 und 2016 hat sich der Gehalt des
Cannabiswirkstoffs THC in Haschisch und Marihuana etwa verdoppelt. In der Studie von Tom
P. Freeman et al. wurden nationale Daten aus 28 europäischen Staaten, Norwegen und der
Türkei ausgewertet. Datengrundlage dieser Studie sind Analysen überwiegend polizeilich
beschlagnahmter Cannabisprodukte sowie von in manchen Ländern getätigten Testkäufen
und Proben von Konsumierenden.

Es gibt bereits Züchtungen, die bis zu 30 % THC enthalten. Inzwischen kann der THC-Gehalt in
konzentriertem Cannabisöl (das selten konsumiert wird) sogar 75 % betragen. Das Forscherteam um Tom P. Freeman vermutet veränderte Anbaumethoden in Marokko als Grund für
den Anstieg. Aus diesem Land kommt nämlich neben Afghanistan, dem Libanon und Südafrika
die größte Menge Cannabis nach Europa. Als Auslöser für die vermutlich veränderten
Anbaumethoden in Marokko und Südafrika wird die Züchtung von Cannabispflanzen mit
höheren THC-Gehalten in Indooranlagen in einigen europäischen Staaten (Niederlande, Alba-
nien, Schweiz) angenommen, was in der Folge zu höherem Konkurrenzdruck unter den Produzenten geführt haben könnte. Im gleichen Zeitraum sei laut der Studie der Preis von 8,21
Euro pro Gramm auf 12,27 Euro pro Gramm gestiegen.

---

[61] Freeman, TP et al. 2018
[62] EMCDDA 2014
[63] Hoch, E, Bonnet, U, Thomasius, R et al. 2015, 271
[64] Cascini, F, Aiello, C et al. 2012, 32f.
[65] Atakan, Z 2012, 241f.
[66] Kilmer, K 2017; Haffajee, RL 2018; Yazdi, K 2018

Abbildung 2: Settingbedingungen und unterschiedliche Wirkung des Kiffens

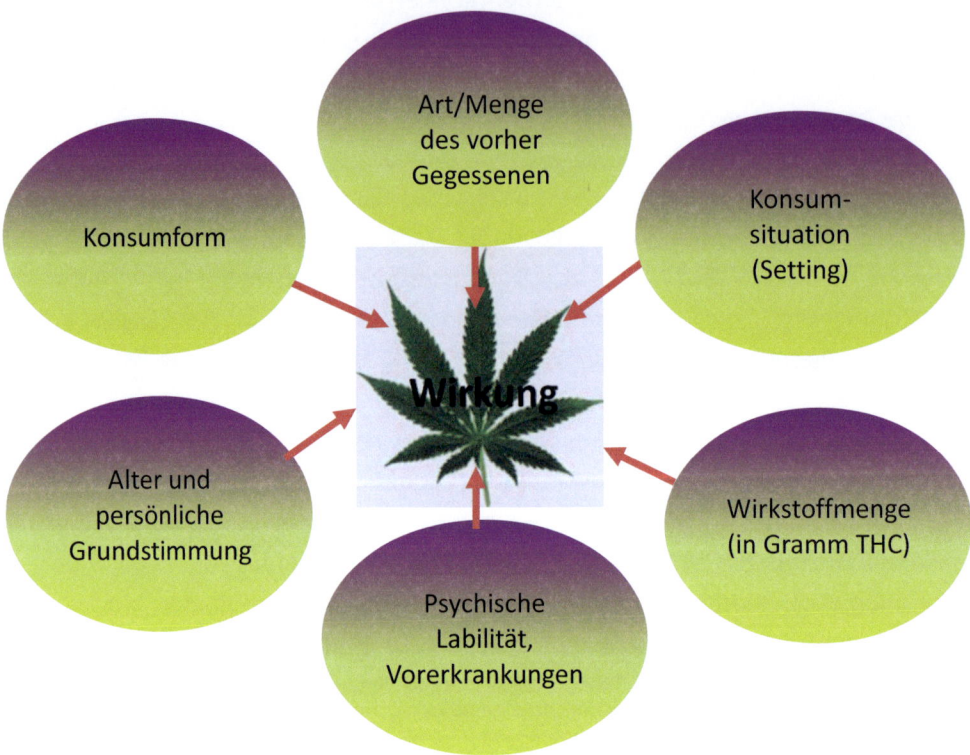

4.3. Wie wirkt sich Cannabis auf Körper und Psyche aus?

Kurzfristige Wirkung

- Je nach Art und Dosis des Produkts ist beim Haschischrauchen mit einer Wirkungsdauer von einer bis drei Stunden zu rechnen, wobei der **Rausch** in den ersten 15 Minuten ansteigt und dann nach und nach abnimmt.
- Bereits das passive Rauchen von Cannabis kann zu leichten Rauscherlebnissen führen.
- Der Cannabisrausch hat in erster Linie psychische Wirkungen, die von der jeweiligen Stimmung des Konsumenten und weiteren Faktoren wie persönliche Labilität/Stabilität, Art und Menge des vor dem Konsum Gegessenen, Art des Cannabiskonsums, konsumierte Menge in Gramm und Konsumsituation beeinflusst werden, siehe Abbildung 1. Die Wirkungen sind vielfältig. Sie reichen vom Rausch, Glücksgefühlen, Entspannung, Ängsten, Paranoia, Übelkeit, Schmerzstillen bis zum schädlichen Gebrauch von Cannabis und zur Cannabisabhängigkeit.
- Dabei werden die vorhandenen **Gefühle und Stimmungen verstärkt** - sowohl negativ als auch positiv - und das Belohnungssystem im Gehirn stimuliert.
- Zu den unangenehmen psychischen Wirkungen zählen Antriebslosigkeit, Sinnestäuschungen bis hin zu leichten Halluzinationen, Kurzzeitgedächtniseinbußen, Angst, Panikattacken sowie Konzentrations-, Wahrnehmungs-, Denk-, Reaktions- und Orientierungsstörungen, Sedierung und High-Gefühl.

- Das Raum- und Zeitgefühl sowie die Reaktions- und Entscheidungszeit können sich verändern. Die dynamische Sehfähigkeit für sich bewegende Objekte und das räumliche Sehen können die Fahrtüchtigkeit beeinflussen.
- Körperlich akut kann sich der Konsum von Cannabis mit **Herzrasen, erhöhtem Blutdruck, Augenrötung und Übelkeit** bemerkbar machen. Daher ist Cannabis für Herzkranke gefährlich.

<u>Langfristige Wirkung</u>

Es gibt eine Menge Annahmen zu langfristigen Wirkungen des Cannabiskonsums, die aktuell durch Studien auf ihre Evidenz beforscht werden. Dr. Eva Hoch hat als Leiterin einer Metastudie (CaPRis-Studie) gemeinsam mit ihrer Forschergruppe und 30 nationalen und internationalen Experten über 2.000 wissenschaftliche Studien ausgewertet.[67]

THC ist eine fettlösliche Substanz, die sich in der Regel noch 6 bis 8 Wochen nach dem Cannabiskonsum bzw. noch deutlich länger, bis zu 3 Monate [68] im Urin nachweisen lässt, in den Haaren sogar bis zu einem Jahr. Das Gehirn besteht aus chemisch fettartigen Stoffen. Dadurch werden THC und seine Abbauprodukte besonders im Nervensystem und im Körperfett oft über mehrere Monate gespeichert. Zudem liefert die Cannabispflanze Stoffe, die unser Körper auch selbst produziert.[69] Und durch den Cannabiskonsum wird je nach Dosis und Häufigkeit das Nervensystem und der ganze Körper überflutet.

- Cannabis macht auch **körperlich abhängig**, Fachärzte für Kinder- und Jugendpsychiatrie sehen bei vielen Patienten auf Entgiftungsstationen eine leichte bis mittelschwere Entzugssymptomatik.
- **Hirnveränderungen**, jedoch keine substanziellen Hirnschäden entstehen beim frühen Einstieg in das Kiffen.
- Gehäuftes Auftreten von **Bronchitis**. Deswegen ist gerauchtes Cannabis besonders für Lungenkranke gefährlich.
- Gehäuftes Auftreten von **Entzündungen** der Nasen- und Rachenschleimhaut und Mundtrockenheit.
- Entwicklung von **Atemwegstumoren,** vor allem Tumorerkrankungen des Kopfes und Halses [70] und Lungenkrebs (vergleichbar mit dem Missbrauch von Tabak, jedoch ist der genaue Zusammenhang von Ursachen und Wirkung noch nicht wissenschaftlich belegt).
- Mögliche Erniedrigung der **Sexualfunktion** bei Männern.
- Mögliche **Störung des Menstruationszyklus** bei Frauen.
- Verändertes **Körpererleben.**
- Belastung des **Herz-Kreislaufsystems,** besondere Risiken bei Menschen mit **Herz-Kreislaufstörungen.**

---

[67] Hoch, E et al. 2017
[68] Patzak, J 2019, Vorbemerkungen zu §§ 29 ff. BtMG Rn. 39: (24 bis 46 Stunden...)
[69] Vgl. Hoch, E 2019
[70] Hoch, E et al. 2015, 274

- **Psychische Cannabisabhängigkeit.**
- Erhöhtes Risiko für **depressive Störungen und Angststörungen,** letztere bis zu sechs-fach [71], nach neueren Studien bis zu dreifach [72] erhöht.

In der Suchtberatung und -behandlung von jungen *Freizeit- und Hochrisiko-Konsumenten* gibt es u. E. angesichts der hohen Risiken für cannabisbezogene Folgestörungen für die *Abstinenz-regel* nach wie vor keine wirkliche Alternative. Den vollständigen Verzicht auf Cannabis-konsum mindestens bis zur Volljährigkeit empfiehlt auch die Deutsche Hauptstelle für Sucht-fragen.[73] Zur effektiven Betreuung dieser Gruppe sind intensivere und spezielle Beratungs- und Therapie-Angebote notwendig. Das Krebsrisiko ist wegen des regelmäßigen und intensiven Gebrauchs von Cannabis neben dem Psychoserisiko erhöht. Insbesondere bei jüngeren Männern mit mehr als einmal wöchentlichem Cannabiskonsum berichten Eva Hoch et al. eine Risikoverdopplung, an Hodenkrebs zu erkranken.[74] Alkoholabhängigkeit und belastende Lebensereignisse sind weitere Risikofaktoren, die den Cannabiskonsum noch verstärken kön-nen, wenn er bereits betrieben wird.

Hilfe zur Abstinenz oder Reduzierung des Konsums von Cannabis, der bei den Klienten i. d. R. schon recht alltäglich und „gewöhnlich" geworden ist, kämpft mit den gleichen Schwierig-keiten wie Tabakentwöhnung, ein hochstabiles Verhaltenssystem zu verändern. Das relativ häufige Auftreten von weiteren Störungen neben der Cannabisabhängigkeit, wie z. B. von Angststörungen, Depressivität oder Onlinesucht verlangt eine hohe Kompetenz der Suchtthe-rapeuten und eine enge Kooperation mit anderen Psychotherapeuten und Fachärzten für Kinder- und Jugendpsychiatrie und -psychotherapie. Die Arbeit mit jungen Cannabiskon-sumenten erfordert ein pädagogisches Intensivangebot und ein hohes Maß an Zuwendung. Die Förderung von Aktivitäten und der Abbau von Behinderungen durch eine frühzeitige, individuell maßgeschneiderte Therapie können diesen Jugendlichen den Weg in ein drogen-freies Leben eröffnen.

Kinder und Jugendliche sind durch äußere Einflüsse in ihrer **körperlichen und psychischen Ent-wicklung** besonders störanfällig, vor allem in der Pubertät und im Jugendalter. Laut Eva Hoch et al. belegen Studien, dass bei Jugendlichen mit frühem Einstieg in den Cannabiskonsum auch noch nach wochenlanger Abstinenz kognitive Einschränkungen vorhanden sein können.[75] Das Gehirn übernimmt alle Funktionen erst im Alter zwischen 20 und 25 Jahren und befindet sich noch in der Entwicklung. Deshalb sollte nach Eva Hoch et al. das körpereigene Cannabinoid-System während der Pubertät nicht von körperfremden Stoffen beeinflusst werden.

Rainer Matthias Holm-Hadulla sagt über die an seiner Universität Studierenden: *„Die jungen Menschen kommen zunehmend wegen cannabisbedingten Konzentrations-, Leistungs- und Beziehungsproblemen zu uns. Oft haben sie durch frühzeitigen Beginn des Konsums emotio-*

---

[71] Hoch, E et al. 2015, 276. Die Autoren zitieren die Studie von Stinson, FS et al. 2006
[72] Hoch, E et al. 2019, 228
[73] DHS 2016c, 7
[74] Hoch, E et al. 2019, 123
[75] Hoch, E et al. 2015, 275

nale und intellektuelle Entwicklungen verpasst. Jugendlichen Liebeskummer und Orientierungsprobleme zum Beispiel. Statt diese durch soziale Aktivitäten, Lesen, Denken, Sporttreiben oder kreative Aktivitäten zu gestalten, ziehen sie sich in eine chemisch manipulierte Scheinwelt zurück. Ich kenne Mittzwanziger, die mir sagen: Von 12 bis 18 Jahren ist ein Loch in meinem Leben. Da ist nichts passiert, ich weiß nicht mehr, was da war. Cannabis betrügt Menschen um diese entscheidende Zeit im Leben. Und die erholen sich auch oft nicht mehr." [76]

Dauerhaftes Kiffen verursacht einen *„vielfältigen, komplexen und womöglich langfristigen Umbau des Dopamin-Systems"*, ist das Ergebnis einer Studie des Londoner Imperial College.[77] Kurzgefasst: Das Dopamin-Neurotransmitter-System im Gehirn wird durch die ständig anflutenden Cannabinoide durcheinandergebracht. Im Laufe der Zeit wird weniger Dopamin produziert, und zwar umso weniger, je früher der Cannabiskonsum im Jugendalter begann bzw. weniger bei Cannabisabhängigen als bei Nicht Cannabisabhängigen. Damit sinkt die Motivation. Rainer Matthias Holm-Hadulla ergänzt: *„Sie können bei regelmäßigem Konsum inzwischen nachweisen, dass die Amygdala, also der Teil des Hirns, der Emotionen steuert, schrumpft. Regelmäßige Cannabis-Konsumenten werden also langfristig apathisch und leiden unter Motivationsproblemen. Desgleichen lassen sich die in der Praxis so häufig auffallenden Gedächtnisstörungen auf Schädigungen des Hippocampus, ein Hirnareal, wo Gedächtnisinhalte gespeichert werden, zurückführen."* [78]

Diese Beschreibung der Wirkungen des Cannabiskonsums macht auch sehr deutlich, warum bei regelmäßigem Kiffen und je nach dem Grad der psychischen Stabilität des Jugendlichen Reifungsprobleme vorliegen können, Schulleistungen schlechter werden können und das Kiffen Probleme in der Schul- und Berufsausbildung nach sich ziehen kann. Eva Hoch et al. berichten im Zusammenhang mit jugendlichem Cannabiskonsum von höheren Schulabbruchraten und niedrigeren universitären Aufnahme- und Abschlussquoten: *„Die Effekte waren stärker, je früher der Cannabiskonsum begann und je höher er war."*[79]

Zudem berichten die Autoren bezugnehmend auf das Einstiegsalter erhöhte Schulabbruchrisiken für Unter-15-Jährige, die zwischen dem 2,9- und 5,6-fachen gegenüber Jugendlichen lagen, die nie vor dem 18. Lebensjahr kifften.[80] Auch höhere Arbeitslosigkeit, häufigere Abhängigkeit von Sozialhilfe und geringeres Einkommen mit 25 Jahren werden von den Autoren als Folgen häufigen adoleszenten Cannabiskonsums berichtet.[81]

In Fachkreisen wird auch diskutiert, ob über häufiges Kiffen vorzeitig, etwa zwei bis drei Jahre früher Psychosen ausgelöst werden können.[82] Eva Hoch et al. präzisieren diese Angabe: *„Menschen, die Cannabis konsumierten, hatten dabei durchschnittlich einen 2,7 Jahre früheren Krankheitsbeginn psychotischer Störungen als die Gruppen, die keine Substanzen konsu-*

---

[76] Holm-Hadulla, RM. Interview „Kiffen schrumpft das Hirn" der Zeitschrift Cicero vom 20.12.2016
[77] Bloomfield, M et al. In: Wong, K 2013
[78] Holm-Hadulla, RM. Interview „Kiffen schrumpft das Hirn" in der Zeitschrift Cicero vom 20.12.2016, a.a.O.
[79] Hoch, E et al. 2019, 143
[80] Ebd.
[81] Ebd., 146
[82] Glaeske, G & Sauer, K 2018, 28

mierten".[83] Depressive Störungen und Angststörungen können durch regelmäßiges Kiffen verstärkt werden. Wir zitieren daher noch einmal Rainer Matthias Holm-Hadulla:

„Bei den regelmäßig konsumierenden Jugendlichen finden wir häufig eine psychische Entleerung. Diese kann als entspannend erlebt werden, geht aber leider oft mit einer Verflachung der Affekte einher. Auch die soziale Resonanzfähigkeit kann beeinträchtigt werden. Im Denken bemerken wir ein „Fading", also den Umstand, dass den Patienten die Gedanken entgleiten und sie damit einhergehend auch ihre Gefühle nicht mehr ausreichend ordnen können. Die Schäden hängen natürlich sehr von der Persönlichkeit ab. Besonders wenn eine Vulnerabilität, eine gewisse Empfänglichkeit für Depressionen, suizidale Gedanken oder Psychosen besteht, ist das Risiko sehr hoch, dass das auch passiert. Nach meiner Erfahrung leiden etwa 30 Prozent regelmäßiger jugendlicher Cannabis-Konsumenten bereits an Apathiesyndromen, Motivationsverlust, kognitiven Einschränkungen. Psychosen und Selbsttötungen sind natürlich seltener, aber in dieser Hinsicht ist jeder einzelne Fall einer zu viel".[84]

In mehreren neueren Cannabisstudien wurde der Frage nachgegangen, ob das Kiffen generell das Psychoserisiko erhöht. Der britische Forscher Stanley Amit und sein Forschungsteam [85] haben errechnet, dass der Konsum von Cannabis das Psychoserisiko um 41 Prozent erhöht. Ein Forschungsteam um Martin Frisher fand dagegen keine Hinweise auf eine erhöhte Rate von Schizophrenie in der Bevölkerung. Marta DiForti und ihr Team vom King's College London konnten schließlich in zwei Studien nachweisen, dass nur hochpotentes Cannabis mit einem erhöhten **Psychoserisiko** und obendrein mit einem um Jahre früheren Erscheinen der Psychose in Zusammenhang steht, „normales" Haschisch hingegen nicht. Das Forscherteam um Marta DiForti bestätigt damit eine Studie aus dem Jahr 2009, die zeigte, dass viele Cannabiskonsumierende, die an einer Psychose erkranken, eine Vorliebe für hochpotenten Cannabis haben. Umgekehrt kann auch angenommen werden, dass psychosekranke Menschen stärker dazu neigen, Cannabis mit hohem THC-Anteil zu konsumieren (sekundärer Cannabiskonsum). Gleichwohl muss auch hier geraten werden, den Konsum von Cannabis zu beenden, um das Psychoserisiko nicht noch weiter zu steigern. Auch die Vererbung scheint eine Rolle zu spielen: Je stärker die Gene in Richtung Schizophrenie weisen, desto mehr kiffen die Betroffenen. Ein Erklärungsmodell ist das Vulnerabilitäts-Stress-Modell.[86] Hochgezüchtetes Cannabis ist zudem arm an Cannabidiol. Das ist eine Substanz, die zwar selbst keine psychoaktive Wirkung hat, den THC-Rausch aber abmildern kann. Je jünger die Person ist, wenn die Psychose zum Vorschein kommt, umso stärker wirken sich die negativen Folgen der Erkrankung auf den persönlichen Werdegang (Schul-, Hochschul- und Berufsausbildung, Eintritt in das Erwerbsleben) aus und ziehen soziale Folgeprobleme nach sich. Der Verzicht (von Erwachsenen) auf hochpotente Sorten wäre eine einfache Lösung, um das persönliche Psychoserisiko deutlich zu senken oder den Ausbruch einer bislang verborgenen Schizophrenie wenigstens um mehrere Jahre hinauszuschieben. Noch besser wäre die völlige Cannabisabstinenz.

---

[83]   Hoch, E et al. 2019, 195 und 206: hohe Konfidenz der Evidenz
[84]   Holm-Hadulla, RM. Interview „Kiffen schrumpft das Hirn" in der Zeitschrift Cicero vom 20.12.2016, a.a.O.
[85]   Zammit, S et al. 2002
[86]   Wittchen, HU & Hoyer, J 2011

Das European Network of National Schizophrenia Networks (EU-GEI) sowie Marta diForti et al. fanden in zwei aktuellen Studien, dass die Inzidenz einer ersten psychotischen Episode (FEP) im Südosten Londons zehnmal höher lag als in Santiago de Compostela in Spanien. Die regionale Häufung widerspricht der Lehrmeinung, dass die Schizophrenie weltweit und kultur-übergreifend bei etwa 1 % der Population gleich häufig auftritt.[87] THC-Gehalte, Angebot und Konsumhäufigkeit der Cannabisdroge liegen in Großstädten wie London oder Amsterdam jedenfalls deutlich höher als in ländlichen Regionen. - Liegen die höheren Fallzahlen für Schizo-phrenie also an den hohen THC-Gehalten?

Im weiteren Verlauf ihrer Drogenkarriere entwickeln viele regelmäßig Cannabis Konsumieren-de ein zunehmendes Desinteresse an ihrer Umwelt und zeigen sich zunehmend weniger be-lastbar. Sie hängen phasenweise „nur noch ab", werden passiv und haben immer weniger tragfähige Kontakte zu Mitmenschen, was sie in Leistungssituationen in Schule und Beruf ins gesellschaftliche Abseits stellt. Sie leben dann häufig über lange Zeiträume hinweg in ihrer eigenen Welt und nehmen die Realität nicht mehr vollständig wahr.
Hinzu kommt der IQ-Verlust. Frank M. Fischer sagt: „Besonders bei Jugendlichen, die über Jahre konsumieren, sinkt der IQ-Wert, und zwar von 100 auf 94 Punkte".[88]
Eva Hoch et al. berichten unter Bezugnahme auf die aussagekräftigste prospektive neuseelän-dische Geburtenkohortenstudie von Meier et al. (2012) einen signifikanten IQ-Verlust von durchschnittlich 8 Punkten bei Probanden vom 13. bis 38. Lebensjahr in der stärksten Konsu-mentengruppe.[89] Am stärksten erlitten Probanden, die vor dem 18. Lebensjahr cannabisab-hängig wurden, einen realen IQ-Verlust.[90] Dies wird u. a. durch noch nicht abgeschlossene Hirnreifungsprozesse im Jugendalter erklärt.
Rainer Matthias Holm-Hadulla sagt: „Statistiken belegen, dass regelmäßiger Cannabis-Konsum den IQ senkt. Wenn es ihren IQ von 130 auf 120 senkt, bewältigen sie immer noch ihr Studium. Aber wenn Jugendliche sich von 100 auf 90 runterkiffen und antriebslos werden, schaffen sie die Schule nicht und haben es sehr schwer, einen Einstieg ins Arbeitsleben zu finden. Ein oft tragischer Teufelskreis von sozialer Isolation und Verzweiflung mit der Hoffnung, in noch härte-ren Drogen etwas Glück zu finden, entsteht".[91]

In der Praxis der medizinischen Vergabe von Cannabispräparaten kommt es mitunter zu Schwierigkeiten im Arzt-Patient und im Apotheker-Patient-Verhältnis. So können Ärzte zur Ausstellung von Rezepten bzw. zum Ausstellen eines BtM-Rezeptes für eine bestimmte THC-reiche Cannabis-„Sorte" genötigt werden. Ärztliche Verordnungen können gefälscht worden sein. Patienten können versuchen, die Rezepturzubereitung zu beeinflussen, um z. B. Cannabisblüten unzerkleinert zu erhalten. Sie können trotz BtM-Dokumentation versuchen, Cannabispräparate von mehreren, auch wohnortfernen Ärzten verschrieben zu bekommen

---

[87]   European Network of National Schizophrenia Networks 2018; DiForti, M et al. 2019
[88]   Fischer, FM 2013, 26
[89]   Hoch, E et al. 2019, 80
[90]   Ebd., 82
[91]   Holm-Hadulla, RM. Interview „Kiffen schrumpft das Hirn" in der Zeitschrift Cicero vom 20.12.2016, a.a.O.

und sich die Medikamente aus mehreren, auch wohnortfernen Apotheken zu besorgen. Sie können versuchen, bereits abgegebene Arzneimittel aus unterschiedlichen Gründen (angebliche Minderbefüllung, mangelnde Qualität, Wirkungslosigkeit usw.) zu reklamieren oder zu manipulieren.

Wenn der Patient beim Arzt oder in der Apotheke strikt auf seinen Wünschen beharrt, liegt der Verdacht nahe, dass entweder ein Medikamentenfehler oder ein Missbrauch vorliegt bzw. dass der Patient cannabisabhängig ist. Hier ist ein vertrauliches Gespräch mit dem Arzt oder Apotheker und die Ablehnung der Medikamentenvergabe durch den Apotheker angezeigt. Darauf weist vorsorglich und aus guten Gründen die Arzneimittelkommission der Deutschen Apotheker (AMK) hin.[92]

Ähnliche Manipulationsversuche, Rezeptfälschungen, etc. sind Ärzten und Apotheken auch in anderen Zusammenhängen bekannt.

---

[92] AMK 2020

5. Cannabis und jugendlicher Konsum

Imke Geest

5.1. Was kann auf das Kiffen hindeuten?

(ohne Anspruch auf Vollzähligkeit)

a) körperlich
erhöhter Blutdruck, Pulsbeschleunigung, Augenrötung, großer Appetit, Pupillenerweiterung, Änderung der Herzfrequenz, Übelkeit

b) psychisch
Stimmungsanhebung, Entspannungsgefühl, Tendenz zur Passivität, Apathie, akut erhöhter Appetit, gelegentlich gesteigerte akustische Sinneswahrnehmungen bis hin zu paranoiden Wahnvorstellungen, starke Einschränkung der Fahrtauglichkeit (Unfallgefahr), gelegentlich verstärktes sexuelles Erleben, Probleme mit der Konzentration, verlangsamte Reflexe

c) im Umfeld
Typischer Cannabisgeruch, verdunkeltes Zimmer des Jugendlichen, weniger Kontakte des Jugendlichen zu Freunden, weniger Freizeitinteressen und -aktivitäten des Jugendlichen

Aber Achtung: Die o. g. Anzeichen können auch fehlgedeutet werden! Und ständiges Kontrollverhalten der Eltern kann die Beziehung zum Kind belasten. Finden Sie jedoch Joint-Stummel, Long-Papers, Pfeifen oder leere Klipp-Tütchen handelt sich es um einen deutlichen Hinweis auf Drogenmissbrauch. Häufig werden Tabak und Marijuana gemischt geraucht.

5.2. Wie wird Cannabisabhängigkeit definiert[93] und wie häufig in Prozent[94] treten dabei einzelne Symptome einer Cannabisabhängigkeit auf?

Wenn innerhalb eines Jahres drei oder mehr der unten genannten Kriterien gleichzeitig erfüllt sind, gilt ein Konsument nach ICD-10 oder DSM-IV als abhängig.

1. Starker Wunsch / Zwang zum Cannabiskonsum (53 %)
2. Verminderte Kontrollfähigkeit bezüglich des Beginns, der Menge und der Beendigung des Konsums (94 %)
3. Körperliches Entzugssyndrom bei Ende oder Reduktion des Konsums, Konsum mit dem Ziel, Entzugssymptome zu mildern (90 %)
4. Toleranzentwicklung hin zu höheren Konsummengen bei Wirkungsverlust (70 %)
5. Fortschreitende Vernachlässigung anderer Interessen und Aktivitäten zugunsten des Kiffens (44 %)
6. Anhaltender Konsum trotz eindeutigen Nachweises schädlicher Folgen (35 %)
7. Eingeengtes Verhaltensmuster im Umgang mit der Substanz (Letzteres ist für die Cannabisabhängigkeit charakteristisch)

---

[93] Diagnosekriterien, in: https://www.lwl.org/klinik_guetersloh_download/pdf/Cannabisabhaengigkeit_Dr_Eva_Hoch.pdf, aufgerufen am 09.03.2019

[94] Wendy Swift et al. 2001 konnten keine systematische Beziehung zwischen der Cannabismenge und dem Ausmaß der Symptome beobachten.

5.3. Der Jugendbegriff

Mit Jugendlichen sind in diesem Buch ohne Festlegung von genauen Altersgrenzen Jugendliche und junge Erwachsene gemeint, da für die Diskussion im Zusammenhang mit dem
Jugendschutz in diesem Buch besonders auf die noch nicht abgeschlossene individuelle
biologische und psychosoziale Entwicklung eines jungen Menschen abgehoben wird.

5.4. Konsumregeln für Cannabis!?

Eine illegale Droge darf nicht konsumiert werden. Ist es daher erlaubt, über Konsumregeln für
Cannabis zu sprechen? Wir finden, dass die Botschaft, man könne oder solle über Konsumregeln sprechen, bereits eine versteckte Werbung für den Drogengebrauch sein kann. Und an-
statt den Freizeitkonsum der Droge ungehemmt fortzusetzen, sollten die Bemühungen primär
in Richtung der frühzeitigen Beendigung des Konsums, der Suche nach Alternativen und der
Abstinenz zielen und ansonsten ggf. in die Inanspruchnahme professioneller Hilfe münden.

Neben dem klaren gesetzlichen Cannabisverbot, das für Menschen jeden Alters gilt, betonen
wir noch einmal deutlich, dass Kinder und Jugendliche überhaupt nicht mit dem Kiffen beginnen sollen. Leider tun es dennoch viele, gerade auch, weil Teile der Gesellschaft das Kiffen
verharmlosen und weil Jugendliche den Konsum in den ersten Jahren noch zumeist positiv
wahrnehmen und die Risiken häufig und je nach dem Stand der psychischen Reife noch
schlecht einschätzen können. Und das macht uns sehr besorgt. Natürlich sollen Kinder und
Jugendliche auch nicht mit dem Rauchen bzw. dem Alkoholkonsum beginnen. Denn es geht
hier nicht nur um die Frage, ob legale oder illegale Drogen konsumiert werden, sondern es
geht insgesamt um den Gesundheitsschutz für Kinder, Jugendliche und abhängigkeitskranke
Menschen. Und es gilt: Je jünger das Kind ist, wenn es kifft, desto gravierender sind die schädlichen Folgen, auch wenn das Kind oder der Jugendliche seinen Cannabiskonsum zuerst womöglich noch ganz lustig findet.
Wenn es später (bei Erwachsenen) zum Konsum von Drogen kommt, sollen diese über geeignete Informationen Konsumrisiken einschätzen können und den Umgang mit diesen Drogen
lernen (Konsumregeln, *safer use*). Oder besser: Auch Erwachsene sollten den Konsum illegaler Drogen beenden.

Folgende Aspekte der Risikominimierung sind wichtig für Menschen, die sich noch nicht für
eine Abstinenz entscheiden können, dürfen aber keinesfalls als Werbung für das Kiffen ver-
standen werden, s. o.:

- **Gar kein Cannabiskonsum bei Kindern, Jugendlichen und Cannabisabhängigen!**
- Kein Konsum in Phasen psychischen Unwohlseins
- Kein Konsum in Situationen, die Konzentration und Aufmerksamkeit erfordern

6. Cannabis, Cannabisfolgestörungen und professionelle Hilfen

Jürgen Schlieckau und Imke Geest

Welche Hilfeangebote gibt es in Ihrer Nähe?

Die Fachstelle Sucht bietet in der Regel Präventions- und Beratungsangebote für Jugendliche und junge Erwachsene an. Allerdings reichen die finanziellen Mittel für eine nachhaltige Suchtprävention häufig nicht aus. Internet- und computerbasierte Interventionen sind wirkungsvoll und werden empfohlen[95], sind aber erst dann von Bedeutung, wenn auch flächendeckend die Digitalisierung der ambulanten Suchthilfe stattfindet und vermehrt Plattformen angeboten werden, die für Jugendliche attraktiv sind. Aber auch dies hängt von der Finanzierung der Suchtprävention ab. Cannabisprävention soll Betroffenen helfen, aber auch schützen. Hier ist u. a. der Jugendschutz gefragt. Die Suchtberatung ist für Hilfesuchende kostenlos.

Eine Fachstelle Sucht unterstützt Angehörige häufig durch Gruppenangebote und Einzelgespräche. Gespräche mit Eltern, Angehörigen, Partnern und Jugendlichen können i. d. R. vereinbart werden. Je jünger die Kinder sind, desto stärker findet der Zugang zum Suchthilfesystem über die Eltern statt.[96] Auch dies ist ein Grund, die Angehörigen stärker in die Suchtberatung und -behandlung, etwa über Angehörigengespräche und Elternkurse einzubeziehen.

Abbildung 3: Hilfemöglichkeiten für cannabiskonsumierende Jugendliche

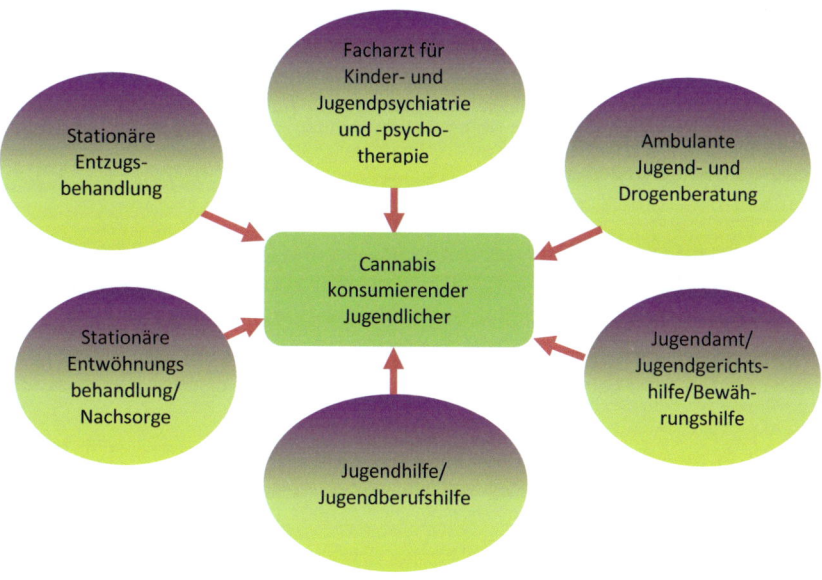

© 2020 Jürgen Schlieckau

---

[95] Hoch, E et al. 2015, 277

[96] Vgl. https://www.dhs.de/fileadmin/user_upload/pdf/AVerCA/Cannabis-Talk-24.Juni-M%c3%bcnster-PPP.pdf, aufgerufen am 03.01.2020

Je früher ein Betroffener Beratung und Behandlung nachsucht, desto eher können Folgestörungen, die sich aus dem Drogenkonsum ergeben, vermieden werden.

Oberste Richtschnur ist die Einhaltung der Schweigepflicht und die Beachtung des Datenschutzes. In der Suchtberatung und Suchtbehandlung wird Anonymität gewahrt.

Es gibt für Betroffene ein Sozialrecht auf Behandlung. Aber nur maximal 10 % der täglich kiffenden Menschen sind in Europa in Behandlung.[97] Wenn sich über die Suchtberatung ein Behandlungsbedarf herausstellt, werden Betroffene in geeignete Entgiftungsbehandlungen sowie zur Entwöhnungsbehandlung in Reha-Fachkliniken vermittelt. Entgiftungsbehandlungen sind Krankenkassenleistungen; Entwöhnungsbehandlungen werden von Krankenkassen und Rentenversicherungen, selten vom Jugendamt oder von Sozialhilfeträgern finanziert.

Die Behandlung von Mediensucht ist häufig ein weiteres Element ambulanter Leistungen. Für Menschen mit Führerscheinverlust werden kostenlose MPU-Erstberatungen und kostenpflichtige MPU-Vorbereitungskurse angeboten.

Die persönlichen Bedingungen, die Lebenswelt und die Bedürfnisse des Hilfesuchenden werden berücksichtigt. Sie sind in der Behandlung von hoher Bedeutung. Die Arbeit mit Alkohol- und Drogenkonsumenten erfordert vor allem eine gute Beziehungsarbeit und viel Empathie.

Eine Fachstelle arbeitet mit allen Vor- und Nachbehandelnden und weiteren Netzwerkpartnern zusammen und vermittelt Betroffene in Suchtselbsthilfegruppen, selbstverständlich unter Beachtung des Datenschutzes und der Schweigepflicht.

---

[97]   EMCDDA 2015

7. Cannabis und Recht

Jürgen Schlieckau

Wichtige rechtliche Grundlagen sind die drei ratifizierten UN-Drogenkonventionen von 1961, 1971 und 1988, die als internationale Suchtstoffabkommen keine Legalisierung von Cannabis erlauben.[98]

Unter dem Dach der Vereinten Nationen einigte man sich 1961 auf das erste einheitliche völkerrechtliche Abkommen *„Single Convention on narcotic drugs"*, das heute noch Basis der weltweiten Drogenkontrolle und Grundlage für die meisten nationalen Gesetzgebungen ist. Darin wird Cannabis derselben Kategorie wie die Opiate zugeordnet und denselben Beschränkungen wie Heroin unterworfen.

Das THC wurde 1971 als Suchtstoff in das *Betäubungsmittelgesetz* (BtMG) aufgenommen. Dieses Gesetz löste in Deutschland das Opiumgesetz von 1929 ab. Wichtig sind die §§ 29ff. BtMG i. V. m. Anlage I und II zu § 1 BtMG.

Mit dem dritten Übereinkommen der Vereinten Nationen gegen den unerlaubten Verkehr mit Suchtstoffen und psychotropen Stoffen wurden 1988 zusätzliche völkerrechtliche Verpflichtungen zur weltweiten Zusammenarbeit gegen Drogenschmuggel und -handel und gegen die unerlaubte Herstellung und Abgabe von Betäubungsmitteln eingegangen.

Es gibt nur zwei Fälle, in denen der Gebrauch von Drogen bzw. *kontrollierter Substanzen*, wie sie bei der UNO heißen, gemäß der geltenden internationalen Drogenkonvention erlaubt ist:

- erstens zur medizinischen Behandlung und
- zweitens zur wissenschaftlichen Forschung.[99]

Im Frühjahr 2019 empfahl die WHO den Mitgliedstaaten der Vereinten Nationen eine Neubewertung von Cannabis und seiner Inhaltsstoffe THC und CBD. Die wissenschaftliche Arbeitsgruppe der WHO hatte im November 2018 den Nutzen von Cannabismedikamenten für die Behandlung bestimmter schwerer Krankheiten anerkannt. Cannabis soll gemäß der Empfehlung aus der Anlage IV der *Single Convention on narcotic drugs* gestrichen und in die Anlage I der weniger gefährlichen Drogen eingeordnet werden, um die Vergabe von Medizinalhanf zu erleichtern. CBD-Präparate mit einem THC-Anteil von bis zu 0,2 % sollen aus der *Single Convention on narcotic drugs* ganz entfernt werden. Der Freizeitgebrauch von Cannabis wird damit nicht gefördert, denn die Droge bleibt verboten. Und Cannabis muss weiter von den Mitgliedstaaten kontrolliert werden.

Angesichts der noch mangelhaften Forschungslage zu Cannabis für medizinische Zwecke sehen wir diese Empfehlung der WHO als gewagt oder zumindest verfrüht an. Die Empfehlung hat keine wesentlichen Auswirkungen auf das deutsche Betäubungsmittelgesetz und noch keine Gültigkeit.[100] Zurzeit kann Ärzten in ihrer Verschreibungspraxis nur geraten werden, in jedem Einzelfall mit großer Vorsicht und Bedacht die Entscheidung zur Verordnung von medi-

---

[98] Art. 2 V b, 4 c ÜB61; Art. 5 i.V.m. 7 ÜB71; Art. 3 II ÜB88
[99] siehe hierzu auch die KfN-Stellungnahme 2017
[100] Deutsches Ärzteblatt, WHO empfiehlt Neuklassifizierung von Cannabis, vom 12.02.2019

zinischen Cannabispräparaten zu treffen, wenngleich der Vorsitzende des Berufsverbandes der Ärzte und Psychologischen Psychotherapeuten in der Schmerz- und Palliativmedizin in Deutschland (BVSD) die Empfehlung der WHO begrüßt. Das mangelnde Forschungswissen trifft für die meisten der diskutierten Indikationen zu. Die drei aktuellen Meta-Studien von Rainer Thomasius 2007, Gerd Glaeske & Kristin Sauer 2018 und Eva Hoch et al. 2019 geben hierzu näher Auskunft.

Sicher ist nur, dass weltweit neue hochprofitable Märkte für medizinisches Cannabis entstehen. Sicher ist, dass die Politik wie eine Getriebene die wirtschaftliche Entwicklung der Cannabisbranche nachregulieren muss. Diese scheint heute kaum aufzuhalten zu sein, sofern die Cannabisprohibition nicht weiter von einer Bevölkerungsmehrheit getragen wird.

Neben den in der deutschen Verfassung garantierten Grundrechten[101], der Bundesverfassungsgerichtsentscheidung von 1994 und den drei UN-Drogenkonventionen sind weitere supranationale Abkommen und Verträge, die Deutschland auf der EU-Ebene eingegangen ist, zu berücksichtigen und einzuhalten, so Art. 71 II, III und V des Schengen II-Abkommens und der Rahmenbeschluss zu Art. 31e EUV.

Deutschland unterstützt aktuell die internationale Entwicklungszusammenarbeit zur Reduzierung des Drogenanbaus durch alternative Entwicklung sowie das Drogenkontrollprogramm der Vereinten Nationen (UNDCP), das vom Büro für Drogen- und Verbrechensbekämpfung der UN (UNODC) durchgeführt wird.

Laut Betäubungsmittelgesetz wird mit einer Freiheitsstrafe von bis zu fünf Jahren oder mit einer Geldstrafe bestraft, wer „...*Betäubungsmittel unerlaubt anbaut, herstellt, mit ihnen Handel treibt, sie, ohne Handel zu treiben, einführt, ausführt, veräußert, abgibt, sonst in den Verkehr bringt, erwirbt, oder sich in sonstiger Weise verschafft*". Bereits der Erwerb und Besitz von Cannabissamen ist strafbar. Die Polizei muss wegen des Legalitätsprinzips immer eine Anzeige aufnehmen.

1990 forderte der Lübecker Richter Wolfgang Nešković unter dem Schlagwort „*Recht auf Rausch*" das Bundesverfassungsgericht auf, Cannabis zu legalisieren.

Das Betäubungsmittelgesetz kennt drei verschiedene Mengenbegriffe. Das Bundesverfassungsgericht fällte 1994 ein wichtiges Urteil zur „*geringen Menge*". Es stellte im sogenannten „*Cannabis-Urteil*" von 1994 fest, dass die vermutete generalpräventive Wirkung der aktuellen Bestimmungen des Betäubungsmittelrechts nicht belegt werden konnte und fordert den Gesetzgeber zu einer entsprechenden Überprüfung von deren Wirksamkeit auf. Eine Initiative deutscher Strafrechtsprofessorinnen und -professoren, der *Schildower Kreis* forderte deshalb 2013 in einer Resolution die Bundesregierung auf, das Betäubungsmittelgesetz auf seine Wirksamkeit zu überprüfen.

In der Zwischenzeit zeigte sich, dass kein direkter Zusammenhang zwischen der geltenden Cannabispolitik und der Häufigkeit des Cannabiskonsums in den europäischen Staaten oder in den deutschen Bundesländern festzustellen ist, ganz gleich, wie liberal oder repressiv die

---

[101] Vgl. Art. 23 I, Satz 1 GG, Art. 100 I GG i.V.m. § 80 II Satz 1 BVerfGG

Cannabispolitik ausgerichtet ist.[102] Ebenso wenig ist aber auch das Argument der Cannabis-lobby bis heute wissenschaftlich belegt, dass die Prohibition von Cannabis gescheitert sei. Die Cannabislobby behauptet aber werbewirksam, dass dies der Fall sei.

Die Qualität der vier Säulen der Drogenpolitik, (1) Prävention, (2) Frühintervention, Beratung und Behandlung, (3) Schadensminimierung und (4) Angebotsreduktion/Repression hat sich seit 1994 enorm verbessert und wird neuen Herausforderungen gerecht. Es ist nicht wirklich progressiv und hilft niemandem, die Säule Repression in der deutschen Drogenpolitik einzu-reißen, weil sie angeblich unwirksam, in der Unterhaltung teuer und für einzelne Betroffene existenzgefährdend sei. Das Totschlagargument lautet: *„Die Prohibition ist gescheitert"*; - das Heilsversprechen dagegen lautet: *"Wenn wir uns von der Prohibition verabschieden, gehen wir besseren Zeiten entgegen."* Beides sind Mythen, die der Realität nicht standhalten. Und das Jugendschutzgesetz kann das Betäubungsmittelgesetz nicht ersetzen, es muss in der Verfas-sungswirklichkeit eher als ein zahnloser „Papiertiger" bezeichnet werden.[103]

Bis heute gab/gibt es in Deutschland zehn kommunale Initiativen für Modellversuche zur Teil-legalisierung von Cannabis zum Freizeitgebrauch, die allesamt (noch) nicht umgesetzt bzw. aus rechtlichen Gründen abgelehnt wurden: Kiel 1995, Berlin-Friedrichshain-Kreuzberg 2015, Hamburg 2015, Münster 2015, Düsseldorf 2015 und 2019, Köln 2018, Wuppertal 2019, Bre-men 2019 und Gesamtberlin 2019.

Soll also der Jugend- und Gesundheitsschutz auf den Altaren der Gewerbefreiheit für die Can-nabisindustrie und der Konsumfreiheit für erwachsene Cannabiskonsumenten geopfert wer-den?

Exkurs 1: Führerscheinerwerb und -entzug nach Cannabisnachweis

Im *Straßenverkehr* ist die neue Rechtspraxis des Führerscheinentzugs nach § 24a StVG bei Nachweis von Cannabis juristisch noch umstritten, da jeder noch so geringe Nachweis von THC im Blut oder Urin zum Führerscheinverlust führen kann. Nach Beendigung des Cannabiskon-sums können Abbauprodukte im Urin noch bis zu sechs Wochen nachgewiesen werden.[104] Die strengen Nachweisgrenzen basieren auf Verkehrsunfallverursachungsstudien und europäi-schen Forschungsinitiativen zu *„Driving Under the Influence of Cannabis"* (DUIC).

Kiffende Jugendliche, die durch den Nachweis von THC aufgefallen sind, können vorüberge-hend die Erlaubnis verlieren, den Führerschein zu erwerben.

In den Begutachtungsleitlinien zur Kraftfahreignung der Bundesanstalt für Straßenwesen heißt es: *„Wer regelmäßig (täglich oder gewohnheitsmäßig) Cannabis konsumiert, ist in der Regel nicht in der Lage, den gestellten Anforderungen zum Führen von Kraftfahrzeugen beider Gruppen gerecht zu werden. Ausnahmen sind nur in seltenen Fällen möglich, wenn eine hohe*

---

[102] Reuband, KH 2009; Europäische Beobachtungsstelle für Drogen und Drogensucht 2011, 53

[103] Vgl. Thomasius, R 2015, in: Bürgerschaft der Freien und Hansestadt Hamburg, 15

[104] Musshoff, F & Madea, B 2006, 155f.

Wahrscheinlichkeit gegeben ist, dass Konsum und Fahren getrennt werden und wenn keine Leistungsmängel vorliegen".[105]

Anders als bei Überschreitungen der definierten Alkoholgrenzwerte wird die Fahrerlaubnis bei Fahrten unter Cannabiseinfluss (Straftat[106]) nicht als unmittelbare strafrechtliche Folge entzogen. Als Grund hierfür wird die nichtlineare Abbaudynamik nach Cannabiskonsum angeführt, die beispielsweise eine zuverlässige Rückrechnung auf den Tatzeitpunkt ausschließt. Es kommt zum Eintrag in die Führerscheindatei. Dies kann zur Folge haben, dass die Verwaltungsbehörde eine Aufforderung zum kostenpflichtigen Drogenscreening schickt. Dann muss der Fahrer beweisen, dass die gefundenen THC-Abbauprodukte nicht vom Drogenkonsum stammen (Beweislastumkehr). Die Entziehung der Fahrerlaubnis besorgt dann aber meistens die Fahrerlaubnisbehörde im Verwaltungsrechtswege.[107] Darüber braucht sich der Betroffene nicht zu beschweren, denn auch nach Missbrauch anderer Medikamente kann jemand vorübergehend fahruntauglich sein und den Führerschein verlieren.

Nach § 3 Abs. 1 Satz 1 und § 6 Abs. 1 Nr. 1 q StVG [108] i. V. m. § 46 Abs. 1 Satz 1 FeV wird die Fahrerlaubnis bei Ungeeignetheit zum Führen eines Kraftfahrzeuges entzogen.[109] Bei sofortiger Blutprobe aufgrund einer Anordnung durch die Polizei gem. § 81 a Abs. 1 StPO in Verbindung mit § 46 Abs. 4 OWiG wird bei Gerichten nach wie vor zumeist der 1 ng-Blutserum-Grenzwert von Thomas Daldrup et al. und der Grenzwertkommission gemäß § 24a StVG für die absolute Fahruntüchtigkeit nach THC-Konsum herangezogen.[110] [111] Es fehlt hier noch eine höchstrichterliche Rechtsprechung.

Wenn nach Thomas Daldrup die Konsummuster-Grenzwerte des THC-Metaboliten THC-COOH im Straßenverkehr, die zeitnah nach dem Konsum gemessen werden, bei

a) weniger als 5 ng/ml liegen, ergibt dies keine Aussage;

b) von 10 bis 150 ng/ml liegen, ergibt sich <u>gelegentlicher Cannabiskonsum</u>;[112]

c) mehr als 150 ng/ml liegen, wird <u>regelmäßiger Cannabiskonsum</u> festgestellt.

---

[105] Bundesanstalt für Straßenwesen 2016, 82

[106] Strafgesetzbuch in der Fassung der Bekanntmachung vom 13. November 1998 (BGBl. I S. 3322), das zuletzt durch Artikel 14 des Gesetzes vom 18. Dezember 2018 (BGBl. I S. 2639) geändert worden ist.

[107] Schlieckau, J 2011; https://www.checkwerfaehrt.de; https://www.bads.de; http://www.verkehrsportal.de

[108] Straßenverkehrsgesetz in der Fassung der Bekanntmachung vom 5. März 2003 (BGBl. I S. 310, 919), das zuletzt durch Artikel 3 des Gesetzes vom 4. Dezember 2018 (BGBl. I S. 2251) geändert worden ist.

[109] Fahrerlaubnis-Verordnung vom 13. Dezember 2010 (BGBl. I S. 1980), die zuletzt durch Artikel 1 der Verordnung vom 3. Mai 2018 (BGBl. I S. 566) geändert worden ist.

[110] BMVI 2015, 9; vgl. dazu §§ 315a, 315c und 316 StGB; BVerfG, Beschluss vom 21. Dezember 2004 - 1 BvR 2652/03 = NJW 2005, 349; BGH, Beschluss vom 14. Februar 2017- 4 StR 422/15 = NJW 2017, 1403.

[111] BVerwG, Urteil vom 23. Oktober 2014 - 3 C 3/13 = NJW 2015, 2439; VG Würzburg, Beschluss vom 24.04.2017 - W 6 S 17.325 = BeckRS 2017, 108352.

[112] VG Aachen, Beschluss vom 20. September 2018 - 3 L 1355/18 = BeckRS 2018, 23479; OVG Münster, Beschluss vom 11.02.2015 - 16 B 50/15 = BeckRS 2015, 42003; VGH München, Beschluss vom 22.02.2010 - 11 CS 09.1934 = BeckRS 2010, 22594; OVG Lüneburg, Beschluss vom 11.07.2003 - 12 ME 287/03, BeckRS 2003, 22801

Werden durch ein Screening, das vor dem Gericht standhält, bis acht Tage nach dem Konsum Werte gemessen, die bei

a) weniger als 5 ng/ml liegen, dann ist ein einmaliger Cannabiskonsum möglich und es besteht der Verdacht auf gelegentlichen Konsum;
b) 5 bis 75 ng/ml liegen, dann wird ein gelegentlicher Konsum angenommen;
c) mehr als 75 ng/ml liegen, dann wird ein regelmäßiger Konsum angenommen.[113]

Bei Thomas Daldrup et al. heißt es dazu weiter: *"Somit kann bei Blutproben, die nur wenige Stunden nach dem letzten Konsum abgenommen wurden, ab einer THC-COOH-Konzentration von 150 ng/ml ein regelmäßiger Konsum als gesichert angesehen werden. Wird die Blutprobe dagegen aufgrund der Aufforderung durch die Straßenverkehrsbehörde entnommen, so ist von regelmäßigem Konsum auszugehen, sobald eine Konzentration von mindestens 75 ng/ml THC-COOH im Blut nachgewiesen wird. Bei der Festlegung des Grenzwertes von 75 ng/ml wurde die Halbwertszeit dieses Metaboliten berücksichtigt und die Tatsache, dass die Betroffenen bis zu 8 Tage nach Aufforderung durch die Straßenverkehrsbehörde Zeit haben, sich einer Blutentnahme zu unterziehen. Während dieser Zeit hätten sie die Möglichkeit, ganz auf den Konsum von Cannabis zu verzichten. Legt man die Halbwertszeit von rund 6 Tagen von THC-COOH zugrunde, so reichen bereits weniger als 3 Tage aus, bis die Konzentration von beispielsweise 100 ng/ml auf 75 ng/ml abfällt."*[114]

Etwa ein Nanogramm THC pro ml Blutserum reduziert die Aufmerksamkeit, beeinträchtigt das Lernen und das (Kurzzeit-)Gedächtnis, verlängert die Reaktionszeit und beeinträchtigt die Fahrtauglichkeit in Höhe der Effekte von etwa 0,5 Promille Alkohol.[115] Dies ist zugleich der toxikologische Grenzwert für den Entzug der Fahrerlaubnis auf dem Verwaltungsrechtsweg. Dieser Grenzwert wurde aber noch nicht in das Straßenverkehrsgesetz aufgenommen, was nichts an den Folgen des möglichen Führerscheinentzuges ändert. Durch den Wert von 1 ng pro ml Blutserum erhöht sich das Unfallrisiko im Straßenverkehr und am Arbeitsplatz um etwa das Zweifache [116] gegenüber dem Verkehrsteilnehmer, der keinen Alkohol und keine Drogen konsumiert hat. Jeglicher Nachweis von Cannabis kann zum Führerscheinentzug führen. Es braucht ca. zwei bis zehn Tage Cannabisabstinenz, um 1 ng/ml THC aus dem Körper auszuscheiden. Die ganz niedrigen Restintoxikationen am Morgen nach dem letzten Joint sind z. B. mit der größten Unfallgefährdung verbunden.[117] Wegen der fehlenden Trennung zwischen dem Cannabiskonsum und dem Führen eines Kraftfahrzeuges fehlt die Fahreignung nach der Fahrerlaubnisverordnung (FeV). Die Behörden entziehen die Fahrerlaubnis ohne Einholen eines Medizinisch-Psychologischen Gutachtens. Im April 2019 urteilte das Bundesverwaltungsgericht aber, dass bei einem *erstmaligen* Verstoß gegen die FeV vor einem Fahrerlaub-

---

[113] Tabelle der Cannabis-Konsumformen, vgl. https://verkehrslexikon.de/TexteA/Cannabis99.php, aufgerufen am 22.12.2019, vollständig abgedruckt in: Daldrup, T et al. 2000, Blutalkohol 37, 39 ff.
[114] Daldrup, T et al. 2000, Blutalkohol 37, 39 ff., ebd.
[115] Rainer Dahlenburg in: Deutscher Bundestag 2012, 22
[116] Eva Hoch et al. geben den Anstieg des Verkehrsunfallrisikos in Verbindung mit Cannabiskonsum um den Faktor 1,25 bis 2,66 an (2019, 159)
[117] Thomasius, R 2015 in: Bürgerschaft der Freien und Hansestadt Hamburg, 15

nisentzug i. d. R. ein Gutachten der Medizinisch-Psychologischen Prüfung mit einer Verhaltensprognose einzuholen ist.[118] Es ist daher klar, dass Cannabiskonsum nicht im verkehrsnahen Raum bzw. bei gefahrgeneigter Arbeit in Betrieben stattfinden darf.

Die Straßenverkehrsordnung (StVO) ist nach Inkrafttreten des „Cannabis-als-Medizin-Gesetzes" nicht angepasst worden, so dass dem Patienten mit erlaubtem medizinischen Cannabisgebrauch der Führerschein entzogen werden kann, wenn er bekifft ein Fahrzeug führt und sich nicht als Patient ausweisen kann.

Nach einer evtl. Cannabislegalisierung ist nach den Erfahrungen in anderen Staaten, die bereits eine Cannabislegalisierung durchgeführt haben, grundsätzlich mit mehr unter der Wirkung von Cannabis stehenden Fahrern im Straßenverkehr zu rechnen.

Exkurs 2: Wie wird die „geringe Menge" definiert?

Laut Entscheidung des Bundesgerichtshofs (BGH) handelt es sich um eine nicht geringe Menge Cannabis, wenn das betreffende Cannabisprodukt **mindestens 7,5 g** Tetrahydrocannabinol (THC) enthält.[119] Bei Überschreiten dieser Menge droht mindestens 1 Jahr Haft.

Im Juni 2018 beschlossen die Justizminister der deutschen Bundesländer, eine einheitliche Obergrenze für den Eigenbedarf an Cannabis festzulegen. Sie senkten die *„geringe Menge"* von Cannabis (als Ober-/Untergrenze), bis zu der Besitz strafrechtlich nicht verfolgt werden muss, von 10 g auf 6 g ab (Ausnahme: In Berlin liegt die *„geringe Menge"* bei bis zu 15 g). Laut Bundesverfassungsgericht [120] kann diese Grenze *„zur Vermeidung einer im Blick auf Art und Menge des eingeführten Betäubungsmittels als unangemessen hoch angesehenen Strafe"* von Gerichten im Einzelfall auch höher angesetzt werden, muss es aber nicht. Eine einheitliche Obergrenze wurde bis heute noch nicht vereinbart, zwischenzeitlich wurden auch wieder andere Grenzwerte diskutiert.

Der Staatsanwalt kann nach § 31a BtMG von der *Strafverfolgung* bei Vorliegen der o. g. *„geringen Menge"* aufgrund polizeilicher Ermittlung absehen und das Verfahren einstellen (*Entpönalisierung*), *muss es aber nicht.*[121] Daher werden in der Rechtspraxis unterschiedliche Ermittlungsentscheidungen getroffen. Die Strafvollstreckung kann auch nach § 35 BtMG zurückgestellt werden, wenn eine Suchtbehandlung aufgenommen wird. Auflagen und Weisungen gemäß § 45 JGG und § 153a StPO können ebenfalls erfolgen, z. B. die verpflichtende Teilnahme an Frühinterventions-, Präventions- oder Behandlungsprogrammen.

Der Bundesgerichtshof hat am 14. Januar 2015 außerdem in einer Entscheidung die **nicht geringe Menge von verschiedenen synthetischen Cannabinoiden** geregelt.[122] Der Grenzwert

---

[118] Urteile des Bundesverwaltungsgerichts vom 11. April 2019, Az.: 3 C 13.17, 3 C 14.17 u. a.
[119] BGH-Urteil vom 18. Juli 1984, BGHSt 33, 8
[120] BVerfGE 90, 145 (170)
[121] Siehe §§ 31a und 35 BtMG
[122] BGH, Urteil vom 14. Januar 2015 – 1 StR 302/13

der nicht geringen Menge wurde bei den Cannabinoiden JWH-018 und CP 47,497-C8-Homologes bei 2 g festgesetzt. Die Wirkstoffe JWH-073 und CP 47,497 erreichen den Grenzwert bei 6 g.[123]

Bei größeren Mengen werden Cannabisprodukte durch Lagerung nicht besser und büßen ihre berauschende Wirkung ein. Es besteht in der Diskussion um die „geringe Menge" aber das Risiko, dass in der Bevölkerung und speziell bei Jugendlichen der Eindruck entsteht, der Konsum von Cannabis bis zu der jeweils festgesetzten Grenze sei harmlos und legal.

Bei Jugendlichen und nach dem Jugendstrafrecht zu behandelnden Heranwachsenden bleibt eine Verfahrenseinstellung jedoch nie ganz ohne Folgen. In der Rechtspraxis werden unterschiedliche Urteile gefällt.[124] Gemäß vieler geltender Richtlinien zur Anwendung des Betäubungsmittelgesetzes kommt in diesen Fällen eine Einstellung wegen einer geringen Menge in der Regel nur unter Auflagen im Sinne des § 45 Abs. 2 Jugendgerichtsgesetz (JGG) in Betracht. Dies bedeutet konkret: Auch wenn ein Jugendlicher oder Heranwachsender „nur" mit einer geringen Menge Cannabis auffällig wird, muss er grundsätzlich mit erzieherischen Maßnahmen rechnen, wie beispielsweise der Auferlegung von Sozialstunden und/oder der Verpflichtung zur Teilnahme an einem Beratungsgespräch oder einer Therapiemaßnahme. Leider ist in Deutschland noch nicht einheitlich geregelt, ob bei Jugendlichen § 31a BtMG oder das Jugendgerichtsgesetz Vorrang hat.[125]

Auch in den Niederlanden und im übrigen Europa ist der Verkauf von Cannabisprodukten gesetzlich verboten. Der Staat und somit auch die Polizei können ihn aber unter bestimmten Voraussetzungen dulden. Die wichtigsten Bedingungen bestehen darin, kein Cannabis an unter 18-Jährige zu verkaufen und pro Kunde höchstens 5 g abzugeben. Die Cannabisprodukte müssen in den Niederlanden i.d.R. im jeweiligen Coffeeshop konsumiert werden. Der Coffeeshop-Betreiber handelt bei der Beschaffung der Cannabisprodukte jedoch in einer rechtlichen Grauzone. Und der Coffeeshop ist ein *„Eingangstor für die organisierte Kriminalität".*[126]

Der deutsche Cannabiskonsument geht ein erhöhtes strafrechtliches Verfolgungsrisiko ein, wenn er z. B. in den Niederlanden oder auf der Rückreise nach Deutschland mit Cannabisprodukten angetroffen wird. Bei Verstößen von Deutschen gegen das niederländische Cannabisrecht wird von den niederländischen Behörden ein Strafverfahren eingeleitet, das von einem deutschen Staatsanwalt am Wohnort des Beschuldigten in der Bundesrepublik Deutschland weiterverfolgt wird. Selbst wenn mit einer Einstellung des Verfahrens unter Auflagen (Sozialstunden, Beratung, s. o.) gerechnet werden kann, muss in jedem Fall mit einer Anklage wegen versuchten Einfuhrschmuggels aus den Niederlanden in die Bundesrepublik Deutschland gerechnet werden.

Die lizenzierten Coffeeshops werden von vielen niederländischen Kommunen geduldet, um Erwachsene von anderen Drogen fernzuhalten. Prinzipien sind bis heute: keine Cannabiswerbung, kein Handel mit harten Drogen, keine Störung der öffentlichen Ordnung, kein Cannabis-

---

[123] In: https://de.m.wikipedia.org/wiki/Menge_(Bet%C3%A4ubungsmittelrecht), aufgerufen am 13.01.2019
[124] Siehe Anlage 5
[125] Jörn Patzak 2012, in: Deutscher Bundestag, 23
[126] Jörn Patzak 2015, in: Bürgerschaft der Freien und Hansestadt Hamburg, 17

verkauf an Minderjährige, Abgabe nur kleiner Mengen. Die Zahl der Coffeeshops nimmt jedoch stetig ab, z. B. von ursprünglich über 6.000 auf ca. 1.500 Anfang der 1990er Jahre und 614 im Jahr 2013. Die Zuständigkeit für die Cannabispolitik wechselte vom Gesundheitsministerium zum Justizministerium, die Zuständigkeit für die Regulierung der lizenzierten Coffeeshops vom Staat an die Kommunen. Seit 2013 sind die Coffeeshops nur noch für Personen mit Wohnsitz in den Niederlanden zugänglich. E-Zigaretten-Liquids und essbare Cannabisprodukte sind dort nicht erlaubt.[127] Der Cannabiskonsum ist bei niederländischen Jugendlichen nach wie vor höher als in Deutschland, den Cannabiskonsum beginnen sie besonders früh.[128] Und 1996/97 wurde bereits ein Coffeeshop-Verbot für 16- und 17-Jährige eingeführt, worauf die Zahl der jugendlichen Kiffer zunächst für drei Jahre sank.[129] Auch die organisierte Drogenkriminalität nimmt in den Niederlanden zu. Deshalb hat sich dort in letzter Zeit erneut eine Diskussion über das sog. *Back-door-Problem* entwickelt. Und die Einschätzung, in den Niederlanden sei die Trennung der Drogenmärkte trotz oder wegen der Cannabisliberalisierung gelungen, muss in neuerer Zeit revidiert werden.

Die Niederlande überlegen aktuell eine Legalisierung von Cannabis und wollen ab 2021 in zehn Städten die legale Abgabe von Cannabis für den Freizeitkonsum testen.[130]

Exkurs 3: Verschiedene Regulierungsbegriffe

Bei einer **Entkriminalisierung/Dekriminalisierung** geht es darum, bestimmte Verhaltensweisen oder Handlungen nicht mehr als kriminell einzustufen. Das bedeutet nicht, dass das Verhalten im Zuge dessen legal wird – andere als strafrechtliche Sanktionen können nach wie vor angewendet werden. Im Hinblick auf die Debatte im Drogenbereich sind damit hauptsächlich Vorschriften über Besitz und Eigengebrauch im Gegensatz zum Drogenhandel gemeint.

Entpönalisierung ist die Schaffung der Möglichkeit, eine Strafrechtssache abzuschließen, ohne ein auf eine Bestrafung ausgelegtes Verfahren einzuleiten; beispielsweise, wenn ein Vergehen als geringfügig betrachtet wird oder eine Strafverfolgung nicht im öffentlichen Interesse liegt.

Liberalisierung bezeichnet verschiedene Strategien bzw. Teilstrategien in Richtung Legalisierung unterhalb der Schwelle einer völligen Legalisierung. Politische Liberalisierung bedeutet den Abbau repressiver Funktionen des Staates. Der Begriff wird oft im Kontext von Menschenrechten, Minderheitenschutz, Verboten und der Abschwächung oder Umwandlung von Strafmaßnahmen gebraucht.[131] Gesundheit und soziale Sicherheit wird zur individuellen Angele-

---

[127] Zobel, F & Marthaler, M 2016, 20

[128] Jörn Patzak 2015 zitiert den niederländischen REITOX-Bericht 2011, in: Bürgerschaft der Freien und Hansestadt Hamburg, 27

[129] Rainer Thomasius. In: Deutscher Bundestag, Expertenanhörung 2012, 21

[130] https://www.wochenspiegellive.de/servicetexte/cannabis-in-deutschland-wird-die-droge-bald-legal/, aufgerufen am 18.01.2020

[131] https://de.m.wikipedia.org/wiki/Liberalisierung, aufgerufen am 07.01.2020

genheit. Dort, wo Einzelne nicht in der Lage sind, eigenverantwortlich zu handeln, wird dies zum Problem.

Legalisierung bezeichnet die Aufhebung eines Verbots in Bezug auf eine Handlung, die zuvor mit einem Verbot belegt war. Im Zusammenhang mit Drogen handelt es sich dabei meist um die Einstellung der strafrechtlichen und anderweitigen Sanktionierung, wobei sonstige Vorschriften die Zulässigkeit weiterhin einschränken können. Dieser Begriff wird vor allem in Bezug auf den Drogenhandel verwendet.

Regulierung bedeutet, dass der Handel oder der Konsum einer Substanz auf der Grundlage einer Reihe von Vorschriften und Beschränkungen geregelt wird, wie dies beispielsweise bei Alkohol und Tabak der Fall ist. Regulierungssysteme wie Altersbeschränkungen und die Überwachung von Verkaufsstellen kontrollieren in der Regel den Zugang zu einer Substanz. Auch für die Bewerbung von Substanzen können Einschränkungen gelten. Im Falle eines Verstoßes gegen derartige Vorschriften können strafrechtliche oder anderweitige Sanktionen verhängt werden.

7.1. Veränderungen der Rechtspraxis in einzelnen Staaten

Eine Reihe von Staaten haben mittlerweile die drei international geltenden UN-Drogenkonventionen, zu denen sie sich früher bekannt hatten, verlassen. Weitere Staaten werden möglicherweise folgen. Die Veränderungen reichen von Maßnahmen zur Entschärfung des Strafrechts bis zur völligen Legalisierung und zu einem kommerzialisierten Cannabismarkt.

Synopse 1: Beispiele für Cannabisliberalisierung und -legalisierung ausgewählter Staaten in chronologischer Reihenfolge

a) Spanien und Belgien liberalisierten ab 1973 Anbau, Erwerb, Besitz und Konsum von Cannabis zum Eigenverbrauch im Rahmen von Produktions- und Konsumgemeinschaften (CSC) für Erwachsene und untersagten Cannabiswerbung. Vor allem im Baskenland gibt es CSCs. Der Cannabiskonsum in der Öffentlichkeit gilt dort als Ordnungswidrigkeit, ist aber nicht rechtssicher. In Spanien wurde 2015 nämlich in drei Urteilen des Obersten Gerichtshofs festgelegt, dass der organisierte, institutionalisierte und nachhaltige Anbau sowie die Verbreitung von Cannabis innerhalb einer Vereinigung (eines *Cannabis Social Clubs*)[132], die neuen Mitgliedern offensteht, als Drogenhandel gilt.

b) Die Niederlande liberalisierten ab 1976 den Erwerb und Konsum von Cannabis in *Coffeeshops* sowie den privaten Anbau von bis zu 5 Hanfpflanzen pro Haushalt für Erwachsene ab 18 Jahren und untersagten Cannabiswerbung. Cannabis ist weiterhin illegal, wird aber bis zu einer Menge von 5 Gramm geduldet. Die gesellschaftliche Akzeptanz der Droge Cannabis hat in den Niederlanden durch die Duldungspraxis erheblich zugenommen. Nach schlechten Erfahrungen mit dem Cannabistourismus aus Deutschland und der Beschaffungskriminalität rund um die Coffeeshops reduzierten die Niederlande die Anzahl der ursprünglich

---

[132] https://www.encod.org/info/CODE-OF-CONDUCT-FOR-EUROPEAN.html, aufgerufen am 11.02.2019

über ca. 6.000 Coffeeshops auf nur noch wenige Hundert, s. o. Seit 2003 wird Cannabis in den Niederlanden zu medizinischen Zwecken straffrei und kontrolliert abgegeben. Seit 2014 gibt es in den Niederlanden auch einen *Cannabis Social Club* (CSC).

c) In den USA war die Prävalenz des Cannabiskonsums seit jeher höher als in Europa. Seit Richard Nixon stand der *„Krieg gegen die Drogen"* auf der Tagesordnung der Bundespolitik. Erst 1996 bekam die Legalisierung des medizinischen Cannabisgebrauchs in Kalifornien über eine Volksabstimmung eine „Türöffner-Funktion" für einen neuen legalen Cannabismarkt, obwohl bis heute die UN-Drogenkonventionen und das US-Bundesgesetz dagegenstehen. Schließlich senkte die Obama-Administration vor 10 Jahren, als die Bevölkerungsmehrheit in allen US-Staaten noch gegen eine Legalisierung war, ohne Not den Druck auf die Einzelstaaten. 30 US-Einzelstaaten haben bisher die medizinische Vergabe von Cannabis legalisiert. Außerdem wurde auch auf Bundesebene der Cannabiskonsum rückwirkend entkriminalisiert. Dies hat bis heute einen Dominoeffekt. In der Folge entwickelte sich auch ein Cannabismarkt für den Freizeitkonsum, der in den US-Staaten vorwiegend marktwirtschaftlich reguliert ist, obwohl auch hier bis heute das US-Bundesgesetz und die UN-Drogenkonventionen dagegenstehen. Erst später befürwortete die Mehrheit der Bevölkerung in den jeweiligen Legalisierungsstaaten eine Cannabislegalisierung. Vor 2012 waren es bereits 18 Einzelstaaten mit einer zu diesem Zeitpunkt schon mächtigen Cannabisindustrie. Die Weitergabe von Marihuana für medizinische Zwecke an Jugendliche ist dort ein kaum beherrschbares Problem. *„Die Zunahme des Cannabiskonsums in Colorado geht mit einer höheren Anzahl von Notfalleinweisungen in die Krankenhäuser einher. Ebenso werden vermehrt tödliche Verkehrsunfälle mit Cannabis in Beziehung gebracht."* [133] Die Trennung der Märkte für Medizinalhanf und für den Freizeitgebrauch von Cannabis gelingt bisher nicht. Unter Jugendlichen in der medizinischer Erstversorgung (*primary care*) berichten 18 %, Marihuana von einer (erwachsenen) Person mit einer Lizenz für medizinischen Cannabisgebrauch zu beziehen. [134] 74 % der Jugendlichen in Suchttherapie geben an, im Mittel mehr als fünfzigmal Cannabisprodukte von Personen mit einer Lizenz für medizinischen Cannabisgebrauch bezogen zu haben. [135] Die us-einzelstaatlichen Cannabispolitiken sind nach immerhin 10 Jahren der Veränderung ein gutes Beispiel dafür, dass die Argumente der Legalisierungsbefürworter, über einen regulierten Markt Qualitätskontrolle und Produktsicherheit lückenlos sicherzustellen, nicht das Papier wert sind, auf dem sie stehen. Offenbar erfordert die Entwicklung standardisierter behördlicher Kontrollverfahren weitaus mehr Zeit, als seinerzeit gedacht. Und die erhoffte Schadensbegrenzung scheitert im offenen Experiment an der Realität.

Nach US-Bundesgesetz ist Cannabis weiterhin illegal. Mit <u>Colorado</u> und <u>Washington State</u> (2012), <u>Alaska</u>, <u>Oregon</u> und <u>Washington D. C.</u> (2014), <u>Kalifornien</u>, <u>Massachusetts</u>, <u>Maine</u> und <u>Nevada</u> (2016), <u>Michigan</u> und <u>Vermont</u> legalisierten im Zeitraum von 2012 bis 2018 bisher 10 Einzelstaaten und ein selbständiger Distrikt der USA den kommerziellen Verkauf von Cannabis an Erwachsene ab 21 Jahre über lizenzierte Fachgeschäfte und den Besitz von

---

[133] Zobel, F & Marthaler, M 2016, 14
[134] Thurstone, C et al. 2013
[135] Salomonsen-Sautel, S et al. 2012

bis zu 28,4 g sowie bis zu 6 Hanfpflanzen pro Person zum Eigengebrauch. Illinois folgte zum 01.01.2020 als 11. Einzelstaat. Auch Guam und die Nördlichen Marianen (USA) im Pazifik legalisierten 2018 Cannabis. 13 weitere US-Einzelstaaten haben den Cannabiskonsum dekriminalisiert. New York will den Freizeitkonsum von Cannabis entkriminalisieren, so dass in Zukunft nur eine Verwaltungsstrafe (Bußgeld) droht. Es wird geschätzt, dass bis 2020 18 Einzelstaaten in den USA den Freizeitkonsum von Cannabis legalisiert haben werden. Diese Systeme in den Bundesstaaten, z. B. das *Amendment 64* in Colorado oder die *Initiative 502* in Washington State, stehen in unmittelbarem Widerspruch zum US-Bundesrecht, demgemäß sowohl der Besitz als auch der Handel mit Cannabis Straftaten darstellen. Sie stehen auch im Widerspruch zu den drei genannten UN-Drogenkonventionen. In Colorado steigen die Verkaufsmengen von Cannabis seit 5 Jahren in Folge. Es gibt dort eine stetig steigende Zahl von Konsumenten. Jeder 5. US-Amerikaner hat heute legal Zugang zu Cannabis. Für Interessierte: Die *Interamerikanische Kommission zur Kontrolle des Drogenmissbrauchs* (CICAD) hat einen ausführlichen Vergleich der Vorschriften im Bereich Cannabis in Nord- und Lateinamerika veröffentlicht.[136]

d) Portugal hat mit dem Gesetz „*Lei Nr. 3 30/2000*" den Freizeitgebrauch von Cannabis, nicht jedoch die medizinische Vergabe von Cannabisprodukten 2001 entkriminalisiert und liberalisiert. Handel, Besitz und Konsum von Drogen bleiben verboten. Der Besitz einer geringen Menge von 25 g Marihuana und 5 g Haschisch pro Erwachsenen wird jedoch nicht strafrechtlich verfolgt. Ein erwachsener Portugiese darf aber auch beim Besitz geringer Mengen anderer illegaler Drogen, z. B. 1 g Ecstasy, 2 g Kokain oder 1 g Heroin mit Nichtverfolgung rechnen. Hinsichtlich der Prävalenzraten von Cannabiskonsum darf nicht übersehen werden, dass die Zahlen in Portugal immer auf deutlich niedrigerem Niveau als in Deutschland lagen.

Die medizinische Vergabe von Cannabisprodukten steht erst heute vor der Legalisierung.

e) Tschechien liberalisierte die Cannabispolitik 1993 und 2010 in zwei Schritten. Der Besitz von (seit 2010) bis zu 15 g bzw. (seit 2014) maximal 10 g und der Eigenanbau von bis zu 5 Hanfpflanzen sind eine Ordnungswidrigkeit, darüber eine Straftat! Der Anbau von Cannabispflanzen wurde zur Ordnungswidrigkeit herabgestuft und zieht eine Geldstrafe von bis zu 570,00 € nach sich. Auch der Besitz diverser anderer illegaler Drogen wurde in genau definierten Mengen liberalisiert. Tschechien hat heute eines der liberalsten Drogengesetze in Europa.[137]

2013 erfolgte in Tschechien zudem die Freigabe von Cannabis für medizinische Zwecke.

f) Uruguay legalisierte 2013 nach der Machtübernahme durch eine Linkskoalition 2009 und nach dem Volksentscheid von 2012 den Eigenanbau von bis zu 6 Hanfpflanzen sowie den Erwerb und Besitz von bis zu 40 g pro Monat bzw. 10 g pro Woche für einheimische Erwachsene ab 18 Jahren über lizenzierte Apotheken oder aus Produktions- und Konsumentenvereinen (*Cannabis Social Clubs*, CSC) und untersagte Cannabiswerbung. CSC dürfen bis zu

---

[136] http://www.cicad.oas.org/Main/Template.asp?File=/drogas/cannabis/comparativeLegalAnalysis_ENG.asp, aufgerufen am 11.02.2019

[137] Vgl. https://web.archive.org/web/20100109094232/; https://www.tagesschau.de/ausland/tschechien186 .html, aufgerufen am 11.02.2019

99 Pflanzen anbauen, jedes Mitglied des CSC darf jährlich bis zu 480 g Cannabis konsumieren. Nur die Apotheken wollten zunächst nicht mitwirken.[138] Der Verkauf von Cannabis in Apotheken wurde dann ein zweiter Abgabeweg. Ein Gramm Cannabis kostet dort ca. 70 Eurocent und darf höchstens 1,20 € kosten. Ausgelöst wurde die veränderte Cannabispolitik durch die Auswüchse des illegalen Kokainhandels aus Paraguay.

Uruguay stellt die neue Praxis aber unter strenge staatliche Kontrolle: Alle Konsumenten müssen sich beim staatlichen *Institut für die Kontrolle und Regulierung von Cannabis* (IRCCA) registrieren lassen. Für illegale Produktion und illegalen Handel stehen zwischen 20 Monate und 10 Jahre Haft in Aussicht. Der Cannabiskonsum am Arbeitsplatz, am Steuer und auf öffentlichen Plätzen ist verboten.

Auch in Uruguay steigen die Prävalenzraten des Cannabiskonsums bei Jugendlichen und bei Erwachsenen deutlich an.[139] Uruguay exportiert Cannabis nun auch nach Australien.

g) Die <u>Schweiz</u> geht einen anderen Weg als Deutschland und hat ihre Cannabispolitik liberalisiert. Cannabis bleibt dort ebenfalls illegal. Der Erwerb und (nicht gleichzeitige) Konsum von bis zu 10 g bei Erwachsenen ist nur noch eine Ordnungswidrigkeit. Der Konsum kann mit einem Bußgeld von theoretisch bis zu 100 Schweizer Franken geahndet werden und findet in einer rechtlichen Grauzone statt. Der Cannabiskonsum bei Jugendlichen ist strafbar. Cannabidiol-Produkte (Marihuana) mit einem THC-Anteil unter 1 % unterliegen in der Schweiz seit 2013 wie Tabak dem Lebensmittelrecht. Werbung für diese Produkte ist verboten. Die Schweiz erlebt heute zunehmend Probleme mit dem Schwarzmarkt. Der Nationalrat der Schweiz hat fünf Jahre nach der Liberalisierung von Cannabis 2013 im Jahr 2018 zugunsten des Jugendschutzes der Repression den Vorzug gegeben und ein von den Grünen gefordertes umfassendes Cannabisgesetz abgelehnt.

h) <u>Südafrika</u> hat 2017 als erstes afrikanisches Land Medizinalhanf sowie 2018 den privaten Anbau und den Besitz und Freizeitkonsum von Cannabis in Privaträumen legalisiert.

i) <u>Kanada</u> legalisierte ab 2018 den Erwerb (direkt oder online über lizenzierte Händler) und den Besitz von bis zu 30 g für Erwachsene ab 18 bzw. 19 Jahren sowie die Züchtung von bis zu 4 Hanfpflanzen aus lizenzierten Samen pro Haushalt. Cannabishandel auf dem Schwarzmarkt und bekifftes Fahren sind dort weiterhin verboten. Die medizinische Cannabisvergabe ist dort bereits seit 2001 erlaubt. Kanada gilt weltweit als eines der Länder mit den größten Cannabiskonzernen und dem höchsten Cannabiskonsum. Nach erfolgter Legalisierung verdoppelte sich dort die Anzahl der Erstkonsumenten von Cannabis.

j) <u>Jamaika</u> hat den Besitz von Cannabis entkriminalisiert. Der Besitz von bis zu 56 g bleibt straffrei, wird in der Öffentlichkeit jedoch mit einem Bußgeld von 500 Jamaican Dollar, ca. 3,50 Euro belegt. Jamaika hat mit dem Export von Cannabis nach Kanada begonnen.[140] In den kommenden Jahren könnte auf der Insel ein Markt für medizinisches Cannabis für US-Touristen entstehen.

---

[138] Patzak, J 2015, in: Bürgerschaft der Freien und Hansestadt Hamburg, 26
[139] Zobel, F & Marthaler, M 2016, 18
[140] https://www.hanf-magazin.com/news/jamaika-startet-legalen-export-von-cannabis-nach-kanada/, aufgerufen an 12.01.2020

k) <u>Einzelstaaten in Australien</u> und die Stadt Canberra haben ihre Cannabispolitik liberalisiert und eine Entkriminalisierung durchgeführt, Cannabis aber nicht legalisiert.

l) <u>Sri Lanka</u>, <u>Südkorea</u> und <u>Neuseeland</u> haben Medizinalhanf legalisiert.

m) <u>Italien</u> hat Ende 2019 per höchstrichterlicher Entscheidung den Anbau von Cannabis für den Eigenbedarf genehmigt.[141] In Italien ist die Zahl der Cannabiskonsumenten deutlich höher als in Deutschland.

n) In <u>Luxemburg</u> ist seit 2019 die kontrollierte medizinische Vergabe von Cannabispräparaten erlaubt. Das Land will bis 2023 den Freizeitgebrauch von Cannabis vollständig legalisieren. Dies wird Drogentourismus zur Folge haben.

o) <u>Thailand</u>, <u>Indonesien</u> und <u>Neuseeland</u> überlegen die Legalisierung von Medizinalhanf, <u>Sambia</u> hat es bereits legalisiert.

Exkurs 4: Cannabis Social Clubs (CSC)

Ein *Cannabis Social Club* wurde zuerst 2005 von der Lobby-Organisation ENCOD als Modellprojekt vorgeschlagen. Es ist ein nichtkommerzieller Verein, der den kontrollierten professionellen Anbau einer begrenzten Menge Cannabis betreibt, um den Bedarf volljähriger Clubmitglieder für den Freizeitkonsum von Cannabis oder „aus medizinischen Gründen" zu decken. Dagegen sind die in den USA verbreiteten *Cannabis Buyers Clubs* ausschließlich auf die Verwendung von Cannabis als Medikament beschränkt.

In Europa werden solche Clubs in einer rechtlichen Grauzone in bestimmten Gegenden Spaniens, vor allem dem Baskenland, betrieben. Ansonsten gibt es sie in Belgien (seit 2010), den Niederlanden (seit 2014), Italien (seit 2014), Österreich, Slowenien, Frankreich, Deutschland und weiteren Staaten, jedoch ohne Anbau von Cannabis, da letzterer dort unter Strafe steht. Die Schweiz überlegt dies noch. In Deutschland sind solche Clubs ohne Cannabisanbau in Münster, Hamburg, Berlin und Stuttgart entstanden, in anderen Städten wird das Modell diskutiert.

Die Einrichtung und der Betrieb von Cannabisclubs verstoßen in Deutschland gegen zahlreiche Strafvorschriften, u. a. unerlaubter Anbau, Besitz und Verschaffen von Gelegenheiten zum Erwerb bzw. zum Verbrauch von Betäubungsmitteln. Der legale Betrieb würde Kosten für Kontrollen durch die Polizei nach sich ziehen.

Für Jugendliche wird durch Cannabisclubs der Zugang zu anderen Drogen geöffnet. Denn weder Cannabisclubs noch die aus den Niederlanden bekannten *Coffeeshops* haben zu einer Trennung der Drogenmärkte geführt, auch wenn es sich hier um zwei verschiedene Regulierungsmodelle handelt. Im Gegenteil, im Baskenland wurde ein CSC geschlossen und die Niederlande beklagen zunehmende Probleme im Umfeld der Coffeeshops mit der organisierten Kriminalität und dem Handel mit weiterhin illegalen Betäubungsmitteln wie z. B. Amphetamin, Kokain und Heroin. Rolf Hüllinghorst sagt: *„Coffee-Shops sind eine Form der Drogenabgabe,*

---

[141] https://m.tagesspiegel.de/politik/gerichtsurteil-in-rom-in-italien-darf-cannabis-jetzt-zuhause-angebaut-werden/25370534.html, aufgerufen am 28.12.2019

wie wir sie in Deutschland nicht benötigen".[142] Staatsanwalt Jörn Patzak sagte in der Anhörung des Bundestages, *„Die Coffee-Shops sind vielmehr ein Einfallstor für die organisierte Kriminalität".*[143]

Auch die Schweiz beklagt zunehmend Probleme mit der organisierten Kriminalität nach erfolgter Liberalisierung von Cannabis.

Es gibt zu Coffeeshops nur wenig, zu Cannabisclubs noch überhaupt keine Forschung. Bekannt geworden sind bisher lediglich Maßnahmen der Strafverfolgung sowie Gerichtsbeschlüsse. Niemand kann also bisher behaupten, zu wissen, welche realen Vorteile diese auch als Türöffner für eine generelle Legalisierung von Cannabis aufzufassenden Cannabisclubs haben. Wir würden Cannabisclubs als *„Trojanische Pferde"* oder *„Türöffner"* für die vollständige Legalisierung von Cannabis bezeichnen und nach deren flächendeckender Einführung eine kaum noch zu kontrollierende Drogenszene befürchten. Verharmlosend sprechen die Legalisierungsbefürworter von einer großen Zahl erwachsener Gelegenheitskonsumenten, die kriminalisiert werden, um eine Minderheit von Jugendlichen zu schützen. Aber ein geregelter Jugendschutz ist auch im Umfeld von Cannabisclubs nicht zu erwarten, stattdessen müsste es neue Kontrollpunkte geben, weil das Umfeld von Cannabisclubs ähnlich wie jenes niederländischer Coffeeshops, auch ungewollt für Dealer von anderen illegalen Drogen ein Anlaufpunkt wären.[144]

7.2. Cannabis auf Rezept?

Den Umgang mit Betäubungsmitteln regelt in Deutschland das Betäubungsmittelgesetz (BtMG). Cannabisprodukte unterliegen den Bestimmungen dieses Gesetzes.

Gemäß § 29 BtMG dürfen sie u. a. nicht angebaut, nach Deutschland ein- oder ausgeführt, erworben, besessen, verkauft oder abgegeben werden. Im Betäubungsmittelgesetz ist Cannabis neben beispielsweise Heroin und MDMA („Ecstasy") als „nicht verkehrsfähig" eingestuft. Somit ist jeglicher Besitz, die Herstellung von und das Handeln mit Cannabis und Cannabisprodukten (Haschisch, Marihuana) mit Ausnahme des Konsums strafbar. Ausnahmen bilden die Bestimmungen des „Cannabis-als-Medizin-Gesetzes" von 2017 für Medizinalhanf und für medizinisch verordnete Cannabisblüten.

Bereits 2007 wurde der deutsche Staat zum „Cannabisdealer", denn es gab erste Ausnahmegenehmigungen für Medizinalhanf, das über eine Apotheke in den Niederlanden bezogen wurde.

Seit Mai 2011 sind a) Cannabis als Medikament verkehrsfähig und b) cannabishaltige Fertigarzneimittel auf Basis von *Nabiximols (Sativex)®, Dronabinol®* und *Nabilon®* verschreibungsfähig. Bereits 1975 wurde Nabilon® – ein vollsynthetisches Derivat des THC – von der US-Firma Eli Lilly als Tranquilizer und Antiemetikum patentiert. Patienten mussten bei der Bundesopiumstelle des Bundesinstituts für Arzneimittel und Medizinprodukte (BfArM) eine Ausnahme-

---

[142] Hüllinghorst, R. In: Deutscher Bundestag 2012, 15
[143] Patzak, J. In: Deutscher Bundestag 2012, 14
[144] Hüllinghorst, R 2012, ebd.

genehmigung beantragen und diese begründen. Die Wirkung von Dronabinol® und Nabilon® ist jedoch gering und kann ohne weiteres auch mit anderen Medikamenten erzielt werden.

Berlin-Friedrichshain-Kreuzberg stellte 2015 einen Erlaubnisantrag für registrierte Erwachsene für den Erwerb und Besitz von max. 60 g Cannabis pro Monat in 4 lizenzierten Cannabisfachgeschäften für den Freizeitkonsum. Diesem Antrag wurde nicht stattgegeben. In Berlin gelten heute ohnehin bereits bis zu 15 g Cannabis als „geringe Menge" für den Eigengebrauch, was i. d. R. nicht zur weiteren Strafverfolgung führt, s. o.

Das Bundesverwaltungsgericht verpflichtete 2016 erstmals das Bundesinstitut für Arzneimittel und Medizinprodukte, eine Ausnahmeerlaubnis zum Eigenanbau von Cannabis zu erteilen, da das Betäubungsmittel für die medizinische Versorgung notwendig sei und keine gleich wirksame und erschwingliche Therapiealternative zur Verfügung stehe.

Die Bundesregierung beseitigte 2017 nach Inkrafttreten des „Cannabis-als-Medizin-Gesetzes" bestehende rechtliche Unklarheiten und antwortete auf eine kleine Anfrage der Fraktion DIE LINKE: „*Den Cannabispatientinnen und -patienten droht keine Sanktionierung gemäß des § 24a Absatz 2 des Straßenverkehrsgesetzes (StVG), wenn Cannabis aus der bestimmungsgemäßen Einnahme eines für einen konkreten Krankheitsfall verschriebenen Arzneimittels herrührt*".[145] Die Bundesregierung empfiehlt Cannabispatienten das Mitführen einer zusätzlichen Ausfertigung des Betäubungsmittelrezeptes oder einer Bescheinigung des Arztes.

Anwendung und Vollzug des Gesetzes liegen jedoch in der Hoheit der Bundesländer. Das Bundesministerium für Verkehr und digitale Infrastruktur versucht daher, die Bundesländer zu einer einheitlichen Handhabung der Vorschrift zu veranlassen.

Wie für alle illegalen Drogen gilt auch für Cannabis: Liegt eine Gefährdung anderer vor, z. B. wenn Minderjährige beteiligt sind, in Schulen, bei der Ausbildung, in Jugendeinrichtungen usw., wird das gerichtliche Verfahren auch bei geringen Mengen aufgenommen und durchgeführt. Auch der Besitz, der Handel oder die Weitergabe von Betäubungsmitteln in der Schule und im schulischen Umfeld sind aus nachvollziehbaren Gründen verboten. Erfahren Lehrkräfte davon, informieren sie die Schulleitung - eine Anzeige durch die Schulleitung bei der Polizei ist, anders als in Österreich, dann die Folge.

Deutschland hat mit dem „Cannabis-als-Medizin-Gesetz" von 2017 die medizinische Vergabe von Cannabis bei „schwerwiegenden Erkrankungen" oder wenn sie lebensbedrohlich sind oder die Lebensqualität auf Dauer nachhaltig beeinträchtigen, liberalisiert. Damit entfällt das bisherige Erlaubnisverfahren gemäß § 3 Absatz 2 BtMG. Ärzte können ihren Patienten seitdem Cannabisblüten (mit ungeprüften Wirkstoffkonzentrationen), Cannabisextrakte (Sativex®) oder ein staatlich geprüftes Cannabis-Fertigpräparat verschreiben, wenn andere Behandlungsformen keinen Erfolg mehr versprechen ("*Cannabis auf Rezept*"). Die Therapiekosten liegen hier bei bis zu 3.180,00 Euro pro Monat.[146] In der Anlage III des BtMG sind die verkehrsfähigen und verschreibungsfähigen Betäubungsmittel gelistet.

Nach dem „Cannabis-als-Medizin-Gesetz" hat die Position Cannabis in Anlage III folgende Fassung erhalten: „*Cannabis (Marihuana, Pflanzen und Pflanzenteile der zur Gattung Canna-*

---

[145] Deutscher Bundestag 2017
[146] KV Westfalen-Lippe 2017, zitiert nach Häuser, W 2019. Cannabis als Medizin. In: Hoch, E et al., 30

bis gehörenden Pflanzen) nur aus einem Anbau, der zu medizinischen Zwecken unter staatlicher Kontrolle gemäß den Artikeln 23 und 28 Absatz 1 des Einheits-Übereinkommens von 1961 über Suchtstoffe erfolgt, sowie in Zubereitungen, die als Fertigarzneimittel zugelassen sind." [147]

Ein Grund für die Schaffung dieses Gesetzes war, den in Einzelfällen gemäß Sozialgericht Köln und BVerwG Leipzig erlaubten Eigenanbau von Cannabis für schwerkranke Patienten zu unterbinden.[148]

„Nach § 2 Absatz 1 Betäubungsmittel-Verschreibungsverordnung (BtMVV) darf der Arzt innerhalb von 30 Tagen bis zu zwei Betäubungsmittel unter Einhaltung der jeweiligen festgesetzten Höchstmengen verschreiben. Für Cannabisblüten beträgt die Höchstmenge 100.000 mg, für Cannabisextrakt 1000 mg bezogen auf den THC-Gehalt und für Dronabinol® 500 mg". [149] Die Kosten für die Cannabistherapie liegen laut Gerd Glaeske und Kristin Sauer pro Patient bei bis zu 2.200,00 Euro pro Monat, abweichend von den Angaben der KV Westfalen-Lippe, s. o. Damit gehört sie zu den kostenintensivsten Therapien. Die zuständige Krankenkasse muss die Vergabe vor der ersten Verordnung genehmigen. Sie darf diese Genehmigung „nur in begründeten Ausnahmefällen" ablehnen.[150] 14 Cannabissorten können insgesamt aus den Niederlanden und aus Kanada bezogen werden.[151] Hier wurde also bereits eine weitere Stufe der Cannabisliberalisierung erreicht. Der Eigenanbau von Cannabis bleibt für Privatpersonen in Deutschland aber weiterhin verboten.

Aber nicht alle Schwerkranken profitieren gleichermaßen von Cannabismedikamenten. Darauf weist u. a. Eva Hoch hin.[152] Uns erscheint skandalös, dass trotz noch fehlender Cannabisforschung und entsprechend mangelnder Evidenz für viele Indikationen in vielen Staaten weltweit bereits eine Legalisierung der Vergabe von medizinischen Cannabispräparaten stattgefunden hat.

Das industrielle Geschäft mit noch mehr Fertigarzneien als oben genannt, z. B. *Canemes®
(Nabilon)* und *Marinol®* boomt in Kanada und den USA bereits so stark, dass ein großer kanadischer Cannabiskonzern Lieferschwierigkeiten auf dem deutschen Markt hat. Eine Firma aus Frankfurt am Main nahm dies als Anreiz und will nach Klärung der rechtlichen Voraussetzungen Medizinalhanf, der in Nordmazedonien produziert werden soll, in Deutschland vermarkten.

Der medizinische Nutzen von Medizinalhanf ist bisher kaum durch große Studien belegt. *„Zwischen 1975 und 2016 wurden rund 140 randomisierte kontrollierte Studien (RCTs) zu verschiedenen Cannabinoiden oder Cannabispflanzen-Präparaten zu einer Vielzahl an Krankheiten und Symptomen durchgeführt (Grotenhermen, F & Müller-Vahl, K 2016). Bisher geht aber trotz dieser Vielzahl an Studien aus der publizierten Evidenz immer noch nicht klar her-*

---

[147] Glaeske, G & Sauer, K 2018, 58

[148] Häuser, W 2019, a.a.O., 26

[149] Glaeske, G & Sauer, K 2018, a.a.O.

[150] § 31 Abs. 6 Satz 2 SGB V

[151] BAK 2017; Bussik, D & Eckert-Lill, C 2017

[152] Hoch, E 2019

vor, welchen Patientengruppen mit welcher Dosis und in welcher Form es verabreicht werden sollte und welcher Nutzen zu erwarten ist".[153] Schwerkranke Patienten kommen unterschiedlich gut damit zurecht. Es gibt für viele Indikationen bessere und geprüfte Fertigarzneien. Es scheint daher eher keine Frage der medizinischen Evidenz, sondern vielmehr des Glaubens mancher Patienten an die Wirksamkeit von Cannabispräparaten zu sein. Viele Mediziner denken so. Damit steht das „Cannabis-als-Medizin-Gesetz" in einem deutlichen Widerspruch zum Arzneimittelmarktneuordnungsgesetz (AMNOG), mit dem geregelt ist, nach welchen Kriterien die Pharmaindustrie den Nutzen für ihre Produkte nachweisen muss. Darauf weisen auch Gerd Glaeske und Kristin Sauer in der aktuellen Cannabisstudie für die Techniker Krankenkasse (TKK) hin.[154] Auch die Kriterien der Europäischen Arzneimittel-Agentur [155] für die Zulassung von Arzneimitteln bei chronischen Schmerzen werden durch das „Cannabis-als-Medizin-Gesetz" nicht erfüllt.

Tabelle 1: Studienlage zur Evidenz von Cannabismedikation

Eine Cannabisvergabe wurde für folgende Störungen diskutiert [156] Das „Cannabis-als-Medizin-Gesetz" macht hier keine Vorgaben. Bisher liegen folgende Evidenzen vor:

• Spastiken bei Multipler Sklerose (MS), Spray mit dem Handelsnamen *Sativex®*, Appetitstimulation [157] [158]	- geringe bis gute Evidenz, aber unterschiedliche Studienergebnisse
• Spastiken bei AIDS, Übelkeit im Rahmen einer Chemotherapie [159],[160]	- geringe bis gute Evidenz, aber unterschiedliche Studienergebnisse
• Appetitstörung, Kachexie [161]	- geringe Evidenz
• Chronische und sehr starke akute Schmerzen [162], [163]	- geringe Evidenz
• Epilepsie [164]	- geringe Evidenz
• Tourette-Syndrom	- geringe Evidenz

---

[153] Glaeske, G & Sauer, K 2018, 29

[154] Dies., a.a.O.

[155] European Medicines Agency, EMA

[156] Whiting, PF et al. 2015; National Academies of Sciences, Engineering, and Medicine 2017

[157] NAS 2017; vgl. https://www.gesundheitsstadt-berlin.de/cannabis-und-cannabis-medikamente-das-ist-der-unterschied-12187/, aufgerufen am 16.02.2019 sowie Hoch, E et al. 2019, 304

[158] Thomasius, R, persönliche Mitteilung vom 01.04.2019

[159] CINV: Whiting, PF et al. 2015; Pergolizzi, J et al. 2017; Allan, GM et al. 2018; NAS 2017; dagegen: Tafelski, S et al. 2016; Mücke, M et al. 2016/2018

[160] Hoch, E et al. 2019, 326

[161] Ebd., a.a.O.

[162] Allan, GM et al. 2018; Maier, C 2018

[163] Hoch, E et al. 2019, 289ff.

[164] Hoch, E, 357, Zitat: *„Behandlung mit Cannabidiol erbringt eine teilweise verbesserte Symptomatik bei therapieresistenten Epilepsieformen."* Für viele andere Anwendungsgebiete ist die Studienlage zu CBD noch dünn. Der Effekt von Cannabidiol ist zudem dosisabhängig, mit einer umgekehrt u-förmigen Wirkungskurve.

• Alzheimer-Demenz [165]	- keine Evidenz
• Chronisch entzündliche Darmerkrankungen [166]	- keine Evidenz
• Depression [167]	- keine Evidenz
• Morbus Parkinson [168]	- keine Evidenz
• Chorea Huntington [169]	- keine Evidenz
• Grüner Star [170]	- keine Evidenz
• Psychosen [171]	- keine Evidenz
• ADHS	- unklar
• Angststörungen	- unklar
• Bronchospasmolyse	- unklar
• Gastrointestinale Erkrankungen	- unklar
• Neuroinflammatorische Erkrankungen	- unklar
• Neurologische Erkrankungen	- unklar
• Paraplegie (Verlust der Beweglichkeit in unteren Extremitäten)	- unklar
• Psychiatrische Erkrankungen	- unklar
• Rheuma	- unklar
• Schlafstörungen	- unklar
• Tumore	- unklar

Nach Rainer Thomasius liegen Belege für eine leichte, jedoch nicht substanzielle Schmerzreduktion bei chronischen Schmerzen vor. Bei längerer Behandlung besteht Toleranz gegenüber der psychoaktiven Wirkung.[172]

Weitere mögliche Indikationen werden von Kirsten Müller-Vahl und Franjo Grotenhermen [173] genannt. Diese Liste ist sicherlich nicht erschöpfend.

Die National Academies of Sciences (NAS) der USA schlussfolgerten in ihrer Metastudie, dass eine Wirkung von medizinischen Cannabinoiden nur bei einer durch Chemotherapie bewirkten Übelkeit und bei AIDS-verursachter Kachexie sowie teilweise auch bei chronischen Schmerzen und Muskelspasmen bei Multipler Sklerose gezeigt werden konnte.[174]

Keine Wirksamkeit für Cannabis liegt nach Gerd Glaeske & Kristin Sauer bei den Indikationen Depression, Psychose, Demenz, Glaukom und Darmerkrankungen vor.[175]

Die Vergabe von Cannabispräparaten für minderjährige Patientinnen und Patienten ist wegen der möglichen Störungen insbesondere der Gehirnentwicklung und der Gefahr von Abhängigkeitserkrankungen besonders kritisch zu betrachten.

---

[165] Glaeske, G & Sauer, K 2018, 32
[166] Dies., ebd.
[167] Glaeske, G & Sauer, K 2018, ebd.
[168] Hoch, E et al. 2019, 355
[169] Ebd.
[170] Glaeske, G & Sauer, K 2018, ebd.
[171] Dies., ebd.
[172] Rainer Thomasius, persönliche Mitteilung vom 01.04.2019
[173] Müller-Vahl, K & Grotenhermen, F 2017
[174] NAS 2017
[175] Glaeske, G & Sauer, K 2018, 32

Jansson et al. weisen in ihrer aktuellen Studie zudem auf die verheerende Wirkung von Cannabis auf die Gehirnentwicklung von ungeborenen Kindern und von Neugeborenen hin. Schwangeren und stillenden Frauen wird dringend vom Cannabiskonsum abgeraten.[176]

Diese Datenlage zeigt, dass das „Cannabis-als-Medizin-Gesetz" weder den Qualitätskriterien der evidenzbasierten Medizin genügt, noch eine ausreichende Datenlage für den evidenzbasierten Einsatz von Cannabispräparaten in bestimmten Therapien vorliegt.

Der Staat hat mit diesem Gesetz überraschend wenig reguliert. Das Gesetz wurde wohl auf Druck von Lobbyisten schnell und unreflektiert, quasi als *Legalisierung light*[177] erlassen, ohne die Industrie, wie sonst üblich, zu weiteren Studien zu verpflichten bzw. weitere klinische Studien durchzuführen.[178] Die Cannabisindustrie hat so jedenfalls viel Geld für Forschung eingespart. Mathias Mäurer bezeichnet das Gesetz daher als *„Rückschritt in die mittelalterliche Kräuterküche"*.[179] *„Mit dem 2017 in Kraft getretenen Cannabis-Gesetz wurde der Weg der evidenzbasierten Medizin verlassen"*, sagen die Neurologen Mathias Mäurer[180] und Michael Haupts.[181] Der Schmerzmediziner Christoph Maier kritisiert, dass Cannabis, von Ausnahmefällen abgesehen, nur einen geringen Wert in der Schmerztherapie hat.[182]

Und Patienten mit hohem Cannabisbegehren setzen ihre Hausärzte mitunter unter Druck, damit sie ein Cannabismedikament oder Cannabisblüten verschrieben bekommen.

Es besteht Übereinkunft darin und wird durch das „Cannabis-als-Medizin-Gesetz" bestimmt, dass die Vergabe von Cannabispräparaten nur das letzte Mittel sein darf, wenn andere ärztliche Behandlungen keinen Erfolg mehr versprechen. Das Ausstellen des Cannabisrezeptes ist für den Arzt recht aufwändig.

Nebenwirkungen sind wie bei allen Medikamenten zu beachten. Aber es gibt häufig wirksamere Medikamente als Cannabispräparate, s. o. Letztere haben nämlich ein sehr breites Wirkspektrum auf die Psyche. Folgende Nebenwirkungen sind bei Einnahme der verschiedenen Cannabispräparate bekannt: Schwindel, Mundtrockenheit einschließlich Brennen, Mundaphthen, Übelkeit, Müdigkeit, Schlafstörungen, Euphorie, Orientierungsstörungen, Benommenheit, Verwirrtheit, Gleichgewichtsstörungen, Halluzinationen, Depression, Übererregtheit oder Realitätsverlust, Gedächtnisstörungen oder Konzentrationsschwäche, Seheintrübung, Sprachstörungen, größerer oder kleinerer Appetit, veränderter Geschmackssinn, Verstopfung, Durchfall, Erbrechen, Schmerzen, Energielosigkeit, Schwächegefühl, allgemeines Unwohlsein, Unbehagen, Trunkenheitsgefühl, Gefahr des Hinfallens, Angst, reduzierte psychomotorische Leistungsfähigkeit, Tachykardie, Blutdruckabfall, Synkope, Somnolenz, Ataxie, Dysphorie, Vertigo, Hypotonie, Nausea, sowie Wechselwirkungen mit anderen Medika-

---

[176] Jansson, LM et al. 2017

[177] Mäurer, M 2019

[178] Auf eine sonst bei neuen Arzneimitteln übliche frühe Nutzenbewertung, den sogenannten AMNOG-Prozess wurde vom Gesetzgeber verzichtet. Ausnahmen bilden bei Cannabis nur staatlich finanzierte BfArM-Studien

[179] Mäurer, M, ebd.

[180] Mäurer, M in: https://www.gesundheitsstadt-berlin.de/das-cannabis-gesetz-haetten-wir-nicht-gebraucht-12958/, aufgerufen am 16.02.2019

[181] Haupts, M in: https://www.gesundheits stadt-berlin.de/cannabis-und-cannabismedikamente-das-ist-der-unterschied-12187/, aufgerufen am 16.02.2019

[182] Maier, C 2018

menten u.a. Diese kurz- und mittelfristigen Nebenwirkungen gilt es in Kauf zu nehmen, wenn es um die erhoffte Verbesserung der Lebensqualität geht.

Rainer Thomasius ergänzt noch folgende Symptome: *„Nebenwirkungen der Cannabismedikation, welche gehäuft auftreten, sind: High-Gefühl, Taubheitsgefühl, Aufmerksamkeitsstörung, verminderte Tränenflüssigkeit, Muskelrelaxation."* [183]

Kirsten Müller-Vahl und Franjo Grotenhermen weisen zudem auf folgende <u>Kontraindikationen</u> hin:[184] *„Cannabis sollte bei Bestehen einer schweren Persönlichkeitsstörung, Psychose und schwere Herz-Kreislauf-Erkrankungen sowie Schwangeren und stillenden Müttern nicht verordnet werden. Wegen fehlender Daten sollte die Behandlung von Kindern und Jugendlichen (vor der Pubertät) sehr sorgfältig abgewogen werden. Besonders bei älteren Patienten können stärkere zentralnervöse und kardiovaskuläre Nebenwirkungen auftreten"*.

Sie empfehlen Ärzten die einschleichende Dosierung in Absprache mit dem Patienten.

Oft wird Cannabis auch nicht vertragen. Tetrahydrocannabinol (THC) hat vor allem eine antiemetische, relaxierende, sedierende Wirkung. Cannabidiol (CBD) hat vor allem eine antipsychotische, anxiolytische, antiinflammatorische, antiemetische spasmolytische Wirkung und Effekte bei schweren Epilepsien.[185] Bei der Vergabe von Cannabisblüten ist der exakte Wirkstoffanteil von THC und Cannabidiol (CBD) überhaupt nicht bekannt. Der Wirkstoffgehalt kann sich von Blüte zu Blüte unterscheiden. Die Bundesapothekerkammer gibt Dosierempfehlungen, weist aber auf die Schwierigkeit der Dosierung hin [186], was Fragen der Arzneimitteltherapiesicherheit und Evidenzbasiertheit aufwirft. Bei Naturcannabis sind der THC-Gehalt und die Zusammensetzung von THC und Cannabidiol nicht definiert. Fast belustigend wirkt da der Hinweis des Bundesamtes für Arzneimittel (BfArM)[187], dass die Inhalation nach Verbrennung als Joint wegen möglicher Gesundheitsschäden nicht empfohlen werde. Insgesamt sind mehr als 100 unterschiedliche Cannabinoide mit zum Teil sehr unterschiedlichen Wirkspektren bekannt. Die Zubereitungsart hat zudem einen erheblichen Einfluss auf die Wirkstoffaufnahme.

Am 13. Februar 2019 gab es eine Entschließung des Europäischen Parlamentes zum Einsatz von Cannabis in der Medizin.[188]

Für den Herbst 2020 wird die erste Cannabisernte aus deutschem Anbau erwartet. Eine gemäß § 19 Abs. 2a BtMG am <u>BfArM</u> eingerichtete <u>Cannabisagentur</u> soll den Anbau überwachen. Über vier Jahre sollen jeweils 2.600 kg Cannabis von externen Anbietern angebaut werden, für die ein Ausschreibungsverfahren begonnen hatte. Das Betäubungsmittelrecht und das Arzneimittelrecht[189] müssen eingehalten werden.[190] Mittlerweile steht ein Produktionsstandort in Schleswig-Holstein fest. Als Betreiberfirmen sind Aurora Cannabis und Aphria zugelassen. Eine dritte Firma soll noch zugelassen werden.

---

[183] Rainer Thomasius, persönliche Mitteilung vom 01.04.2019
[184] Müller-Vahl, K & Grotenhermen, F 2017, A352-6
[185] Hoch, E 2019
[186] Bussik, D & Eckert-Lill, C 2017
[187] BfArM 2017
[188] 2018/2775 (RSP)
[189] „Gute Praxis für die Sammlung und den Anbau von Arzneipflanzen"
[190] https://www.gesundheitsstadt-berlin.de/deutschland-baut-cannabis-nicht-vor-2020-an-12520/, aufgerufen am 16.02.2019

8. Cannabis und Politik

Jürgen Schlieckau

Lange Zeit standen sich Cannabislobby und Politik mit ihren Positionen diametral gegenüber. Seit einigen Jahren kommt Bewegung in die politische Diskussion. Befeuert wurde diese u. a. durch den Bericht einer Expertengruppe um den ehemaligen UN-Generalsekretär Kofi Annan, *„War on Drugs. Report of the Global Commission on Drug Policy"*. Dieser Bericht kam zu dem Ergebnis, dass der seit Jahrzehnten betriebene *„Krieg gegen Drogen"* gescheitert ist und fordert einen kritischen Umgang mit der internationalen Repressionspolitik.[191]

Die Legalisierungsdebatte unterliegt neben handfesten ökonomischen Partikularinteressen aber auch dem Zeitgeist. Viele Feststellungen der Cannabislobby sind wissenschaftlich umstritten und überdies breiten Kreisen der Bevölkerung nicht vermittelbar. Die Bürger großstädtischer Herkunft scheinen für Legalisierungs- und Liberalisierungsexperimente mit Cannabis aber offener zu sein als die Bürger aus ländlichen Regionen.

Wir wollen mit diesem Buch eine breite Diskussion in der Bevölkerung über die Cannabispolitik anregen. Wir vertreten die Auffassung, dass die bisherige Cannabispolitik in Deutschland erfolgreich war, die Freigabe von Cannabis für medizinische Zwecke ohne hinreichende Forschung und bei mangelnden Qualitätsstandards erhebliche Fragen aufwirft und keine Legalisierung von Cannabis für nichtmedizinische Zwecke (Freizeitkonsum) stattfinden darf.

Eine Teillegalisierung des Freizeitkonsums für Erwachsene wirkt sich immer auf Jugendliche aus. Jugendschutz und Cannabisfreigabe für Erwachsene sind nicht miteinander vereinbar.[192]

Der Deutsche Hanfverband (DHV), sein europäischer Dachverband (ENCOD) sowie der neu gegründete Branchenverband Cannabiswirtschaft (BvCW) vermitteln über ihre Lobbyarbeit Chancen für den Aufbau einer neuen Cannabisindustrie. Der Hanfverband wirbt beispielsweise auf eigenen bundesweiten Veranstaltungen der sog. *„Hanfparade"* neue Mitglieder und propagiert die Liberalisierung und Legalisierung von Cannabis.

Die Mehrzahl der Bürger ist außerdem recht uninformiert über die Risiken des Cannabiskonsums. Diskussionen über die Cannabispolitik sind für die Bevölkerung leider sehr verwirrend. Cannabis wird einerseits vielfach verharmlost und irreführend als *„weiche Droge"* bezeichnet. Dies ist für Jugendliche, die mit dem Kiffen liebäugeln, verführerisch und senkt die Schwelle zum praktizierten Kiffen. Die verharmlosende Botschaft gibt ein falsches Signal sowohl an Eltern, Erzieher und Lehrer, als auch an die Minderheit der Cannabiskonsumenten, die dabei sind, gesundheitsschädigende harte Konsummuster zu entwickeln. Besonders Jugendliche sind häufig der Auffassung, Cannabis sei ungefährlich und alle Jugendlichen würden kiffen. Beide Mythen sind falsch.

Gesetze wie das deutsche Betäubungsmittelgesetz (BtMG) haben etwas mit Meinungsbildung zu tun. Die Botschaft *„Cannabis ist illegal"* gibt im besten Fall das Signal, dass die Beschaffung von Cannabis verboten ist, weil der Gebrauch der Droge riskant ist.

---

[191] Global Commission on Drug Policy 2011
[192] Thomasius, R & Holtmann, M 2016a

Wir kritisieren ein gesellschaftliches Klima, das die Risiken besonders für Kinder und Jugendliche verharmlost. Im schlimmsten Fall glauben Jugendliche, dass Cannabis staatlich erlaubt ist, dass nicht gegen sie ermittelt wird und dass ihnen insofern nichts passiert.

Man sollte daher eine sachliche Diskussion über die Risiken des Cannabiskonsums führen. Deshalb plädieren wir für eine Differenzierung und das Weglassen des Wortes „weich".

Wenn man sich mit der Cannabislobby auseinandersetzt, begegnet man zunächst einer Vielzahl unterschiedlicher Positionen und Meinungen, die unterschiedlich weitreichende und scheinbar rationale Forderungen beinhalten. Sie bieten damit jeder Zielgruppe etwas, die einer Liberalisierung oder Legalisierung von Cannabis offen gegenübersteht.

Zudem werden Begrifflichkeiten wie Liberalisierung, Legalisierung, etc. in ihren Bedeutungen und Inhalten häufig vermischt, was eine sachliche Diskussion nicht gerade erleichtert. Diese unterschiedlichen Begrifflichkeiten und Forderungen tauchten einige Jahre später in Positionspapieren der Fachverbände und seit 2018 in Positionspapieren und Gesetzentwürfen verschiedener politischer Parteien auf. So ist es Aufgabe der Politik, im Korporatismus mit Verbänden und Parteien einen Konsens zu bilden. Sieben verschiedene Modelle der Cannabislobby zur Regulierung des Cannabismarktes mit unterschiedlicher Reichweite wollen wir in der folgenden Synopse 2 zunächst unkommentiert nebeneinanderstellen.[193]

In Synopse 3 werden die Positionen von Fachverbänden und in Synopse 4 die Positionen politischer Parteien zur Cannabispolitik zum Vergleich zusammengestellt.

Synopse 2: Sieben Positionen von Cannabislobbyisten zur Cannabispolitik

Positionen der Cannabislobby	Wozu soll die Strategie führen?
a) Abschwächung des Strafrechts	Abbau der Repression für Cannabiskonsumenten
b) Entkriminalisierung	Abschaffung der Repression für Cannabiskonsumenten
c) Teilweise Verkaufslegalisierung	Schwächung des Schwarzmarktes, verbesserter Jugendschutz, verbesserte Produktqualität
d) Legalisierung des Eigenanbaus	Schwächung des Schwarzmarktes, verbesserter Jugendschutz, verbesserte Produktqualität
e) Lizenzierter Verkauf in Cannabisclubs oder in Fachshops mit oder ohne Gewinnmöglichkeit	starke Schwächung des Schwarzmarktes, verbesserter Jugendschutz, verbesserte Produktqualität
f) Staatliches Cannabisverkaufsmonopol z.B. in Apotheken	starke Schwächung des Schwarzmarktes, strengster Jugendschutz, verbesserte Produktqualität
g) Legalisierung incl. Onlineverkauf	kommerzieller Verkauf von und Werbung für Cannabis, abgeschwächter Jugendschutz

---

[193] Vgl. dazu u. a. Stöver, H & Plenert, M 2013

Synopse 3: Positionen von Fachverbänden zur Cannabispolitik

Positionen der Fachverbände	Wozu soll die Strategie führen?
a) DHS: Verbotsüberprüfung und Modellprojekte	Altersgrenze, Cannabiswerbeverbot, Sanktionierung von Verstößen, Prävention und Jugendschutz
b) GVS: Cannabisliberalisierung	Entkriminalisierung, staatliche Regulierung, Ausbau von Prävention & Jugendschutz, Altersgrenze 21 Jahre
c) DPWV Gesamtverband: Verbots-überprüfung, Cannabisliberalisierung	Verbesserte Prävention, Entwicklung neuer Regulierungsmodelle
d) DGKJP, BAG KJPP, BKJPP, DG-Sucht, DKJPP, DGPPN (2015): Cannabisverbot	erfolgreiche Cannabispolitik in den Säulen Prävention Behandlung, Schadensminimierung und Repression
e) DGP (2016): Cannabisverbot	Prävention, Behandlung, Schadensminimierung und Repression, aber Entkriminalisierung der Cannabiskonsumenten
f) Berliner Suchthilfeträger: kontrollierte enge Regulierung von Cannabis	Altersgrenze 18 Jahre, gezielte Prävention
g) Strafrechtsprofessoren (*Schildower Kreis*)	Überprüfung des BtMG
h) Bund Deutscher Kriminalbeamter	Überprüfung des BtMG
i) Deutsche Polizeigewerkschaft	Weitere Repression, keine Entkriminalisierung
j) Gewerkschaft der Polizei	Weitere Repression, keine Entkriminalisierung

Synopse 4: Positionen von politischen Parteien zur Cannabispolitik

Positionen der politischen Parteien	Wozu soll die Strategie führen?
a) BÜNDNIS 90/DIE GRÜNEN: Cannabisliberalisierung, strikt kontrollierter legaler Cannabismarkt [194]	Cannabiskontrollgesetz (CannKG), Cannabiserwerb und -konsum bis 30 g und bis zu 3 Hanfpflanzen zum Eigenbedarf, Altersgrenze 18 Jahre, gestärkter Jugendschutz, Regulation der gesamten Handelskette, Entkriminalisierung, nicht harmonisierte Cannabis-Verbrauchssteuer von vier bis sechs Euro pro Gramm, fester Grenzwert in Gramm
b) CDU/CSU: Cannabisverbot	erfolgreiche Cannabispolitik in den Säulen Prävention Behandlung, Schadensminimierung und Repression
c) FDP: Cannabislegalisierung [195]	Cannabis-Modellprojekte, kontrollierte Abgabe an Erwachsene, Cannabissteuer, Prävention, Jugendschutz
d) DIE LINKE: Aufhebung des Cannabis-Verbots [196]	verbesserter Jugendschutz, glaubwürdige Aufklärung Straffreiheit beim Besitz von bis zu 15 g bzw. 3 Hanfpflanzen und legaler Zugang zu Cannabis für Erwachsene, Altersgrenze 18 Jahre, Modellprojekte
e) Bundes-SPD: Cannabisverbot	erfolgreiche Cannabispolitik in den Säulen Prävention Behandlung, Schadensminimierung und Repression
Bundesländer-SPD: begrenzte Cannabisliberalisierung	Entkriminalisierung, Stärkung von Prävention und Aufklärung

---

[194] Bundestagsdrucksache 19/819
[195] Bundestagsdrucksache 19/515
[196] Bundestagsdrucksache 19/832

Das aktuelle Spektrum der in anderen Staaten praktizierten Regulierungsmodelle ist breit gefächert. Es umfasst u. a. verhältnismäßig offene, marktwirtschaftliche Systeme in verschiedenen US-Bundesstaaten und Kanada, einen streng durch den Staat verwalteten und geregelten Markt in Uruguay, die Tolerierung des Verkaufs von kleinen Mengen in den Niederlanden und die Gründung von nicht gewinnorientierten Vereinigungen von Cannabiskonsumierenden innerhalb rechtlicher Grauzonen, die aber polizeilich kontrolliert werden, in Spanien und einigen weiteren Staaten. Unterschiedliche Meinungen zur Cannabispolitik werden mittlerweile in allen politischen Parteien in Deutschland vertreten.

8.1. Hinschauen und Cannabismythen kritisch hinterfragen

Es gibt viele Mythen und Meinungen über Cannabis, die sich bei einem Realitätscheck alsbald als nicht zielführend herausstellen. Kiffende Jugendliche halten ihren besorgten Eltern viele dieser Mythen entgegen. Solche Mythen werden aber von der Cannabislobby und interessierten Legalisierungsbefürwortern auch über soziale Netzwerke verbreitet.

Cannabismythen erfüllen viele unterschiedliche Funktionen:
- den Cannabiskonsum bagatellisieren,
- Cannabis als gewöhnliches Konsumgut etikettieren,
- Cannabis als vermeintliche Alltagsdroge salonfähig machen (*„es kiffen ja alle anderen auch…"* - was natürlich nicht stimmt),
- die öffentliche Meinung und die Emotionen der Adressaten beeinflussen,
- eigenes Drogenkonsumverhalten rechtfertigen,
- Legalisierungsgegner verunglimpfen,
- den Wunsch nach Protest in der Pubertät,
- einen neuen Absatzmarkt schaffen [197]
- usw.

Warum wird in diesem Buch darüber berichtet? - Weil der Leser, wenn er eigene Kinder hat, spätestens dann mit diesen Mythen konfrontiert wird, wenn er mit seinen evtl. bereits kiffenden Kindern über Cannabis sprechen will! Wir möchten dem Leser deshalb empfehlen, sich mit den Cannabismythen auseinanderzusetzen.

Jeder Bürger sollte sich Zeit nehmen, genauer hinschauen und die Werbung der Cannabislobby für verschiedene Regulationsmodelle der Cannabispolitik kritisch hinterfragen. Wir erinnern uns: Über Werbung konnte die Tabakindustrie die Anzahl der Zigarettenraucher von 1 % im Jahr 1880 auf 50 % im Jahr 1950 erhöhen.[198]

Die genannten Mythen sind nicht ohne Risiken. Sollten Sie Nebenwirkungen dieser Mythen verspüren, sprechen Sie mit Ihrem Arzt oder Suchtberater.

---

[197] Barry, RA et al. 2014; Richter, KP & Levy, S 2014
[198] Barben, J 2018

8.2. Cannabismythen – einige Beispiele

- *„Wenn ich mal nicht so gut drauf bin, rauche ich einfach was und schon geht's mir super"* - Cannabiskonsum wird verherrlicht, aber viele Hochrisikokonsumenten entwickeln in der Folge zunehmend Störungen.
- *„Ich weiß gar nicht, was diese ganze Aufregung soll. Alle Leute, die ich kenne, kiffen oder haben schon mal gekifft"* - Daten aus wissenschaftlichen Befragungen sagen etwas ganz anderes, Cannabis ist bei Weitem keine Alltagsdroge.
- *„Wenn kiffen so schlimm wäre, würden es die Holländer ja wohl kaum erlauben"* - Cannabis ist in den Niederlanden nicht legalisiert.
- *„Cannabis ist doch nur halb so wild. Wenn ich keinen Bock mehr darauf habe, höre ich einfach auf damit"* - das funktioniert bei Cannabisabhängigen leider nicht mehr ohne fremde Hilfe!
- *„Cannabisgebrauch ist heute privatisiert, alltäglich, hat nichts mehr mit einem subkulturellen Lebensstil zu tun"* - das entspricht nicht den aktuellen Forschungsergebnissen, s. o.
- *„Cannabis ist weniger gefährlich als Alkohol".* - Diese Aussage ist sehr unspezifisch. Wenn man bedenkt, dass bis zu 50 % der Jugendlichen mit *regelmäßigem* Cannabiskonsum Störungen entwickeln, ist diese Aussage zumindest für das Jugendalter nicht haltbar. Wenn man auf die ca. 200 möglichen Folgestörungen von Alkoholabhängigkeit schaut, ist Alkoholkonsum für erwachsene Alkoholabhängige noch folgenschwerer.

Drogendealer des Schwarzmarktes werden im Verlauf ihrer kriminellen Karriere häufig ganz egoistisch und sind dann nicht am Schicksal ihrer Kunden, sondern allein am Drogenverkauf interessiert. Und das ist ihnen auch bewusst. Erst wenn sie Zugang zum Hilfesystem finden und selbst erfolgreich eine Suchtbehandlung absolvieren, mag eine Nachreifung ihrer Persönlichkeit und eine Entkriminalisierung gelingen. Dabei ist die Behauptung, durch eine Liberalisierung könnten sich neue Zugangswege für Hochrisikokonsumenten eröffnen, bei näherer Betrachtung fragwürdig. Hier treten laut Frank Zobel und Marc Marthaler (2016) gleich mehrere Probleme auf. So seien etwa die Interessen des Vertriebs- und Verkaufspersonals von Cannabis-Verkaufsstellen verschieden von jenen der Präventionskräfte und Suchtberater von Suchtberatungsstellen. Die Vernetzung zwischen beiden Systemen wird also schwierig. Bereits die Realität der Alkoholpolitik in Deutschland zeigt, dass Präventionsinstrumente wie z. B. Testkäufe und Schulungen des Verkaufspersonals relativ wenig Erfolg zeigen (sie haben eine schwache Evidenz). *„Aufklärungs- und Jugendschutzmaßnahmen haben gewisse Grenzen. Das geht aus den Erfahrungen mit Alkohol und Tabak hervor. Grundsätzlich würden diese Grenzen auch für Cannabis nach dessen Legalisierung gelten."* [199] Auch das Erstkonsumalter von Cannabis könnte durch eine Liberalisierung der Cannabispolitik kaum hinausgeschoben werden, weder bei gelegentlichen Konsumenten noch bei Hochrisikokonsumenten von Cannabis im Jugendalter. Verschlimmernd käme hinzu, dass die jungen Erwachsenen, bei denen z. T. die

---

[199] Zobel, F & Marthaler, M 2016, 41

höchsten Konsumraten vorliegen, durch die legale Erwerbsmöglichkeit von Cannabis noch stärker gefährdet wären.

Die Abgabekontrolle muss ausgeweitet werden, damit sich die Konsumenten nicht mit größeren Abgabemengen in verschiedenen Abgabestellen eindecken. Das gilt etwa am Beispiel der *Cannabis Social Clubs* in Uruguay und Spanien, wenn vorab individuelle Abgabemengen vereinbart wurden, die dem Cannabiskonsumenten zur Selbstkontrolle dienen könnten.[200] In diesem Regulierungsmodell taucht weiter das Problem der Anonymisierung der Konsumentendaten auf. In der Praxis wird eine lückenlose Kontrolle der Einhaltung der Abgabegrenzen nicht umzusetzen sein. Hinzu kommt, dass sich die Anzahl der Bezugsquellen von Cannabis für Jugendliche indirekt erhöht, wenn sie neben dem Schwarzmarkt auf die Bestände Erwachsener zurückgreifen können, welche Cannabis aus verschiedenen legalen Abgabestellen beziehen und an Jugendliche weitergeben. Damit wird ein kostenintensives Kontrollsystem erforderlich. Auch ein stärker behördlich kontrolliertes Regulierungsmodell bis hin zum staatlichen Monopol wird eine stärkere Verbreitung des „ungewöhnlichen" Konsumgutes Cannabis in Zukunft nicht verhindern können und berücksichtigt zu wenig öffentliche Interessen. Deshalb können wir auch dem Staatsmonopol-Modell der Cannabisregulierung, wie es z. B. derzeit in Uruguay existiert, wenig abgewinnen und bevorzugen weiter die Cannabisprohibition.

Jegliche Liberalisierung der Cannabispolitik lehnen wir aus der Public Health-Perspektive ab. Dazu zählen wir auch mögliche Modellprojekte in Deutschland, die in der Folge mit der Macht des Faktischen wahrscheinlich zu einer liberalisierten Cannabispolitik führen würden, da es per se einen Misserfolg dieser Modellversuche und ein „Zurück" zur Prohibition bzw. ein Beibehalten des Status quo nicht geben dürfte. Und jeder Modellversuch erweitert den Markt. Wir kennen Misserfolge in der Regulierung von Tabak und Alkohol vieler Staaten und sehen Vergleichbarkeiten mit den für die Cannabispolitik vorgeschlagenen Regulierungsstrategien. Wir kennen die Macht des Kapitals in der Marktwirtschaft. Daher müssen alte Experimente in Form eines *„Abenteuerkapitalismus"*[201] nicht wiederholt werden. Nicht die Repression macht den Staat inhuman, sondern staatliche Experimente einer Cannabislegalisierung auf ungesicherter Forschungsgrundlage sind inhuman. Schließlich benachteiligt eine Cannabislegalisierung auch sozial Schwächere und ist unsozial. Es geht für uns noch um die viel grundsätzlichere Frage, ob und aus welchem Grund die Cannabispolitik überhaupt geändert werden soll? Für die politischen Parteien könnte die Unterstützung der Cannabislobby aber kurzfristig verführerisch sein. Die Diskussion über eine mögliche Liberalisierung der Cannabispolitik bekommt im politischen Raum eine gewisse Eigendynamik, geht es doch u. U. auch um Angebote für neue Wählergruppen. Dies macht neben dem Druck durch die Cannabiswirtschaft einen weiteren Teil des Drucks aus, der auf der Politik lastet. Umso wichtiger erscheint uns der konsequente Kampf für das Primat der Gesundheit und gegen die Cannabislobby. Wir plädieren diesbezüglich für Nulltoleranz gegenüber den Forderungen der Cannabislobby und fordern wie die vormalige Bundesdrogenbeauftragte Marlene Mortler (CSU) eine *Anticannabispolitik*. Wir begründen dies im Folgenden weiter ausführlich.

---

[200] Ebd.
[201] Hess, H 1992

8.3. Wie steht es um die Stichhaltigkeit der Argumente der Liberalisierungs-/ Legalisierungsbefürworter und -gegner?

Zunächst muss gesagt werden, dass es bisher nur wenige wissenschaftlich <u>gesicherte</u> Belege gibt, die für oder gegen die Cannabislegalisierung/-liberalisierung sprechen. Das liegt daran, dass es immer noch zu wenig Forschungsarbeiten zu Cannabis gibt, obwohl hier in den letzten Jahren auch in Europa bereits eine relative Verbesserung eintrat. Gleichwohl ändert eine Reihe von Staaten trotz fehlender wissenschaftlicher Basis ihre Cannabispolitik. Und Legalisierungsbefürworter behaupten ohne konkretes Wissen über die Politikfolgen, dass die Vorteile einer Cannabislegalisierung die Nachteile bei weitem überwögen. Sie können ihre Behauptung also (bisher) nicht beweisen. Daher stehen sich in Deutschland nach wie vor viele Legalisierungsbefürworter und -gegner mit ihren Forderungen diametral gegenüber. Man muss sich nicht wundern, dass es in Deutschland über viele Jahre nicht zu Kompromissen zwischen beiden Lagern kam - natürlich unterstellen wir beiden Seiten nur die besten Absichten. Es ist verführerisch, den Menschen weitgehende Konsum- und Straffreiheit zu versprechen und gleichzeitig die bisherige deutsche Cannabispolitik als gescheitert zu brandmarken. So wird man schnell zum *„good guy"*. Legalisierungsbefürworter sprechen primär Gefühle der Bürger an, sprechen von Ungerechtigkeit, Bevormundung und dem vermeintlichen Scheitern der Cannabisprohibition. Sie verteufeln Cannabisverbote. Immer wieder bezichtigen sie die *„bösen"* Volksparteien (CDU/CSU und SPD sind gemeint), dass sie Konsumenten bevormundeten und kriminalisierten und dem Bürger nicht sein vermeintliches Recht auf den Cannabisrausch zubilligen wollen. Der uninformierte Leser wird womöglich denken, der Staat handle gegen die Interessen der Bürger.

Legalisierungsbefürworter appellieren an Gefühle, diskreditieren staatliches Handeln und nehmen für sich oft die alleinige Vernunft-Position in Anspruch bzw. argumentieren mit dem „Vernunft-Label". So sagte die drogenpolitische Sprecherin der Partei BÜNDNIS 90/Die GRÜNEN, Dr. Kirsten Kappert-Gonther auf der Hanfparade am 10.08.2019, *„Die Vernunft ist auf unserer Seite."*[202]

Umso wichtiger finden wir Autoren es, die Argumente der Legalisierungsbefürworter kritisch zu analysieren. Dies tun wir gerade vor dem Hintergrund der Erfahrung, dass einige Staaten jüngst politische Entscheidungen zur Liberalisierung ihrer Cannabispolitik getroffen haben, ohne die besagte Politikfolgenabschätzung initiiert zu haben. Negative Folgen dieser Politik, werden z. B. bereits in Kanada und in Colorado sichtbar.

Der interessierte Leser kann sich auf den folgenden Seiten einen Überblick über **Contra-Argumente zu 30 Mythen der Cannabislegalisierung bzw. -liberalisierung** verschaffen. Er möge sich ein eigenes Bild über die mit den jeweiligen Vorschlägen und politischen Positionen verbundenen Risiken machen. Um dem Leser die weitere Recherche zu erleichtern, haben wir ein sehr umfangreiches aktuelles Literaturverzeichnis beigefügt, allerdings nach Themengebieten geordnet, so dass die Fußnoten nicht immer schnell im Literaturverzeichnis zu finden sind.

---

[202] Kappert-Gonther, K 2019, in : https://kappertgonther.de/2019/08/die-vernunft-ist-auf-unserer-seite-rede-auf-der-hanfparade-2019/, aufgerufen am 30.12.2019

Tabelle 2: 30 Cannabismythen

1. Mythos: Der generalpräventive Erfolgsanspruch der Cannabisprohibition/die **Prohibitionspolitik** im Bereich von Cannabis ist **vollständig gescheitert**. Cannabis ist inzwischen eine Alltagsdroge.

2. Mythos: Nicht beabsichtigte **negative Effekte des Cannabisverbots** stehen in keinem zu rechtfertigenden Verhältnis zu den vermeintlich positiven, generalpräventiven Effekten des Verbots.

   Das behaupten u. a. die Parteien BÜNDNIS 90/DIE GRÜNEN und DIE LINKE. BÜNDNIS 90/DIE GRÜNEN wollen deshalb einen „strikt kontrollierten legalen Markt" für Cannabis. Die gesamte Handelskette für Cannabis (Anbau, Großhandel, Import/Export, Einzelhandel) solle reguliert werden, incl. Sicherstellung eines umfassenden Verbraucher- und Gesundheitsschutzes.

   Legalisierungsbefürworter beklagen außerdem, dass sich unter dem Cannabisverbot Eltern, Lehrer und Vorgesetzte beim Tolerieren des Cannabiskonsums von Jugendlichen strafbar machen können.

3. Mythos: Die **Suchtprävention, Beratung und Behandlung** sowie **Schadensreduzierung** soll gegenüber der Säule der Repression und Stigmatisierung gestärkt werden.

   Das will die Partei DIE LINKE.

4. Mythos: **Zu viele Kapazitäten der Polizei und Justiz** werden für die Drogenrepression benötigt, und die Jugendhaftanstalten sind zu voll. Polizei, Staatsanwaltschaft und Justiz werden durch eine Cannabislegalisierung erheblich entlastet. Eingesparte Ressourcen können für die Bekämpfung von anderer Kriminalität sowie für Prävention und Jugendschutz genutzt werden. Das sagt die FDP.

5. Mythos: Die **Generalprävention** hat zur **Stigmatisierung und Psychiatrisierung** der Cannabiskonsumenten geführt.

6. Mythos: Die **Repression** ist ein unverhältnismäßiger **Eingriff in die Handlungsfreiheit** der Konsumenten. Cannabiskonsum ist lediglich eine „Selbstgefährdung".

7. Mythos: Konsumenten werden unverhältnismäßig kriminalisiert. Cannabis soll **entkriminalisiert** und ein legaler Cannabismarkt für den Freizeitgebrauch geschaffen werden. Die Beschaffung von Cannabis ist kein Grund, mit dem Strafrecht darauf zu reagieren, das Drogen- und Negativkarrieren erst recht produziert. Höhere Strafen reduzieren den Cannabiskonsum nicht. Die unterschiedliche Rechtspraxis in den Bundesländern führt zudem zu einer **Ungleichbehandlung** der Cannabiskonsumenten.

8. Mythos: Die Regelungen im BtMG zur **Strafverfolgung** von Konsumierenden sind **verfassungsrechtlich fragwürdig und unverhältnismäßig**, sagt die Partei DIE LINKE.

9. Mythos: Die Illegalisierung von Cannabis bewirkt **Drogenkriege, organisierte Kriminalität**, den illegalen Drogenmarkt, die Verpanschung der Substanzen, **Profitmaximierung**, Kriminalisierung. Und **synthetische Cannabinoide** erscheinen durch die Cannabisprohibition überhaupt erst auf dem Schwarzmarkt.

10. Mythos: Das **Cannabisverbot ist kontraproduktiv für eine effektive Suchtprävention**. Die Vermittlung von Cannabis als Einstiegsdroge gelingt besser, wenn die Droge nicht mehr

illegal ist. Cannabiskonsumenten sind dann besser erreichbar und offener für Präventionsangebote. Der risikoarme Konsum ist besser vermittelbar, Suchtprävention wird dann nicht durch das Strafgesetz behindert. Neue Zielgruppen können so in Schulen erreicht werden, unsichere Eltern, Lehrer und Vorgesetzte werden entlastet.

11. Mythos: **Cannabis soll als „Genussmittel" kontrolliert abgegeben werden.** Dies soll im Rahmen von Modellprojekten erforscht werden. Das will die Partei FDP.

12. Mythos: In einer Gesellschaft, in welcher Drogenkonsum zum Alltag gehört, soll das Präventionsziel nicht mehr Drogenabstinenz heißen, sondern eigenverantwortlicher, **mündiger Umgang mit Drogen.**

13. Mythos: Die **Legalisierung von Cannabis** kann **Jugendliche** noch effektiver als bisher vor Cannabiskonsum und dessen Folgen **schützen** und den **Schwarzmarkt effektiv bekämpfen.**

14. Mythos: Das **Betäubungsmittelgesetz verhindert** „durch den so geschaffenen Schwarzmarkt **glaubwürdige Prävention und wirksamen Jugendschutz".** Hohe Wirkstoffgehalte und Verunreinigungen der Cannabisprodukte sind eine Folge davon.

15. Mythos: Die Aufhebung des Cannabisverbots sorgt für **bessere Qualität des Cannabis,** frei von gesundheitsgefährdenden Verschmutzungen.

16. Mythos: Der Bezug der Cannabisprodukte auf dem Schwarzmarkt birgt die **Gefahr, mit anderen illegalen Drogen in Kontakt zu kommen,** das wird nach einer Legalisierung besser.

17. Mythos: Es gibt eine **Ungleichbehandlung von Cannabis und Alkohol,** die zu einer Glaubwürdigkeitslücke in der Suchtprävention führt.

18. Mythos: Die Einführung eines (einheitlichen) **Grenzwertes** für den Besitz von Cannabis in den deutschen Bundesländern verhindert die Ungleichbehandlung der Cannabiskonsumenten.

19. Mythos: **Primärprävention** und **Medieninszenierungen** machen Cannabis erst attraktiv; der „Reiz des Verbotenen" ist besonders **konsumfördernd.** Medien dramatisieren den Cannabiskonsum Jugendlicher wegen der Verkaufs- bzw. Einschaltquoten.

20. Mythos: Die **Suchtprävention** ist durch die gestiegene Zahl der Behandlung nachfragenden cannabisgefährdeten Jugendlichen **gescheitert.**

21. Mythos: Datenerhebungen bei **Befragungen** werden durch die **soziale Erwünschtheit der Antworten** verfälscht.

22. Mythos: Cannabismythen der **Legalisierungsgegner** und langfristig geltende Moralvorstellungen **verhindern erfolgreich das Hinterfragen der geltenden Cannabispolitik.**

23. Mythos: Cannabis ist eine „**weiche Droge".**

24. Mythos: „Der Cannabisgebrauch bei Jugendlichen ist ein **vorübergehendes Phänomen",** und „Cannabis erzeugt **keine körperliche Abhängigkeit".**

25. Mythos: Es gibt keinen Hinweis auf einen Zusammenhang von **hochgezüchteten Substanzen** und eine **Zunahme cannabis-assoziierter Probleme.**

26. Mythos: Beim Kiffen ist nicht mit der Entwicklung eines **Amotivationalen Syndroms** zu rechnen; es gibt keine wissenschaftlichen Belege dafür.

27. Mythos: Über die Einführung einer **Cannabissteuer** kann die Suchtprävention besser finanziert werden.

28. Mythos: Der Staat könnte **Qualitätskontrollen** zur Steuerung der Produktion von Cannabis einsetzen, z. B. eine Biozertifizierung mit Qualitätskontrolle.

29. Mythos: Die Cannabisabgabe (nur für Erwachsene) in **Apotheken, Cannabisfachgeschäften** oder in **Cannabisclubs** sowie ein **Hanfhandelsregister** verbessern die Cannabispolitik.

30. Mythos: Die Einführung eines **Erziehungsrichters**, der bei Drogendelikten durch Minderjährige nicht nur die strafrechtlichen Konsequenzen, sondern auch das familiäre Umfeld berücksichtigt, verbessert die Cannabispolitik.

8.4. Kritik der Cannabismythen

<u>Mythos 1</u>: Der generalpräventive Erfolgsanspruch der Cannabisprohibition, die **Prohibitionspolitik** im Bereich von Cannabis ist vollständig **gescheitert**. Cannabis ist inzwischen eine Alltagsdroge.

Diese Aussage ist unzutreffend. Wenngleich der Erfolg des Betäubungsmittelgesetzes (BtMG) nicht wissenschaftlich zu belegen ist, stellt Cannabis in Deutschland derzeit zumindest **keine Alltagsdroge** dar. Es muss deutlich gesagt werden, dass der Cannabiskonsum ein **Minderheitenproblem** ist! Sowohl auf Basis der ESPAD-Studie [203] als auch der Drogenaffinitätsstudie [204] ist festzustellen, dass der Konsum von Cannabis in Deutschland sowohl unter Jugendlichen als auch unter Erwachsenen deutlich geringer ausfällt als der von legalen Suchtmitteln wie Alkohol und Nikotin. Gleichwohl ist unter Jugendlichen ein Anstieg der Zahl der Cannabiskonsumenten zu verzeichnen. Und hieran hat die verstärkte Verharmlosungsdebatte wie auch das massive Auftreten der Cannabislobbyisten gegenüber der Politik einen erheblichen Anteil. Denn der Cannabiskonsum als Lifestyle-Phänomen liegt auch im verstärkenden Werbeeffekt der Verharmlosung und Normalisierung von Cannabis in den sozialen Medien begründet. Cannabis hat heute das Image einer modernen und relativ harmlosen Lifestyledroge.

Cannabisprävention ist in Deutschland erfolgreich. Sie reicht von der allgemeinen (universellen) Prävention über eine Vielzahl von Schulprogrammen, manualisierten Programmen für Cannabisgefährdete, und Internetangebote für Eltern oder Schüler bis hin zur Tertiärprävention, die eine weitere Verschlimmerung der Teilhabeeinschränkungen von Betroffenen verhindern will. Nirgendwo in Europa ist die Behandlungsquote regelmäßiger Cannabiskonsumenten so hoch wie in Deutschland.[205] Sehr viele Teilnehmende am Programm *„FreD – Frühintervention bei erstauffälligen Drogenkonsumenten"* wurden danach nicht mehr straffällig.[206] Vor diesem Hintergrund ist festzustellen, dass sich die derzeitigen Vorschriften des Betäubungsmittelgesetzes in Verbindung mit verschiedenen Maßnahmen in Bereichen der Canna-

---

[203] Kraus, L, Pabst, A & Piontek, D 2011
[204] Orth, B 2016
[205] EMCDDA 2015
[206] Patzak, J. In: Deutscher Bundestag 2012, 14

bisprävention und Ausstiegshilfen (Beratung, Akutbehandlung, Postakutbehandlung, Nachsorge) im erwünschten Sinn auswirken.

Während der Bierkonsum bereits ab dem Alter von 10 Jahren und das Rauchen von Zigaretten ab dem Alter von 12 Jahren beginnen, beginnt der Cannabiskonsum z. B. in Niedersachsen zumeist nicht vor dem 14. Lebensjahr.[207] In einer für Niedersachsen repräsentativen Befragung des Kriminologischen Forschungsinstituts e. V. (KFN) von Schülern der 9. Klassenstufe (N = 11.003) zeigte sich, dass weniger als 14 Prozent der Jugendlichen im letzten Jahr Cannabis, aber rund 32 Prozent Nikotin und 81 Prozent Alkohol konsumiert haben.[208] 3,7 Prozent der Schüler der 9. Klassenstufe kiffen regelmäßig, 12 Prozent trinken regelmäßig Spirituosen und 16,5 Prozent rauchen regelmäßig Tabak.

Die zentrale Grundannahme des Gesetzentwurfes der Fraktion BÜNDNIS 90/DIE GRÜNEN sowie der Anträge der Fraktionen der FDP und DIE LINKE, die Cannabispolitik in Deutschland behindere Prävention, Behandlung und wirksamen Jugendschutz, trifft nicht zu. Durch eine sinnvolle Verknüpfung von Maßnahmen der Angebotsreduzierung mit Verhaltensprävention reduziert sich der Konsum von Cannabis und anderer Substanzen insbesondere bei Kindern und Jugendlichen. Das Mehrsäulen-Konzept der Cannabispolitik in Deutschland wurde immer weiter verfeinert und hat sich u. E. bisher bewährt. Eine schlechter regulierte Politik mit dem Ziel der Legalisierung, frei nach Christian Ströbele, auch wenn er es in einem anderen Zusammenhang gesagt hat, *„Gebt das Hanf frei!"*[209] ist hier kontraindiziert.

Mythos 2: Nicht beabsichtigte Nachteile des Cannabisverbots überwiegen in keinem zu rechtfertigenden Verhältnis die positiven, generalpräventiven Effekte des Verbots. Das behaupten u. a. die Parteien BÜNDNIS 90/DIE GRÜNEN und DIE LINKE. BÜNDNIS 90/DIE GRÜNEN wollen deshalb einen **„strikt kontrollierten legalen Markt"** für Cannabis. Die gesamte Handelskette für Cannabis (Anbau, Großhandel, Import/Export, Einzelhandel) solle reguliert werden, incl. Sicherstellung eines umfassenden Verbraucher- und Gesundheitsschutzes. Unter dem Cannabisverbot können sich Eltern, Lehrer und Vorgesetzte beim **Tolerieren des Cannabiskonsums** (von Jugendlichen) strafbar machen.

Das Cannabisverbot ist mit dem Gesundheitsschutz und Jugendschutz begründet. Der Staat muss nicht nur Jugendliche, sondern auch Erwachsene schützen, die staatliche Fürsorgepflicht erlaubt keine Freigabe von Cannabis. Dieses Rechtsgut unterliegt nicht der Verfügung des Einzelnen, der ggf. ein Persönlichkeitsrecht auf Rausch einfordert, sondern der Schutz der gesamten Bevölkerung vor Gesundheitsgefährdungen ist Aufgabe des Staates. Ein Recht auf Rausch ist kein durch Art. 2 Abs. 1 GG geschütztes Rechtsgut, und Drogenprohibition verletzt auch nicht den Wesensgehalt des Art. 2 Abs. 1 i. V. m. Art. 1 Abs. 1 sowie Art. 4 Abs. 1 GG. U. E. kann ein legaler Cannabismarkt nicht strikt kontrolliert werden. Auch die Entwicklungen der

---

[207] Rehbein, F et al. 2017, 19

[208] Rehbein, F, Weber, J & Staudt, A 2017, 14

[209] Gebt das Hanf frei! ist ein Lied von Stefan Raab zusammen mit dem Reggae-Pop-Sänger Shaggy aus dem Jahr 2002. Es basiert auf dem Sample eines Ausspruchs des Grünen-Politikers Hans-Christian Ströbele. In: https://de.m.wikipedia.org/wiki/Gebt_das_Hanf_frei!; aufgerufen am 02.01.2020:

letzten Jahre in US-Staaten wie z. B. Colorado oder Washington State, welche ihre Cannabis-politik liberalisiert haben, zeigen dies. Der Schwarzmarkt bietet potenteres und preiswerteres Cannabis. Die Vorstellung eines strikt kontrollierten legalen Cannabismarktes von BÜNDNIS 90/DIE GRÜNEN erscheint als unrealistisch.

Aber das Argument, eine legale Cannabisindustrie schaffe neue Arbeitsplätze, hat einen sehr schalen Beigeschmack. Auch in der Alkoholindustrie in Europa gibt es viele Arbeitsplätze. Dennoch wünschen wir uns nicht die grassierenden gesundheitlichen und sozialen Folgen des Alkoholkonsums. Bezüglich der Cannabisindustrie steht uns eine vergleichbare und sehr ähn-liche Entwicklung bevor. Wer garantiert uns außerdem, dass die Prävalenz des Cannabis-konsums sich in Zukunft deutlich unter dem Niveau des Tabak- und Alkoholkonsums einpen-deln wird? Wir erleben gerade in den Legalisierungsstaaten der USA, dass der Cannabiskon-sum relativ stärker steigt als in anderen Staaten. Auch die ausschließliche Cannabisabgabe über Non-Profit-Organisationen verspricht keine ausreichende Kontrolle zugunsten des Gesundheitsschutzes der Bevölkerung. Regulierungsmodelle, die auf den privaten oder genos-senschaftlichen Selbstanbau von Cannabis ausgerichtet sind, sind nicht stringent zu kontrol-lieren. Alle diese wohlfeilen Modelle haben respektable Schwächen, und die gesundheitlichen und sozialen Folgen sind bei keinem dieser Modelle abschätzbar. Die Kontrolle aller dieser Modelle durch staatliche Behörden gleicht einer Sisyphos-Aufgabe. Was wir in vielen Staaten zzt. erleben, ist wie schon erwähnt ein offenes unkontrolliertes Experiment. Dagegen bieten bisherige Prohibitionsmodelle erprobte relative Kontrollmöglichkeiten des Staates. Die Teille-galisierung unter staatlicher Kontrolle in Uruguay hat den Nachteil, dass der Jugendschutz durch die Ausweitung der Bezugsquellen weniger stringent zu gewährleisten ist.

Welche Folgen dies für die Jugendlichen und Abhängigkeitskranken haben kann, können wir heute gut am Alkohol-, Tabak-, Pharma-, Glücksspiel- und Computerspielmarkt abschätzen. Denn der Jugendschutz und das Ordnungsrecht stehen hier oft auf verlorenem Posten, da Ordnungswidrigkeiten zu häufig vorkommen und zu selten verfolgt werden. Der Einsatz repressiver Strategien lässt zu wünschen übrig. In Baden-Württemberg wurde z. B. das erfolg-reiche nächtliche Verkaufsverbot von Alkohol an Tankstellen ab 22.00 Uhr trotz wissenschaft-lich bestätigtem Erfolg aufgehoben. Die Motivation der Landespolitiker zu diesem Politik-wechsel ist uns nicht bekannt, wohl aber der Druck der Alkohollobby auf die Politik.

Was nicht gesagt wird: Nach einer Liberalisierung/Legalisierung von Cannabis sind negative Effekte zu erwarten, die heutige negative Effekte des Cannabisverbotes übertreffen können. Selbstverständlich können sich auch heute Eltern, Pädagogen und Vorgesetzte strafbar ma-chen, wenn sie Straftaten tolerieren, vorausgesetzt, das Strafrecht wird in Zukunft nicht durch ein Ordnungswidrigkeitsrecht ersetzt. Die Strafbarkeit des Verkaufs von Cannabis an Jugend-liche würde nach einer Cannabislegalisierung weiter gelten und vielleicht sogar noch ver-schärft werden, da das Abgabeverbot an Jugendliche weiter bestehen bliebe.

<u>Mythos 3</u>: Die **Suchtprävention, Beratung und Behandlung und Schadensreduzierung** soll gegenüber der Säule der Repression und Stigmatisierung" gestärkt werden. Das will die Partei DIE LINKE.

Die Säule der **Repression** hat aber bisher durchaus gut funktioniert und insgesamt zum Erfolg der Cannabisprävention beigetragen. Das Entdeckungsrisiko wirkt. Es gibt keinen Grund, die Repression zu verteufeln oder sie zu schwächen. Und was in einer Gesellschaft strafbewehrt ist, wird i. d. R. auch sozial geächtet.

Der Facharzt für Psychiatrie Prof. Rainer Matthias Holm-Hadulla kommentiert dies mit einem Vergleich: *„Die Prohibition von Gewalt hält die Leute auch nicht davon ab, sich gegenseitig umzubringen. Sollen wir deshalb Gewalt legalisieren?"*[210]

<u>Mythos 4</u>: **Zu viele Kapazitäten der Justiz und Polizei** werden für die Drogenrepression benötigt, und die Jugendhaftanstalten sind zu voll. Polizei, Staatsanwaltschaft und Justiz werden durch eine Cannabislegalisierung erheblich entlastet. Eingesparte Ressourcen können für die Bekämpfung von anderer Kriminalität sowie für Prävention und Jugendschutz genutzt werden. Das sagt die FDP.

Die nach einer Legalisierung von Cannabis nötigen **Jugendschutzkontrollen** einschließlich der **Suchtprävention** würden noch viel kostspieliger werden, zumal sowohl der Cannabisanbau in überwachten Einrichtungen als auch die Verarbeitung in Laboren sowie der Verkauf staatlich und polizeilich kontrolliert werden müssten.[211] Polizei und Justiz würden noch erheblich mehr zu tun bekommen; die Jugendschutzvorschriften müssten ständig überwacht werden. Zu viele Kapazitäten der Aufsichtsbehörden würden für Kontrollen benötigt werden. Das vermutet auch die Deutsche Hauptstelle für Suchtfragen in ihrem Positionspapier zur Cannabispolitik in Deutschland.[212] Die Behandlungskosten würden bei einer steigenden Konsumentenzahl ebenfalls steigen. Die Repression bekäme z. T. andere Aufgaben, wäre aber weiter auf hohem Niveau notwendig. Alle vier Säulen der deutschen Drogenpolitik, Prävention, Frühintervention/Beratung/Behandlung, Überlebenshilfen und Repression[213] hätten einen hohen Finanzierungsbedarf. Einige wenige Player werden am Cannabismarkt Gewinne verbuchen. Es ist mindestens fraglich, ob der Staat in Zukunft deutlich mehr Geld für die Suchtprävention ausgeben würde als bisher. Der Staat ist über die Steuereinnahmen kein „Gewinner", wie oft fälschlicherweise angenommen wird. Dieser Mythos hält sich aber hartnäckig. Die Schäden durch den Cannabisgebrauch können weitaus höher sein als der ökonomische Nutzen etwa durch Steuereinnahmen. Ein Beispiel hierfür ist das Verhältnis der Tabak- und Alkoholverbrauchssteuern zu den volkswirtschaftlichen Folgeschäden durch den Konsum dieser „Gifte". Außerdem bedeuten mögliche Verbrauchssteuereinnahmen des Staates nicht automatisch, dass diese Gelder zweckgebunden für die Finanzierung der Suchtprävention eingesetzt werden dürfen.[214] Denn die Steuervorschriften stehen dem häufig entgegen. Eine Ausnahme bildet hier bisher nur die vom Volumen her zu vernachlässigende deutsche Alkopop-Sondersteuer.

---

[210] Holm-Hadulla, RM. Interview „Kiffen schrumpft das Hirn" in der Zeitschrift Cicero vom 20.12.2016

[211] vgl. Kilmer, B 2017

[212] DHS 2015

[213] Mitunter findet sich in der Literatur auch eine abweichende Bezeichnung der Säulen. So wird Behandlung mitunter Therapie genannt und Repression als Angebotsreduzierung bezeichnet. Maßnahmen der Frühintervention werden entweder der Säule Prävention oder der Säule Behandlung zugeordnet

[214] Jatzke, H 1997

Der „Alkoholpfennig" wurde beispielsweise vor Jahrzehnten gefordert [215], aber von der Politik nie eingeführt. Ein praktisches Beispiel:

Tabelle 3: Alkoholsteuereinnahmen in Deutschland 2017

Die Steuereinnahmen durch Alkohol betrugen im Jahr 2017 [216]

- 2,0936 Mrd. € für Branntwein,
- 0,6642 Mrd. € für Bier,
- 0,3679 Mrd. € für Schaumwein,
- 0,0166 Mrd. € für Zwischenerzeugnisse und
- 0,0020 Mrd. € für Alkopops,

gesamt: **3,1443 Mrd. €.**

Durch Alkoholabhängigkeit und gesundheitlich schädlichen Alkoholkonsum entstehen jährlich 10,56 Mrd. Euro direkte Kosten. Das ist allein mehr als ca. das Dreifache der Alkoholsteuereinnahmen.[217] Indirekte volkswirtschaftliche Kosten wie alkoholbedingte Straftaten, Unfälle, etc. sowie das persönliche Leid der Betroffenen und der Opfer haben noch ganz andere Grössenordnungen als die Krankenkassenkosten.

Für eine gute Suchtprävention in Deutschland wären mindestens ca. 20 Mrd. Euro pro Jahr nötig, mehr als das Sechsfache der Alkoholsteuereinnahmen. Aber die Industrie haftet nicht für die Schäden; das Verursacherprinzip gilt in Deutschland nicht.

Stattdessen schluckt die Behandlung der Alkoholkrankheit in vollem Umfang Gelder der Krankenkassen und Rentenversicherungen, ohne dass die Industrie zur Haftung herangezogen wird. Wollen wir das für jede Droge? Reicht es nicht schon aus, wenn sechs legale Märkte, Alkohol, Tabak, Pharma, pathologisches Glücksspiel, Internet-/Computerspiele und Zucker hohes Leid und immense volkswirtschaftliche Kosten verursachen? Wir gewähren immer mehr Industrielobbys in Deutschland politischen Einfluss, der dann überhaupt nicht mehr effektiv gehemmt werden kann, wenn Folgeschäden auftreten.

Als Konsequenz aus der aktuellen Cannabisdebatte wäre es für die Politikfolgenabschätzung sicher sinnvoll, jeweils industrie- und lobbyunabhängige Kosten-Nutzen-Analysen einzelner cannabiskontrollpolitischer Maßnahmen im Vergleich zum Prohibitionsmodell vorzunehmen.[218]

Legalisierungsbefürworter liefern keine Argumente, welche die Schaffung eines legalen Cannabismarktes in Frage stellen. Sie betreiben stattdessen ein Marketing mit emotionalen und zum Teil polemischen Botschaften: Sie verunglimpfen Legalisierungsgegner mit dem Vorwurf, diese befürchteten gleich einen Dammbruch, falls liberale Reformen wie z. B. eine Entkriminalisierung der Konsumenten oder eine Legalisierung von Cannabis durchgeführt werden. Außerdem wird behauptet, dass das Gefahrenpotential, das aufgrund der Kriminalisie-

---

[215] vgl. DHS 1999
[216] Bundesministerium der Finanzen, in: BSI 2018, 14
[217] Effertz, T et al. 2014
[218] vgl. Neumann, M & Töpffer, J 1995a und b; dazu Barth, R 1996; Chaloupka, FJ et al. 2002 und den neueren Beitrag von Konnopka, A & König, HH 2007

rung entsteht, deutlich größer als das gesundheitliche Gefahrenpotential sei.[219] Georg Wurth vom Deutschen Hanfverband kritisiert die Zahl von in Deutschland jährlich *„100.000 Straftaten nur auf Grund konsumbezogener Delikte ohne Handel".*[220] Dabei tut gerade hier Sachlichkeit not. Und gerade hier machen es sich manche zu leicht, verdammen die konstante Repression und bagatellisieren die Gesundheitskosten. Vergleicht man die genannte Zahl mit anderen Straftaten in der Polizeilichen Kriminalstatistik, so gab es beispielsweise 2017 bundesweit 210.000 Raubdelikte, 650.000 Wettbewerbs-, Korruptions- und Amtsdelikte, 674.000 Sachbeschädigungen, 640.000 Brandstiftungen, 896.000 Straftaten gegen die Bestimmungen zum Schutz der Jugend, 899.000 Straftaten der Straßenkriminalität usw.[221] Die Strafverfolgung ist nur ein Teil der Repression. Moderne Ansätze vernetzter Repression zeigen sich u. a. in kommunalen Präventionsräten, in denen z. B. Vertreter der Suchthilfe, der Jugendhilfe, der Schulen, Staatsanwaltschaften und Polizei gemeinsam mit Vertretern kommunaler Behörden zusammenwirken. So können Synergieeffekte genutzt, Potentiale freigelegt und lokale Präventionsstrategien mit integrierten Maßnahmen der Repression entwickelt werden.

Anmerkung der Autoren: Der Hanfverband vertritt als professioneller Lobbyist Privatpersonen und auch die wachsende Cannabisindustrie und wird von beiden finanziert.[222]

Am Beispiel Alkohol stellen wir fest: Es muss nicht mehr die Schwarzbrennerei geahndet werden. Aber das betrunkene Autofahren, die Schlägereien, die vielen Verletzungen erzeugen hohe Kosten und binden viele Ressourcen. Die repressive Arbeit staatlicher Behörden würde sich nach einer Legalisierung von Cannabis einfach auf andere Schwerpunkte verlagern.

Mythos 5: Die Generalprävention hat zur **Stigmatisierung** und **Psychiatrisierung** der Cannabiskonsumenten geführt.

Diese Behauptung klingt in etwa so, als würde man beklagen, dass Straftäter stigmatisiert werden, weil sie strafrechtlich verfolgt werden. Selbstverständlich werden Straftaten gesellschaftlich geächtet, weil sie gegen geltende Rechtsnormen verstoßen. Eine Gesellschaft einigt sich auf diese Rechtsnormen, und der Staat tritt zudem internationalen Abkommen und Konventionen bei und strebt zwischenstaatliche Kooperationen an. In der Folge gelten dann die vereinbarten Rechtsnormen. Daran trägt jedenfalls die Generalprävention keine Schuld.

Ein Cannabiskonsument kommt nur dann und in aller Regel freiwillig in eine psychiatrische Behandlung, wenn auch eine psychiatrische Störung vorliegt. Weil er dann behandlungsbedürftig ist und Hilfe benötigt. Viele Cannabisabhängige haben eine weitere psychiatrische Störung. Was nun zuerst da war, *„die Henne oder das Ei"*, spielt dabei keine Rolle. Als psychiatrischer Patient darf der Mensch in unserer Gesellschaft nicht stigmatisiert werden. Psychiatrische Diagnosen haben immer ernste Gründe und fallen nicht vom Himmel.

[219] Nicole Krumdiek. In: Deutscher Bundestag 2012, 7
[220] Georg Wurth. In: Deutscher Bundestag 2012, 9
[221] PKS Jahrbuch 2017, 65. Ausgabe, Band 4, V4.0
[222] siehe die Mitgliederseite auf der Internetpräsenz des Deutschen Hanfverbandes: https://hanfverband.de/firmensponsoren-des-deutschen-hanf-verbandes, aufgerufen am 18.02.2019

Nicht die Repression ist schuld an der Verelendung des Straftäters, sondern die entstandene Cannabisabhängigkeit hat häufig eine multiple Verwahrlosung zur Folge.

Es ist wohl auch ein Phänomen unserer Zeit, dass über Diskurse alles zunächst unendlich relativiert werden muss, bis schließlich Grenzen und Verantwortung für persönliches Handeln überhaupt nicht mehr erkennbar sind.

<u>Mythos 6</u>: Die Repression ist ein unverhältnismäßiger Eingriff in die **Handlungsfreiheit** der Konsumenten. Cannabiskonsum ist lediglich eine „Selbstgefährdung".

Damit gemeint sind das allgemeine Persönlichkeitsrecht, die allgemeine Handlungsfreiheit und der Verhältnismäßigkeitsgrundsatz im Grundgesetz. Mit dieser Aussage wird der Cannabiskonsum aber deutlich verharmlost. Mit der Repression Beschäftigte werden durch diese Aussage verunsichert, und Ihre Autorität wird untergraben. Zudem ist Cannabiskonsum kein „opferloses Delikt". Cannabiskonsumstörungen gefährden den Konsumenten selbst, aber schon gelegentlicher Cannabiskonsum kann z. B. im Straßenverkehr fremdschädigend sein.

Kritisch zu fragen ist, ob cannabiskonsumierende Abhängigkeitskranke ihr süchtiges Verhalten kontrollieren können und in ihren Entscheidungen und ihrem Handeln wirklich frei sind. Wir behaupten: das gelingt oft erst nach einer erfolgreichen Therapie. Außerdem – wie definieren wir die Freiheit des Menschen? Aus therapeutischer Sicht verstehen wir z. B. Freiheit von Drogenkonsum bei Cannabisabhängigen als Freiheit zum Handeln und alkohol- und drogenassoziierte Behinderungen von abhängigen Menschen als Unfreiheit. Generell ist für uns Freiheit etwas, das mit Verantwortung verbunden ist und immer wieder neu erworben werden muss. Jeder Mensch hat ein Recht auf Gesundheit, auf ein unversehrtes und selbstbestimmtes Leben und auf Freiheit von Behinderungen. Auch die Gesellschaft und der Staat müssen Rahmenbedingungen schaffen oder aufrechterhalten, die dem Menschen einen bestmöglichen Rahmen geben, in dem er sich frei und ohne Behinderungen entfalten kann. Manche Menschen brauchen zunächst fremde Hilfe, um sich von Drogenkonsum und begleitenden Störungen befreien und überhaupt erst wieder selbstbestimmt leben zu können. Und Kinder und Jugendliche brauchen unseren besonderen Schutz, um gesund aufwachsen zu können.

<u>Mythos 7</u>: Konsumenten werden unverhältnismäßig kriminalisiert. Cannabis soll entkriminalisiert werden, ein legaler Cannabismarkt für den Freizeitgebrauch geschaffen werden. Die Beschaffung von Cannabis ist kein Grund, mit dem **Strafrecht** darauf zu reagieren, das Drogen- und Negativkarrieren erst recht produziert. Höhere Strafen reduzieren nicht den Cannabiskonsum. Die **unterschiedliche Rechtspraxis in den Bundesländern** führt zudem zu einer **Ungleichbehandlung** der Cannabiskonsumenten.

Solange Cannabis eine verbotene Substanz bleibt, ist es schwierig, die Beschaffung von Cannabis nicht zu kriminalisieren. Wer sich Cannabis verschafft, verstößt gegen das Betäubungsmittelgesetz und macht sich strafbar. Verfassungsrechtler haben zu beurteilen, ob diese Gesetzeslage auch in Bezug auf internationale Suchtstoffabkommen und die Europäische

Verfassung unverhältnismäßig ist. Das Bundesverwaltungsgericht hatte 1989 entschieden, es widerspreche dem umfassenden Persönlichkeitsrecht, *„staatlichen Behörden die Befugnis ein-zuräumen, dem Staatsbürger vorzuschreiben, was er im Interesse seines Eigenschutzes zu tun"* habe.[223] Darüber hinaus können Ansätze der internationalen Gemeinschaft erfolgverspre-chender sein, als die Cannabispolitik nur eines einzelnen Staates.

Es gibt derzeit keine eindeutige Antwort auf die Frage, wie die Risiko-Nutzen-Beurteilung einer Entkriminalisierung zu bewerten sei.[224] Die Forderung nach einer Entkriminalisierung für den Endverbraucher ist gleichzeitig ein verlockendes Argument mit einer starken „Türöffner"-Funktion für einen Einstieg in die Cannabislegalisierung. Denn die Bürger sind noch am ehes-ten geneigt, einem solchen Argument zu folgen.

Der Vollständigkeit halber sollte man aber folgendes Argument mitbedenken, das vielen Bür-gern nicht bekannt sein dürfte: Der Kontakt mit der Justiz kann Behandlungschancen eröffnen, denn ein bedeutsamer Teil der Betroffenen mit cannabisbezogenen Störungen gelangt über polizeilichen und gerichtlichen Druck in die Suchtprävention, Suchthilfe und psychiatrische Versorgung. Dies ist oft die einzige Möglichkeit der Kinder- und Jugendpsychiatrie und Sucht-hilfe, gefährdete oder abhängige Jugendliche zu erreichen und zu behandeln. Ohne diesen leichten Druck von außen durch Eltern, Schule, Jugendhilfe, Justiz, usw. kommen viele junge Cannabisabhängige mit häufig komorbiden Störungen erst gar nicht in die (Re-)Habilitation. Auch das ist eine unbequeme Wahrheit, die Legalisierungsbefürwortern nicht gefallen wird und über die sich eine Diskussion lohnt. Es sei denn, man vertritt ausschließlich das Argument, jeder Mensch habe ein Recht auf Rausch <u>und</u> auf Verelendung. Dann aber müssten canna-bisbezogene Störungen als nicht zu verhindernde Kollateralschäden beschrieben werden. Die Minderheit erwachsener Cannabiskonsumenten würde dann ihr Recht auf Rausch über den Jugendschutz stellen.

Die zentralen Vermittlungspartner zum deutschen Frühinterventionsprogramm FreD sind derzeit Polizeien, Staatsanwaltschaft, Jugendhilfe im Strafverfahren und Jugendgerichte. Das von der LWL-Koordinierungsstelle Sucht entwickelte Präventionsprogramm FreD folgt dem Handlungsgrundsatz *„Auf eine Auffälligkeit folgt eine Intervention"*. Die Teilnehmer der FreD-Kurse sind durchschnittlich 17,7 Jahre alt. Einer der Hebel, um mit Jugendlichen bzw. jungen Erwachsenen über ihr Konsumverhalten ins Gespräch zu kommen, ist demnach der Besitz bzw. die Illegalität von Cannabis.[225] Der Zugang zu Frühinterventionsprogrammen wird also eben-falls oft über repressive Maßnahmen gebahnt.

In der bundesdeutschen Debatte der politischen Kultur sind repressive Maßnahmen aber eher verpönt. In Schweden gibt es beispielsweise eine andere Haltung zu repressiven Maßnahmen im Bereich der Suchthilfe. Diese sollte man sich zum Vergleich auch einmal unvoreingenom-men ansehen.

In Australien zeigt sich, dass in Bundesstaaten, die Cannabis gesetzlich entkriminalisiert aber nicht legalisiert haben, der Cannabiskonsum in der Lebenszeit bei den unter 18-Jährigen um 10 % höher liegt als in Bundesstaaten ohne diese gesetzliche Änderung (63 % vs. 53 %). Die

---

[223] BVerwGE 1989, 82, 45, 48f., vgl. die Bundestagsdrucksache 19/819 von 2018, 41
[224] Freie Träger der Berliner Suchthilfe 2015
[225] DGSAS 2015

gesetzliche Entkriminalisierung bei Jugendlichen führte dort zu einer stabilen Vorverlagerung des Einstiegsalters in den Cannabisgebrauch um durchschnittlich zwei Jahre, obwohl Minderjährige von der gesetzlichen Liberalisierung ausgenommen sind.[226] Dies ist ein weiterer Beleg für den (oft unsichtbaren) Erfolg von Repression in der Drogenpolitik.

Mythos 8: Die Regelungen im BtMG zur Strafverfolgung von Konsumierenden sind **verfassungsrechtlich fragwürdig und unverhältnismäßig**, sagt die Partei DIE LINKE.

Unter dem Schutzziel der internationalen *„Single Convention on narcotic drugs"* der UN ist die Generalprävention gerechtfertigt. Ob sie unverhältnismäßig ist, hängt stark von der Frage ab, ob wir mit den Ergebnissen der bisherigen Cannabispolitik in Deutschland zufrieden sein können oder ob eine Liberalisierung der Cannabispolitik wirklich zu deutlich positiveren Ergebnissen führen wird. Wie gesagt, wir müssen das bezweifeln. Kein Regulierungsmodell wird im Übrigen 100 % Erfolg versprechen können.

Mythos 9: Die Illegalisierung von Cannabis bewirkt **Drogenkriege**, **organisierte Kriminalität**, den illegalen Drogenmarkt, die Verpanschung der Substanzen, **Profitmaximierung**, Kriminalisierung. Und **synthetische Cannabinoide** erscheinen durch die Cannabisprohibition überhaupt erst auf dem Schwarzmarkt.

Sicher gibt es solche ökonomischen und ökologischen Zusammenhänge, besonders auch noch für andere illegale Drogen wie Kokain und Opiate. Die Frage ist, mit welchen politischen Maßnahmen die **wirtschaftliche Entwicklung** und mit welchen polizeilichen Maßnahmen die **innere Sicherheit** in den Herkunftsländern der Drogen sowie in Deutschland derart verbessert werden können, dass die Ursachen illegaler Drogenmärkte und Fehlentwicklungen möglichst aufgehoben werden können. Weltweite Initiativen zur Schaffung einer gemeinsamen Strategie haben mit dem Zwischenschritt der *„Agenda 2030 für nachhaltige Entwicklung"*, die in die Generalversammlung zum Weltdrogenproblem eingebracht wurde, stattgefunden.[227] Auch Deutschland beteiligt sich daran und will hier globales Engagement zeigen. Es gibt aber keine Kausalität, deshalb alle Drogen legalisieren zu müssen und anzunehmen, dass die Welt dadurch besser wird. Außerdem wird eine Legalisierung auch immer mit dem Interesse der Profitmaximierung der dahinterstehenden Industrie verbunden, also interessegeleitet sein. Anmerkung d. Verf.: Gerade linke Parteien haben sich in der Geschichte vieler Staaten für die Prohibition (damals in der Alkoholpolitik) eingesetzt.
Es wird immer einen Drogenschwarzmarkt geben, und die Entwicklung neuer psychoaktiver Substanzen wird ebenfalls nie enden. Hier eine Kausalität aus der Prohibition herzuleiten, ist zu vereinfachend. Folgt nach der Legalisierung von Cannabis etwa die Legalisierung von Kokain und anderen Drogen? Und wer profitiert davon?

---

[226] Williams, J & Bretteville-Jensen, AL 2014
[227] UNGASS 2016

Mythos 10: Das Cannabisverbot ist kontraproduktiv für eine effektive Suchtprävention. Die **Feststellung, dass Cannabis eine Einstiegsdroge ist, kann** besser vermittelt werden, wenn die Droge nicht m_ehr illegal ist. Cannabiskonsumenten sind dann **besser erreichbar** und offener für Präventionsangebote. Der **risikoarme Konsum ist besser vermittelbar**, Suchtprävention wird dann nicht durch das Strafgesetz **behindert**. Neue Zielgruppen können so in Schulen erreicht werden, unsichere Eltern, Lehrer und Vorgesetzte werden entlastet.

Ob Cannabis eine Einstiegsdroge für den Gebrauch weiterer illegaler psychoaktiver Substanzen ist (sog. „Gateway-Hypothese"), ist bisher empirisch nicht vollständig belegt [228], aber es gibt klare Hinweise: In den Überblicksstudien von Kay Uwe Petersen & Rainer Thomasius und Eva Hoch et al. sowie bei Wayne D. Hall wird der Zusammenhang zwischen frühem regelmäßigen Cannabiskonsum und dem weiterführenden Konsum anderer psychoaktiver Substanzen belegt.[229] Auch klinisch tritt in den Patientenbiographien Cannabis als Einstiegsdroge in Erscheinung. Es stellt sich weiter die Frage, welche Bedingungen außerdem noch zur Verschlechterung der Gesundheit und Teilhabe des Betroffenen beitragen.

THC senkt den Antrieb und kann die Entwicklung depressiver Persönlichkeitszüge fördern. Der Beginn des Cannabiskonsums vor dem 17. Lebensjahr erhöht das Risiko für die Entwicklung eines Missbrauchs oder einer Abhängigkeit von anderen Suchtsubstanzen wie Alkohol, psychoaktive Medikamente, Halluzinogenen, Kokain, Stimulantien und Opiaten auf das Zwei- bis Fünffache.[230]

Kiffende Jugendliche wären für die Suchtprävention nach einer Liberalisierung der Cannabispolitik mindestens genauso wenig erreichbar wie unter den Bedingungen der Prohibition, da die Abgabe von Cannabis an Jugendliche auch nach einer Legalisierung von Cannabis für Erwachsene unter Strafe gestellt bliebe, da „der leichte Druck von außen" fehlen würde und eine wirkliche Vernetzung der Suchthilfe mit den Abgabestellen bestenfalls eine Illusion bleibt. Also würden sich tolerierende Eltern, Erzieher, Lehrer und Vorgesetzte weiter strafbar machen und wären eben nicht, wie behauptet, entlastet. Und cannabiskonsumierende Jugendliche (jCK) wären dann auch weiter vielfach „nicht offen" für Gespräche. Die Cannabislegalisierung bringt weitere Produkte auf den Markt, wie das Beispiel USA zeigt: Für das Inhalieren mittels elektronischer Vaporisatoren (*vaping*) werden u. a. cannabishaltige *Liquids* verwendet. Cannabishaltige *Edibles* werden über Mund und Verdauungstrakt aufgenommen, mit z. T. tödlichen Folgen, wie sich unlängst in den USA gezeigt hat.[231] [232]

Die aktuelle Suchtprävention ist unter den Bedingungen der deutschen Cannabisprohibition effektiv. Es ist notwendig, sich über Cannabis zu **informieren** und eine klare, konsumkritische und vor allem eine von der Cannabisindustrie unabhängige **Haltung** zu entwickeln.

---

[228] Degenhardt, L et al. 2010; van Gundy, K & Rebellon, CJ 2010, zitiert in Hoch, E et al. 2015
[229] Petersen, KU & Thomasius, R 2007; Hall, WD 2014; Hoch, E et al. 2019
[230] Fischer, FM 2013, 26
[231] Borodovsky, JT et al. 2017
[232] Cannabisprodukte unter Verdacht. Behörden zählen 39 tote E-Zigaretten-Raucher. In: https://www.n-tv.de/panorama/Behoerden-zaehlen-39-tote-E-Zigaretten-Raucher-article21381414.html, aufgerufen am 10.12.2019

<u>Mythos 11</u>: **Cannabis kann als „Genussmittel" kontrolliert abgegeben werden**. Dies soll im Rahmen von Modellprojekten erforscht werden. Das will die Partei FDP.

Die FDP fordert die kontrollierte Abgabe von Cannabis. Aber über die legalen Drogen Alkohol und Tabak ist bereits lange bekannt, dass Abgabekontrollen nicht wirklich funktionieren. Jedermann weiß, wie Minderjährige in Supermärkten an Alkohol kommen: Der 18-Jährige wird vorgeschickt und besorgt den Stoff für alle Jüngeren. Oder Minderjährige kaufen selbst Alkohol und werden an der Supermarktkasse noch zu selten kontrolliert. Das zeigen Testkäufe der Ordnungsbehörden. Das könnte durchaus auch auf einem kontrollierten legalen Cannabismarkt geschehen. Eine Kontrolle dieses Marktes ist theoretisch leicht planbar, in der Praxis aber schwer umzusetzen.

Auch der Vorsitzende des Gesundheitsausschusses Erwin Rüddel (CDU) äußerte laut DHV-Konferenz vom 20.11.2018, er könne sich Cannabis-Modellprojekte vorstellen.[233]

Das vorrangige Ziel der Legalisierungsbefürworter ist also sicher nicht *„quit the shit"*, sondern *„Gebt ‚das' Hanf frei!"*

<u>Mythos 12</u>: In einer Gesellschaft, in welcher Drogenkonsum zum Alltag gehört, soll das Präventionsziel nicht mehr **Drogenabstinenz** heißen, sondern eigenverantwortlicher, mündiger Umgang mit Drogen. Dadurch kann der Drogenkonsum langfristig sinken.

Ist das Ziel Verringerung des Drogengebrauchs oder Straffreiheit für Konsumenten? Diese Forderung stellt auch einen Angriff auf den Jugendschutz dar:

Heißt diese Forderung also nun: *„Cannabis frei"*, sind auch Jugendliche, auch cannabisabhängige Jugendliche gemeint...?? Die Hemmschwelle zum Kauf wird (bei Erwachsenen) gesenkt und neue Käuferschichten, auch Minderjährige, die bisher Cannabis nicht konsumiert haben, werden durch eine solche Botschaft angesprochen und zum Konsum animiert. Oder würde, wie oft behauptet wird, ganz automatisch die Nachfrage nach Cannabis sinken, wenn es legalisiert wäre? Werden Menschen automatisch vernünftiger, wenn der Staat sie nicht mehr schützt, wenn Cannabis nicht mehr verboten ist und sie über den Konsum selbst und ohne Strafandrohung entscheiden können? Wir bezweifeln dies und sehen in der aktuellen Prävalenz des Cannabiskonsums in Kanada und einigen US-Staaten das genaue Gegenbeispiel einer (staatlich verantworteten) faktischen Erhöhung der Prävalenzraten des Cannabiskonsums.

Unternehmen können sich nach einer möglichen Cannabislegalisierung in Zukunft Gedanken darüber machen, in welchem Ausmaß die Häufigkeit von Unfällen und die Gefährdung von Menschenleben im betrieblichen Alltag aufgrund der lang anhaltenden Wirkung von THC im Körper eine Rolle spielen wird. Dazu kommt eine zunehmende Anzahl von jungen Erwachsenen, die auf Grund eines starken Cannabiskonsums Schule, Studium oder Ausbildung abbrechen und dann von verschiedensten staatlichen Institutionen und Wohlfahrtsunternehmen

---

[233] Rüddel, E in: DHV-Konferenz vom 20.11.2018, Cannabis-Legalisierung: Wie stehen die Zeichen in dieser Wahlperiode?

wieder aufgefangen werden müssen bzw. mitunter eine Langzeitbetreuung benötigen.[234] Die Variante „Hotel Mama" hatten wir ja bereits erwähnt.

Der Facharzt für Psychiatrie Prof. Rainer Matthias Holm-Hadulla sagt: *„Wenn dank einer freien Verfügbarkeit die Eltern zu Hause oder die 18-Jährigen Cannabis im Café rauchen, werden Sie keinen 13-Jährigen davon abhalten, es auch zu tun... Wichtiger ist: Es gibt bei Kindern und Jugendlichen keinen vernünftigen Umgang mit Cannabis sowie auch das gleichzeitige Rauchen niemals gesund ist. Cannabis-Konsum geht immer mit einem Rausch, medizinisch gesprochen einer Großhirnintoxikation, einher. Das ist nie harmlos. Die Risiken für irreversible Hirnschäden sind enorm".*[235]

Menschen, die für eine Legalisierung von Cannabis sind, müssen sich im Klaren darüber sein, dass dann ggf. auch die Liberalisierung oder Legalisierung weiterer Drogen gefordert wird (s. o.). Wir erleben dies aktuell konkret am Beispiel von Tschechien und Luxemburg. Ähnliche Stimmen gab es auch schon in Deutschland. Viele Ärzte und Apotheker[236] lehnen den Verkauf von Cannabispräparaten in Apotheken ab. Auch diese Berufsgruppen sind in der Cannabisfrage gespalten. Die Diskussion wird sich auch nach einer Legalisierung fortsetzen.

Weitere Argumente beziehen sich auf den Schwarzmarkt.

<u>Mythos 13</u>: Die mögliche Legalisierung von Cannabis kann **Jugendliche** noch effektiver als bisher vor Cannabiskonsum und dessen Folgen **schützen** und den **Schwarzmarkt** effektiv bekämpfen.

Diese Behauptung ist in keiner Weise belegbar. Die Legalisierung des Freizeitgebrauchs von Cannabis in Nordamerika (Kanada und einzelne US-Staaten) konnte einen Teil des Schwarzmarktes beseitigen, schuf aber gleichzeitig neue Probleme. Erfahrungen mit den legalen Drogen Alkohol, Tabak, psychoaktiven Medikamenten, mit dem illegalen Zigarettenschmuggel und mit dem Glücksspiel zeigen Probleme auf: Jugendliche kommen noch leichter an die Drogen heran, Erwachsene können noch leichter das Glücksspiel praktizieren. Deswegen sind solche legalen Möglichkeiten für Konsumenten und für die Abhängigkeitskranken unter ihnen nicht weniger interessant. Der Dealer des Schwarzmarktes kann die Droge nach einer Legalisierung günstiger verkaufen als offizielle Stellen dazu in der Lage wären, da er sich nicht um den Erwerb von Verkaufslizenzen, bürokratische Hürden, Cannabissteuern und strenge Kontrollen in legalen Verkaufsstellen scheren muss. Die Angebotsbegrenzung für Cannabis aufgrund der Illegalität fällt weg. Das Angebot wird größer. Hinzu kommt, dass sich im Fall einer Cannabislegalisierung Dealer verstärkt an die Gruppe der Jugendlichen wenden werden. Seth D. Ammerman et al. berichten, dass Cannabiskonsum innerhalb eines Zeitraums von 30 Tagen für die Gruppe der 12- bis 17-Jährigen in Colorado 2014 annähernd doppelt so hoch

---

[234] Bray, JW et al. 2000; Lynskey, MT & Hall, WD 2000; Täschner, KL 2005; Horwood, LJ et al. 2010; Yazdi, K 2018

[235] Holm-Hadulla, RM. Interview „Kiffen schrumpft das Hirn" in der Zeitschrift Cicero vom 20.12.2016

[236] Apotheker müssen bei der Ausgabe von Cannabispräparaten u. a. die Betäubungsmittel-Verschreibungsverordnung (BtMVV), die Apothekenbetriebsordnung (ApBetrO) und ggf. die Vorgaben des Deutschen Arzneibuchs (DAB 2019) sowie die NRF-Rezepturvorschriften beachten.

war wie im Durchschnitt der US-Bundesstaaten: 12,6 % vs. 7,2 %.[237] Mit diesen Werten liegt Colorado an der Spitze der US-Bundesstaaten. Erhöhte Monats-Prävalenzen in Colorado 2013 berichten auch die Forscher der SAMHSA.[238]

Der SPIEGEL berichtete kürzlich: „Nicht einmal drei von zehn kanadischen Konsumenten bezogen im dritten Quartal 2019 ihr Cannabis ausschließlich aus legalen Quellen, wie das kanadische Statistikamt berichtet. Der Rest kauft weiter auf dem Schwarzmarkt. Bei vielen dieser Käufer dürfte es sich um Minderjährige handeln."[239] [240]

Der Facharzt für Psychiatrie Prof. Rainer Matthias Holm-Hadulla *sagt: „Und was Colorado anbetrifft: Die Notaufnahmen wegen Cannabis-Intoxikationen haben sich dort seit der Legalisierung verdoppelt. Wenn Sie die Behandlungskosten rechnen, ist das ein Witz gegen die Steuereinnahmen. Besonders besorgniserregend ist natürlich der massive Anstieg von cannabis-induzierten Psychosen durch frühen und regelmäßigen Konsum. Wir sprechen hier oft von monatelangen Klinikaufenthalten und chronischem Krank-Sein. Von Kostenersparnis kann also nicht die Rede sein."*[241]

Dagegen berichtet das Gesundheits- und Umweltministerium von Colorado in der Studie *„Healthy Kids Colorado Survey"* von 2015 dass der Cannabiskonsum von Jugendlichen seit der Legalisierung von 25 % in 2009 auf 21 % in 2015 abgenommen habe.[242] Hier ist wieder die Frage, ob die Lebenszeitprävalenz oder etwa der tägliche Konsum gemeint sind.

Cannabislegalisierung löst das Drogenproblem nicht, sagt Juri Fedotov, Leiter des UN-Büros für Drogen- und Kriminalitätsbekämpfung "*Global Commission on Drug Policy*".[243]

Das Kriminologische Forschungsinstitut in Niedersachsen weist darauf hin, dass ein legaler Cannabismarkt den Jugendschutz gefährdet und nur eingeschränkt zur Eindämmung des Schwarzmarktes beitragen könnte.[244] Es kommt wohl eher zu einer Angebots- und damit sicher auch Nachfrageerweiterung.[245]

Der Cannabisschwarzmarkt und die Begleitkriminalität werden nicht verschwinden. Ein legaler Markt würde auch nur dann eine wirksame Eindämmung des Schwarzmarktes erwarten lassen, wenn dessen Preise mit dem Schwarzmarkt konkurrieren könnten. Somit stößt eine staatliche Besteuerung von Cannabis an natürliche Grenzen, da die Preise auf dem Legalmarkt zumindest so niedrig sein müssen, dass der Schwarzmarkt für die meisten Konsumenten vergleichsweise unattraktiv wird. Die Wechselwirkung zwischen beiden Märkten könnte einen unerwünschten und kaum zu kontrollierenden ruinösen **Preiskampf** erzeugen und Cannabis besonders erschwinglich machen. Bei einer Cannabislegalisierung würde also der Preis (noch weiter) sinken. Jugendliche sind besonders preissensibel. Die erhöhte Verfügbarkeit, der

[237] Ammerman, SD et al. 2015
[238] SAMHSA, National Survey on Drug Use and Health 2014
[239] Sarovic, A 2019 in : DER SPIEGEL vom 22.12.2019
[240] https://www150.statcan.gc.ca/n1/daily-quotidien/191030/dq191030a-eng.htm, aufgerufen am 16.01.2020
[241] Holm-Hadulla, RM, ebd.
[242] Deutscher Bundestag, Drucksache 19/819 vom 20.02.2018, 41
[243] Fedotov, J. In: Wiener Zeitung v. 28.10. 2014, https://www.wienerzeitung.at/nachrichten/welt/weltpolitik/ 684171_Legalisierung-loest-das-Drogenproblem-nicht.html, aufgerufen am 07.01.2019
[244] KfN 2017
[245] Vgl. Thomasius, R 2015 in Bürgerschaft der Freien und Hansestadt Hamburg, 21

geringere Preis und der hieraus sich ergebende höhere Konsum unter erwachsenen Personen könnten zudem zu einer **höheren gesellschaftlichen Akzeptanz von Cannabis** beitragen; schon heute sind junge Cannabiskonsumenten ein Infektionsherd für Neukonsumenten.[246] Dann erst könnte Cannabis zur Alltagsdroge werden. Die Frage ist berechtigt, ob nicht **profitorientierte Unternehmen bei einer Legalisierung zum Teil an die Stelle der Kartelle und Dealer des Schwarzmarktes treten werden** (vgl. das Beispiel der Alkoholindustrie). Dieses Risiko wird auch im Positionspapier der DHS benannt: *„Ziel muss es sein, zu verhindern, dass transnational agierende Drogenkartelle durch ebenso operierende, im industriellen Stil produzierende, Konzerne abgelöst werden, die in gleicher Weise die Risiken des Konsums vergesellschaften und die Gewinne privatisieren."* [247] Diese Faktoren zusammengenommen lassen erwarten, dass ein legaler Cannabismarkt zu einem **verstärkten Konsum von Cannabis unter Kindern und Jugendlichen beitragen** würde - das wäre dann im Ergebnis das Gegenteil von Jugendschutz, nämlich staatlich geförderte Jugendgefährdung. Dabei ist vor allem eines nicht zu vergessen: Das Konsumalter ist ein wichtiger Risikofaktor für die Entwicklung psychischer Störungen bei vulnerablen Jugendlichen.

Hinzu kommt, dass neben dem Markt für E-Zigaretten ein legaler Cannabismarkt auch den Erfolg des seit vielen Jahren zu beobachtenden Rückganges im Rauchverhalten aller Altersgruppen, vor allem bei Jugendlichen in Deutschland gefährden und zu einer erneuten **Zunahme des Tabakrauchens** beitragen könnte.

Weitere Argumente der Legalisierungsbefürworter in Bezug auf den Schwarzmarkt beziehen sich auf die mangelnde Qualität der Produkte, die Verunreinigung durch Pilze, Schimmel, Pestizide, Beimengungen von Blei, Zuckerwasser und Vogelsand, das Fehlen einer Qualitätskontrolle und einer Kontrolle der THC-Gehalte, das Auftreten synthetischer Cannabinoide, die Probleme der Fahreignungsprüfung und des Führerscheinverlustes und ihrer beruflichen, sozialen und familiären Folgen und die Probleme des Jugendschutzes.[248] Aber auch im Legalisierungsstaat Colorado konnte verunreinigtes Cannabis wegen mangelnder Qualitätskontrollen in Umlauf kommen.[249] In Staaten mit marktwirtschaftlicher Cannabisliberalisierung müssen folglich erhebliche finanzielle Ressourcen für die Qualitätskontrolle eingesetzt werden, um den Gesundheitsschutz der Bevölkerung zu gewährleisten. Das verteuert wiederum die Droge für die Konsumenten. Zudem laufen die Regulierungsbehörden in der Qualitätskontrolle stets der Entwicklung neuer Cannabisprodukte auf dem freien Markt hinterher, wie zuletzt (2019) die Todesfälle nach dem Dampfen cannabishaltiger Liquids in E-Zigaretten in den USA eindrucksvoll belegen. Das spricht nicht gerade für einen Fortschritt in der Eindämmung von Konsumrisiken! Der Schwarzmarkt bei synthetischen Cannabinoiden kann mit oder ohne Legalisierung von Cannabis existieren.

Verbotene Substanzen können in Deutschland staatlicherseits nicht in ihrer Qualität kontrolliert werden, sondern werden bekämpft. Das ist klar. Die Risiken von Verunreinigungen und

---

[246] Vgl. Baumgartner, H & Jann-Corrodi, D 1989
[247] DHS 2015
[248] Nicole Krumdiek. In: Deutscher Bundestag 2012, 8
[249] Vgl. Zobel, F & Marthaler, M 2016, 40

von hohen THC-Werten werden durch den Konsumenten billigend in Kauf genommen. Er trägt das volle Risiko. Der Konsum synthetischer Cannabinoide erhöht nach Eva Hoch et al. das Risiko einer notärztlich zu behandelnden Intoxikation.[250]

Die realen Gefahren durch Cannabiskonsum im Straßenverkehr können nicht wegdiskutiert werden.

Der Jugendschutz, das sagten wir an anderer Stelle, wird über eine Legalisierung von Cannabis nicht besser. Es muss eher mit einer Verschlechterung gerechnet werden. Und es stimmt auch nicht, dass der Jugendschutz durch das Cannabisverbot überhaupt nicht zu realisieren sei. Die durchaus erfolgreichen Präventionsmaßnahmen, die wir an anderer Stelle im Buch genannt haben, belegen dies.

Wirksamer Jugendschutz geschieht durch das Wirken der vier Säulen der deutschen Drogenpolitik. Und warum soll Suchtprävention nicht glaubwürdig sein, nur weil Cannabis eine illegale Droge ist?

Mythos 14: Das Betäubungsmittelgesetz verhindert durch den so geschaffenen Schwarzmarkt glaubwürdige Prävention und wirksamen Jugendschutz. **Hohe Wirkstoffgehalte und Verunreinigungen** der Cannabisprodukte sind eine Folge davon.

Dieses Argument ist ein Schutzargument der Legalisierungsbefürworter von Cannabis. Natürlich ist der illegale Markt ein „schmutziger" Markt. Wir sind gegen eine Freigabe von Cannabis und sagen, dass niemand ein illegales Produkt kaufen muss, dessen Inhaltsstoffe unbekannt sind (Produktunsicherheit). Außerdem kann dieses Argument auch für Forderungen zur Freigabe anderer illegaler Drogen instrumentalisiert werden.

Die Legalisierungsbefürworter widersprechen sich selbst, indem sie gleichzeitig behaupten, es gebe keinen Hinweis auf eine **Zunahme des THC-Gehaltes der Pflanzen** in den letzten Jahrzehnten. Sie können jedoch auch diese Behauptung nicht belastbar belegen. Dagegen sprechen die Studien von Kilmer, B 2017, Freeman, TP et al. 2018, Haffajee, RL 2018 und Yazdi, K 2018 sowie die Berichte der europäischen Behörde EMCCDA von einer durchschnittlich signifikanten Zunahme der THC-Werte. Außerdem wird auch in Colorado Cannabis mit hohen THC-Werten vermarktet[251], was eindeutig den Argument der Legalisierungsbefürworter, unter den Bedingungen eines legalisierten Marktes sei eine Qualitätskontrolle umsetzbar und hohe THC-Gehalte könnten reduziert werden, zuwiderläuft. Auch der Gesundheitsschutz der Bevölkerung wird dadurch nicht gewährleistet.

Mythos 15: Die Aufhebung des Cannabisverbots sorgt für bessere Qualität des Cannabis, frei von gesundheitsgefährdenden Verschmutzungen.

Aktuelle Meldungen über eine Anhäufung von Drogenvergiftungen im US-Bundesstaat Colorado, die trotz der dort bestehenden Qualitätskontrollen von Cannabis vorkommen, zeigen als

---

[250] Hoch, E et al. 2019, 243
[251] Vgl. Zobel, F & Marthaler, M, ebd.

Gegenbeispiel, dass es keinen umfassenden Schutz vor gesundheitsgefährdenden Verschmutzungen geben kann, s. o.

Mythos 16: Der Bezug der Cannabisprodukte auf dem Schwarzmarkt birgt die **Gefahr, mit anderen illegalen Drogen in Kontakt zu kommen**, das wird nach einer Legalisierung besser.

Diese Gefahr wird nach einer Cannabislegalisierung/-liberalisierung nicht beseitigt sein, weil es weiter einen Schwarzmarkt geben wird, auf dem alle Drogen zu beschaffen sind. Und eine Trennung der Drogenmärkte konnte auch in Staaten mit einer Cannabisliberalisierung oder -legalisierung, wie z. B. in Colorado und in den Niederlanden, bisher nur recht unvollständig geschaffen werden. Der Kleinhandel lässt sich überhaupt nicht kontrollieren.

Mythos 17: Es gibt eine **Ungleichbehandlung von Cannabis und Alkohol**, die zu einer **Glaubwürdigkeitslücke** in der Suchtprävention führt.

Diese Kritik der Legalisierungsbefürworter von Cannabis ist zutreffend. Sicher muss die Droge Alkohol noch viel zielgerichteter über eine evidenzbasierte Alkoholkontrollpolitik bekämpft werden. Dazu hat Jürgen Schlieckau drei Fachbücher [252] vorgelegt, war Mitautor des Alkoholaktionsplans 2008 der DHS und forderte die Politik jeweils zum Handeln auf. Allerdings werden mit diesem Argument der Cannabislobby Äpfel mit Birnen verglichen; die Argumentation bleibt zu ungenau, denn der Teufel liegt im Detail: Auf den legalen Status von Alkohol und Nikotin wird verwiesen, dieser ist aber nicht sachlogisch mit einem geringeren Risikopotential dieser Substanzen sondern ausschließlich mit ihrer historisch-gesellschaftlichen Verankerung in Deutschland zu begründen.[253] Die Cannabislobby hat mit dem Argument der Ungleichbehandlung gleichwohl die Cannabiskonsumenten auf ihrer Seite. Denn selbstverständlich müssen die **Gesundheitsgefahren von Tabak und Alkohol** noch viel stärker herausgestellt werden. Tabak und Alkohol als Alltagsdrogen verursachen in unserer Gesellschaft wesentlich mehr Leid als alle illegalen Drogen zusammengenommen. Regelmäßiger Cannabiskonsum ist jedoch in seiner akuten und chronischen Wirkung auf bestimmte hirnorganische und psychische Entwicklungsprozesse u. E. besonders im Jugendalter noch riskanter als regelmäßiger Alkoholkonsum. Dies belegen die beiden Metastudien von Rainer Thomasius et al. 2007 und Eva Hoch et al. 2019.

Während bei der Bekämpfung des Tabakkonsums Erfolge gerade bei Jugendlichen eingetreten sind, interessieren sich zu wenige Bürger für eine wirksame Bekämpfung der Alltagsdroge Alkohol. Und die **Alkohollobby ist gleichzeitig sehr einflussreich gegenüber der Politik**. Gleiches gilt aber mittlerweile auch für die Pharmalobby, die Glücksspiellobby, die Computerspiellobby und die Zuckerlobby. Diese Industrien haben aktuell in Deutschland ähnlich hohe Umsätze wie die Alkoholindustrie. Wir brauchen daher in Deutschland aus Public Health-Sicht bessere Ernährungsgewohnheiten, eine bessere Alkoholkontrollpolitik[254], eine bessere Regu-

---

[252] Schlieckau, J 2004; ders. 2005; ders. 2010
[253] vgl. Rumpf, HJ, Hoch, E, Thomasius, R & Havemann-Reinecke, U 2015
[254] Babor, TF et al. 2010; Schlieckau, J 2010; Schlieckau, J 2015

lierung der Verschreibung psychoaktiver Medikamente, eine strengere Regulierung des Glücksspielmarktes insbesondere im Bereich des Automatenspiels und eine verbesserte Kontrolle von Computerspielen mit hohem Suchtpotential, aber nicht noch zusätzlich eine mächtige **Cannabisindustrie**! Die Cannabislobby vertritt zahlenmäßig eine deutliche Minderheit in der Bevölkerung, macht sich aber in der Öffentlichkeit und Politik mächtig wichtig.

Außerdem findet man in keinem Parteiprogramm die Aussage, dass im Falle einer Legalisierung Warnhinweise auf den Verpackungen von Cannabispräparaten ähnlich wie bei Tabakprodukten eingeführt werden sollen.

<u>Mythos 18</u>: Die Einführung eines (einheitlichen) **Grenzwertes** für den Besitz von Cannabis in den deutschen Bundesländern verhindert die Ungleichbehandlung der Cannabiskonsumenten.

Es ist richtig, dass sich die Bundesländer bis heute noch nicht auf einheitliche empfohlene Grenzwerte für das Absehen des Staatsanwaltes von einer Strafverfolgung einigen konnten. Richtig ist aber auch, dass sich Cannabiskonsumenten nach geltender Rechtslage trotz eines vermeintlich rechtssicheren Grenzwertes stets strafbar machen. Die verbindliche Schaffung einer Straffreiheit beim Besitz oder Anbau von Cannabis bis zu einer bundesweit einheitlichen **Höchstgrenze** (in Gramm) wäre nach unserer Auffassung das falsche Signal an Jugendliche i. S. v. Verharmlosung von Cannabis. Legalisierung ist **unsozial**, weil besonders Jugendliche aus ungünstigen sozialen Verhältnissen und mit geringen Bildungschancen, die dann über den Schwarzmarkt und die Weitergabe durch Erwachsene (Diversion) noch leichter an die Droge gelangen können, durch vermehrten Cannabiskonsum besonders hart getroffen werden.

Besonders bei Berufsgruppen, die von öffentlichem Interesse sind, z. B. Lehrer, Richter und Ärzte kann es beim Erwerb und Besitz von Cannabis zum Verlust des Arbeitsplatzes führen.

<u>Mythos 19</u>: **Primärprävention** und **Medieninszenierungen** machen Cannabis erst attraktiv; der „Reiz des Verbotenen" ist besonders konsumfördernd. Medien dramatisieren den Cannabiskonsum Jugendlicher wegen der **Verkaufs- bzw. Einschaltquoten**.

Wir finden, dass wir dem **mündigen Bürger** durchaus eine eigenständige Meinungsbildung und eine kritische Bewertung von Medienangeboten zutrauen dürfen. Auch die Medien selbst haben eine Verantwortung in der Berichterstattung. Die Sachlogik der Argumentation fehlt aber, und indem man Andere als Schuldige ausmacht, lenkt man von eigenen Lobby- und Gewinninteressen und dem Marketing in eigener Sache ab, das Cannabis erst attraktiv macht. Bei illegalen Drogen wirkt jedenfalls nicht nur der „Reiz des Verbotenen", der zur Reaktanz führt, sondern auch die Generalprävention.

Vielmehr wäre der Reiz einer frei gegebenen Droge Cannabis konsumfördernd, besonders für Jugendliche mit komorbiden Störungen, die dann über die Erwachsenen <u>und</u> über den Schwarzmarkt noch leichter in den Besitz der Droge gelangen könnten. Damit würden immer weniger Grenzen gesetzt und Schutzgesetze abgebaut werden. Die Verharmlosung und Lifestyle-Inszenierung der Droge Cannabis verstehen wir auch als Marketingstrategie der entstehenden Cannabisindustrie.

Verbote können die Persönlichkeitsentwicklung gerade in der Pubertät unterstützen- Dazu ist ein klarer gesellschaftlicher Konsens notwendig. Das Überschreiten dieser Grenzen wird heute aber durch emotionale Botschaften und Debatten eher gefördert und ist mittlerweile ein riesiges Problem für besorgte Eltern. Ein wirkliches Problem ergibt sich dann, wenn Eltern, die keine Verbote und Grenzen setzen, dies mit Liberalität verwechseln.

Auch im Folgenden fehlt der Argumentation der Legalisierungsbefürworter die Sachlogik. Sie verstricken sich in Widersprüche.

Mythos 20: Die Suchtprävention ist durch die gestiegene Zahl der **Behandlung nachfragenden cannabisgefährdeten Jugendlichen** gescheitert.

Dieses Argument ist nicht sachlogisch und wirkt wieder wie ein Vergleich von Äpfeln und Birnen. Tatsache ist, dass die Behandlungsnachfrage durch Cannabiskonsumenten in den USA, in vielen europäischen Staaten und auch in Deutschland seit Jahren steigt[255], was auch als **Wirksamkeitsnachweis der Suchtprävention und moderner Behandlungsangebote** gewertet werden muss. Heute stehen evidenzbasierte Interventionsmöglichkeiten zur Verfügung. Die Angebote sind professioneller geworden, nehmen die Zielgruppen und ihre Lebenswelten besser in den Blick und werden stärker genutzt.[256]

Mythos 21: Datenerhebungen bei Befragungen werden durch die **soziale Erwünschtheit der Antworten** verfälscht.

Dies ist vor allem eine Frage der Güte des jeweiligen Forschungsdesigns und der **Qualität in der Durchführung einer Studie**. Deshalb sollte man nicht die Ergebnisse akkurat durchgeführter wissenschaftlicher Studien in Zweifel ziehen. Man muss nur wissen, was mit den jeweiligen Studien gemessen wurde und welchen Evidenzgrad diese Studien haben.

Mythos 22: Cannabismythen der Legalisierungsgegner und langfristig geltende Moralvorstellungen verhindern erfolgreich das **Hinterfragen der geltenden Cannabispolitik**.

Den Staatsbürger betrachten wir als intelligent genug, sich eine eigene Meinung darüber zu bilden, was unter Strafe gestellt und was erlaubt sein soll. Menschen, welche die Droge Cannabis verherrlichen oder als positiv betrachten und cannabisabhängige Menschen werden vielleicht Paradigmenwechsel in der Cannabispolitik wünschen. Wir denken aber, wenn die aktuelle deutsche Cannabispolitik so schlecht sein sollte, wie behauptet wird, wäre sie schon längst geändert worden.

---

[255] Hoch, E, Bonnet, U, Thomasius, R et al. 2015, 271
[256] Ebd., a.a.O.

Überhaupt werden Instrumente wie z. B. die medizinische Vergabe von Cannabispräparaten nach dem „Cannabis-als-Medizin-Gesetz", Modellprojekte mit Cannabisvergabe, die Vergabe von Cannabis an Erwachsene in Apotheken oder in Cannabisclubs [257], der Erziehungsrichter etc. von vielen Legalisierungsbefürwortern als mehr oder weniger zugkräftige „Türöffner" für das eigentliche Ziel einer generellen Legalisierung von Cannabis propagiert.

Gegner der Cannabislegalisierung werden vor allem in sozialen Netzwerken, im Internet, aber auch bei öffentlichen Veranstaltungen dämonisiert oder lächerlich gemacht und mitunter einem *Shitstorm* ausgesetzt. Dieses Muster treffen wir in Zeiten des „*hate speech*" heute gehäuft an. Es ist aber nicht neu und traf in der Vergangenheit z. B. auch schon häufig Befürworter prohibitiver Strategien der Alkoholpolitik.

Rainer Matthias Holm-Hadulla kommentiert die Forderungen der Cannabislobby wie folgt: *„Aus medizinischer und psychotherapeutischer Sicht kann ich dazu nur sagen: Das wäre ein Experiment an Kindern und Jugendlichen, mit Risiken denen im medizinischen Bereich keine Ethikkommission zustimmen würde. Ein Versuch an Menschen, bei dem ein erheblicher Prozentsatz großen Schaden nehmen würde, wie wir inzwischen belegen können".*[258]

Die kanadische Ärztevereinigung CMA hatte die kanadische Gesetzgebung ebenfalls als *"landesweites, unkontrolliertes Experiment"* bezeichnet und kritisiert.

<u>Mythos 23:</u> Cannabis ist eine „**weiche Droge**".

Es gibt keine „*harten*" und „*weichen*" Drogen. ‚Die Dosis macht das Gift', wie schon Paracelsus zugeschrieben wurde, und die Lebenswelt, die Settingbedingungen und die persönlichen Dispositionen spielen ebenfalls eine wichtige Rolle bei der Frage des Konsumrisikos. Das Potential von Cannabis wird aber weiter unterschätzt.

<u>Mythos 24:</u> „Der Cannabisgebrauch bei Jugendlichen ist ein **vorübergehendes Phänomen**" und „Cannabis erzeugt **keine körperliche Abhängigkeit**".

Diese beiden Argumente unterschlagen zunächst, dass Jugendliche keinen Zugang zu Cannabis haben sollten. Sie mögen für vielleicht 90 % der (erwachsenen) Freizeitkonsumenten von Cannabis zutreffen, wirken aber stark verharmlosend und geben das falsche Signal an neugierige Jugendliche. Hermann Schlömer fordert gar eine Konsumerlaubnis von Cannabis ab 16 Jahren, wenngleich mit erheblicher Mengeneinschränkung.[259] Andere Legalisierungsbefürworter fordern Konsumverbote bis zum 21. Lebensjahr.[260] Jeglicher Cannabisgebrauch im Kindes- und Jugendalter sollte dagegen vermieden werden.

Es stimmt auch nicht, dass keine körperliche Abhängigkeit entsteht, denn aus der klinischen und ärztlichen/psychiatrischen Praxis sind leichte bis mittelgradige körperliche Entzugserscheinungen bei Cannabiskonsumierenden bekannt. Diese haben in den letzten 10 Jahren,

---

[257] Vgl. Deutscher Bundestag 2012a
[258] Holm-Hadulla, RM 2016, ebd.
[259] Schlömer, H 2017
[260] Kessler, T et al. 2017

wohl auch durch höhere THC-Werte und geringere CBD-Werte in den Cannabispflanzen, zugenommen. So sollen z. B. die in Amsterdam erhältlichen Sorten „*Nederwiet*" 22 % THC und „*Nederhasj*" 67 % THC enthalten.[261] Der ärztliche Leiter des Suchtbereichs am UKE in Hamburg und Facharzt für Kinder- und Jugendpsychiatrie Rainer Thomasius sagt: „*Wir waren früher der Ansicht, Cannabis führe nur zu psychischer Abhängigkeit. Heute sind wir der Überzeugung, dass durch problematische Konsumformen und höhere THC-Gehalte auch körperliche Abhängigkeit entsteht*". Wir können dies aus klinischer Erfahrung uneingeschränkt bestätigen. In der Anhörung im Bundestag zum Antrag der Abgeordneten und Fraktion der LINKEN am 25.01.2012 erläuterte Rainer Thomasius, dass etwa 10 Prozent der Cannabiserfahrenen eine körperliche Abhängigkeit entwickeln, über 50 Prozent der behandelten Cannabisabhängigen Entzugssymptome ähnlich wie bei Alkohol- oder Opiatabhängigkeit haben, 19 Prozent der Cannabisabhängigen zusätzlich amphetaminabhängig sind, 10 Prozent außerdem kokainabhängig sind und 25 Prozent ein zusätzliches Alkoholproblem haben.[262]

Mythos 25: Es gibt keinen Hinweis auf einen Zusammenhang von **hochgezüchteten Substanzen** und einer Zunahme cannabis-assoziierter Probleme.

Das Gegenteil ist der Fall, wie die bisherigen Erfahrungen aus der Suchtmedizin, Kinder- und Jugendpsychiatrie und Erwachsenenpsychiatrie und Ergebnisse der bereits genannten Studien[263] zeigen.

Mythos 26: Durch das Kiffen ist nicht mit der Entwicklung eines **Amotivationalen Syndroms** zu rechnen; es gibt keine wissenschaftlichen Belege dafür.

Über viele Jahre war ein ursächlicher Zusammenhang wissenschaftlich nicht belegbar; es wurde lediglich gefunden, dass es unter regelmäßigen Cannabiskonsumenten weniger Hochmotivierte gibt.[264] Neuere Forschung zum sog. *Amotivationalen Syndrom* kam allerdings zu uneinheitlichen Ergebnissen. Der Einfluss des Cannabiskonsums kann heute nicht mehr ausgeschlossen werden: Es gibt zumindest eine teilweise Unterstützung für die Existenz eines *Amotivationalen Syndroms* als Folge von Cannabiskonsum bzw. generell als Folge einer Abhängigkeitserkrankung. Eva Hoch et al. vermuten als Grundlage des klinischen Bildes des *Amotivationalen Syndroms* eine Störung der gerichteten Aufmerksamkeit oder eine verlängerte Wirkung der Cannabisvergiftung.[265] Es kommt auch zu einer Reduzierung der Aufmerksamkeitsdauer.[266] Es gibt nun Hinweise aus neueren Längsschnittstudien, dass es bei Dauerkiffern womöglich doch zu längerfristigen Veränderungen in der Hirnchemie kommen könnte. Diese Veränderungen können zur Folge habe, dass Betroffene bestimmte Ziele nicht mehr als erstrebenswert erachten.

---

[261] Der THC-Gehalt der Sorte „Nederwiet" stieg bereits von 1991 bis 2004 von 7,5 % auf 20 %.
[262] Rainer Thomasius 2012. In: Deutscher Bundestag, 5
[263] Vgl. u. a. Freeman, TP et al. 2018
[264] Kleiber, D & Soellner, R 1998b
[265] Hoch, E et al. 2015
[266] Hoch, E et al. 2019, 76

<u>Mythos 27</u>: Über die Einführung einer **Cannabissteuer** kann die Suchtprävention besser finanziert werden.

Antizipierte Steuereinnahmen aus dem legalen Cannabishandel sind kein Argument für eine Entkriminalisierung. Legalisierungsbefürworter stellen vermutete Steuereinnahmen fast wie eine sicher zu erwartende „Goldgrube" dar. Die Annahme, mit einer Cannabissteuer würde ein Gewinn entstehen, der dann auch noch der Suchtprävention zugutekomme, wird als Chance dargestellt, muss aber der Überprüfung an der Wirklichkeit noch standhalten. Auch hier sind die offenen Experimente wie z. B. in Colorado zu überprüfen.

Der legale Cannabismarkt würde sich im Wettbewerb zum Schwarzmarkt befinden. Daraus würde ein Preiskampf entstehen, der die Cannabispreise immer weiter verbilligt. Aktuell zeigen Beispiele aus US-Staaten, dass Cannabis legal gar nicht so preiswert angeboten werden kann wie auf dem Schwarzmarkt. Diese Tatsache hält den Schwarzmarkt natürlich auch in den Legalisierungsstaaten mit allen damit einhergehenden Risiken am Leben, auch wenn der legale Markt zu einer Verkleinerung desselben beigetragen hat. Außerdem gibt es bisher im deutschen Steuerrecht (außer bei der Alkopop-Sondersteuer) kein weiteres praktisches Beispiel von Verbrauchssteuern, bei denen per Gesetz Steuereinnahmen zweckgebunden für die Prävention in den Bundeshaushalt eingestellt werden.

Von legalen Drogen und dem Glücksspiel ist hinlänglich bekannt, dass die körperlichen, psychischen und sozialen Folgekosten von Substanzmissbrauch und süchtigen Verhaltensweisen in weit überproportionalem Verhältnis zu steuerlichen Einnahmen stehen.[267]

<u>Mythos 28</u>: Der Staat könnte **Qualitätskontrollen** zur Steuerung der Produktion von Cannabis einsetzen, z. B. eine Biozertifizierung mit Qualitätskontrolle.

Der Staat hat sich bisher entschieden, Cannabis im Betäubungsmittelgesetz als verbotene Droge zu führen. Bei Verbotenem kann schwerlich eine Kontrolle stattfinden. Daher werden Qualitätskontrollen in Deutschland nicht durchgeführt, sondern die Droge wird bekämpft.

Sollte dennoch eine veränderte Cannabispolitik kommen, wird es weiter „schmutzigen Stoff" vom Schwarzmarkt geben, und es ist trotz Qualitätskontrollen auf einem legalen Markt nicht gänzlich auszuschließen, dass auch Verunreinigungen vorkommen.

<u>Mythos 29</u>: Die Cannabisabgabe (nur für Erwachsene) in **Apotheken,**[268] **Cannabisfachgeschäften** oder in **Cannabisclubs**[269] sowie ein **Hanfhandelsregister** verbessern die Cannabispolitik.

Alterskontrollen und Risikoaufklärung in die Verantwortung lizenzierter Shops zu legen, lässt einen Interessenkonflikt erwarten. Hier würden vergangene Fehler, wie sie beispielsweise mit dem nach wie vor eklatant mangelhaften Jugend- und Spielerschutz in lizenzierten Spielhallen

---

[267] Deutsche Hauptstelle für Suchtfragen 2016
[268] Raschke, P & Kalke, J 1997
[269] Vgl. Deutscher Bundestag 2012a

dokumentiert sind[270], oder der Umgang mit Verstößen bei Alkohol gegen das Gaststätten-gesetz oder die Werbeselbstkontrolle im Alkoholbereich wiederholt werden.

Mit der Schaffung eines legalen Marktes für Cannabis zum nichtmedizinischen Freizeitge-brauch für Erwachsene würde sich die Zugangsbeschränkung von Cannabis für Jugendliche stärker an den derzeitig gültigen Altersbeschränkungen bei alkoholischen Branntweinge-tränken und Nikotinprodukten orientieren. Alterskontrollen bzw. freiwillige Selbstkontrollen durch die Anbieter dieser Produkte haben sich aber nur sehr eingeschränkt als wirksam erwie-sen, was allein die Prävalenz des Alkoholkonsums bei Kindern und Jugendlichen belegt, ob-wohl Spirituosen nach dem Jugendschutzgesetz nur volljährigen Personen und Bier und Wein nur Personen ab 16 Jahren bzw. bei Begleitung der Jugendlichen von Personensorgeberech-tigten ab 14 Jahren verkauft werden dürfen. Jeder nichtstaatliche Verkauf einer Droge wird stark vom Gewinninteresse der Verkaufsstelle bestimmt. Dem würde auch ein Hanfhandels-register nicht abhelfen.

<u>Mythos 30</u>: Die Einführung eines **Erziehungsrichters**, der bei Drogendelikten durch Minder-jährige nicht nur die strafrechtlichen Konsequenzen, sondern auch das familiäre Umfeld berücksichtigt, verbessert die Cannabispolitik.

Diese Forderung ist bereits geübte Rechtspraxis und nicht neu, da Jugendrichter auch die psychosozialen Umstände und die Prognose eines Falles betrachten. Und das ist gut so. Nur der Begriff wurde in dieser Forderung von „Jugendrichter" auf „Erziehungsrichter" geändert. Die Forderung transportiert aber auch die Botschaft, dass repressive Konsequenzen eine relative Entwertung erfahren sollen. So können die im Jugendstrafrecht ohnehin nur begrenz-ten Optionen des Jugendrichters für Jugendstrafen noch weiter verwässert werden, was eben-falls kontrovers bewertet werden muss. Hier widersprechen sich Cannabislegalisierungs-befürworter erneut. Die Generalprävention wird auch mit dieser Forderung verteufelt. Einerseits soll die Repression verschärft werden, wenn Jugendliche an die Droge kommen, andererseits darf es dann doch nicht zur Bestrafung kommen, weil die sozialen Umstände ein stärkeres Gewicht erhalten müssen. Dabei sind und bleiben einige Jugendliche selbst Drogen-dealer. Sollen diese nun eine Entkriminalisierung oder eine Bestrafung bzw. erzieherische Maßnahmen erfahren - Was denn nun? Wie passen härterer Jugendschutz mit klaren Verbo-ten und fehlende Konsequenz zusammen? Wir befürchten, dass Familien immer stärker mit komplexen Erziehungsproblemen und Teilhabeeinschränkungen belastet werden, je umfas-sender die Legalisierung von Drogen umgesetzt wird. Aus der aktuellen Forschung ist bekannt, dass der Umgang mit Drogen im Freundeskreis, die Straffälligkeit/Delinquenz und die schuli-schen Probleme maßgebliche psychosoziale Faktoren sind. Diese sind laut Eva Hoch et al. (2019) vermehrt mit Cannabiskonsum assoziiert.[271]

---

[270] Vgl. Meyer, G, von Meduna, M & Brosowski, T 2015

[271] Van den Bree, MB und Pickworth, WB 2005; Brook, JS et al. 2011; Schlossarek, S et al. 2016, zitiert nach Hoch, E et al. 2019, 130

Schauen wir uns nun abschließend noch die **medizinischen und sozialen Aspekte** des Problems sowie die **Entwicklung der internationalen Cannabismärkte** an. Diese Aspekte werden in der Diskussion häufig bagatellisiert, sind aber sehr wichtig für die politische Entscheidungsfindung.

Der Konsum und der Missbrauch von Cannabis können insbesondere bei jungen Menschen mit einer Reihe von gravierenden kurz- und langfristigen Risiken assoziiert sein.[272]

8.5. Medizinische Aspekte des Cannabisgebrauchs

In der politischen Diskussion findet häufig eine Vermischung von Argumenten z. B. für bzw. gegen eine **Legalisierung von Cannabis zu medizinischen Zwecken** (THC, Cannabidiol) und für bzw. gegen eine **Legalisierung von Cannabis zum Freizeitgebrauch** (THC) statt. Die Kritik der Legalisierungsbefürworter lässt aus unserer Sicht die dringend gebotene Differenziertheit leider vermissen.

Aufgabe der Medizin ist es hier, auf die medizinischen Fakten hinzuweisen.

Die Tatsache, dass ca. 9 % der Cannabiskonsumenten und bis zu 50 % regelmäßig kiffende Jugendliche behandlungsbedürftige Störungen entwickeln, ist nach der bisherigen Datenlage unbestritten. Das sind für Legalisierungsbefürworter, die doch gern die relative Harmlosigkeit der Droge Cannabis gegenüber Alkohol und Opiaten betonen, durchaus unangenehme Fakten. Obwohl die nachteiligen Wirkungen von Cannabis auf den Menschen in der medizinischen Fachwelt seit Jahren bekannt sind und auch der medizinische Nutzen von Medizinalhanf häufig gering oder nicht vorhanden ist, was mittlerweile in Studien belegt wurde, halten sich bestimmte Cannabismythen hartnäckig.[273]

Gleichwohl ist noch viel Cannabisforschung notwendig.

Cannabismissbrauch kann **organmedizinische Auswirkungen** haben (z. B. vor allem pulmonale/respiratorische und kardiovaskuläre Folgeerkrankungen wie z. B. Atemwegserkrankungen, (chronische Bronchitis), erhöhtes Herzinfarktrisiko), immunologische Auswirkungen, karzinogene Effekte, gestörte Koordination des Bewegungsapparates, Entwicklungsstörungen des Feten, des Kleinkindes (eingeschränkte exekutive Funktionen) und des jugendlichen Gehirns). Der gleichzeitige Konsum von Alkohol und Cannabis kann das Risiko einer Leberzirrhose erhöhen.

Grundsätzlich gilt: Der Konsum von Cannabis ist sehr riskant bei Vorliegen einer Schwangerschaft sowie bei Vorliegen einer Herzkranzgefäßverkalkung, Psychose- und Schizophrenieerkrankung.

Cannabismissbrauch kann **psychische Auswirkungen** haben, z. B. Suchtentwicklung, schizophrene Psychosen und andere psychotische Störungen, Angststörungen und depressive Störungen. Die Komorbidität von Cannabisabhängigkeit und weiteren psychischen Störungen ist hoch. Hier unterscheidet sich Cannabis in den Wirkungen deutlich von Alkohol. Wer vor dem 18. Lebensjahr mehr als 50-mal Cannabis geraucht hat, weist ein 6,7-fach erhöhtes Risiko für

---

[272] Lubman, DI et al. 2014
[273] Täschner, KL 2005; Hall, WD & Degenhardt, L 2009; Kreuter, M et al. 2016; Schuurmans, MM et al. 2016; Volkow, ND et al. 2018

eine Schizophrenieerkrankung auf. Bei Cannabiskonsumenten kommt es 6,9 Jahre früher zu einer Schizophrenieerkrankung als bei Patienten ohne Cannabiskonsum. Je jünger der Cannabiskonsument ist, desto größer ist das Risiko für Abhängigkeitsstörungen und psychotische Störungen. Es gibt bei Cannabiskonsum ein bis zu sechsfach erhöhtes Risiko für Angststörungen. Ca. 40 % der Menschen mit Aufmerksamkeitsdefizit- und Hyperaktivitätsstörungen (ADHS) haben cannabisbezogene Störungen (Cannabismissbrauch, Cannabisabhängigkeit). Kiffen verstärkt die ADHS-Symptome deutlich.

Cannabismissbrauch kann **neurokognitive Auswirkungen** haben, z. B. Beeinträchtigungen von Lern-, Aufmerksamkeits- und Gedächtnisfunktionen, auch bei einer halbjährigen Cannabisabstinenz (Kurzzeitgedächtnis!) sowie der Intelligenz, Reaktionsfähigkeit, Konzentration, Beeinträchtigung der Fahrtauglichkeit. Adoleszente sind aufgrund der sensiblen Hirnentwicklung besonders gefährdet.

Eva Hoch et al. stellen fest: *„Eine durchgehend konsistente Beeinträchtigung von Lernen und Gedächtnisprozessen nach chronischem Cannabiskonsum konnte in mehr als 40 Einzelstudien nachgewiesen werden."* [274] Bei Cannabiskonsumenten mit regelmäßigem starken Cannabiskonsum wurden stärkere kognitive Beeinträchtigungen gefunden.[275] Die Reaktionszeiten seien länger, die Verarbeitungsgeschwindigkeit geringer. Das Arbeits- und Langzeitgedächtnis sei bis zu ein Jahr nach Beendigung des Cannabiskonsums selektiv beeinträchtigt geblieben.[276]

Adoleszenter und regelmäßiger Cannabiskonsum ist mit einem besonders hohen Risiko für Einbußen im Bereich der neurokognitiven und psychischen Gesundheit verbunden.

Eine neuseeländische Langzeitstudie liefert Hinweise für einen ungünstigen Einfluss des regelmäßigen Cannabiskonsums im Jugendalter auf die spätere Intelligenzleistung (Evidenzgrad 1b). Personen, die schon vor ihrer Volljährigkeit regelmäßig Cannabis gebrauchten, hatten im Alter von 38 Jahren einen um acht Punkte niedrigeren Intelligenzquotienten als im Alter von 13 Jahren. Diese Effekte zeigten sich nicht bei Probanden, die erst als Erwachsene anfingen, über lange Zeit regelmäßig Cannabis zu konsumieren.[277] Offenbar stört regelmäßiger Cannabiskonsum im Jugendalter die strukturelle Entwicklung der grauen und weißen Hirnsubstanz.[278] Eva Hoch et al. zitieren eine Studie von Janna Cousijn et al. (2013) und berichten von einer Volumenminderung bestimmter Hirnareale.[279]

Insbesondere ein lebensbiographisch früh, noch im Kindes- oder Jugendalter beginnender Konsum von Cannabis muss als kritisch gelten, da ein hohes Risiko für die Entwicklung von gravierenden physischen und psychischen Folgeschäden besteht. Besonders zu beachten ist der Hinweis von Eva Hoch et al., dass Cannabiskonsum bei bipolaren Störungen einen schlechteren Verlauf, ein erhöhtes Suizidrisiko und mehr erwarten lässt.[280] Eva Hoch et al. gehen von einem um bis zu 2,5-fach erhöhten Risiko für bipolare Störungen drei Jahre nach wöchent-

---

[274] Hoch, E et al. 2019, 74

[275] Ebd., 75

[276] Hoch, E et al. zitieren hier die Studie von Broyd et al. 2016

[277] Hoch, E et al. 2015

[278] Ebd., 275

[279] Ebd., a.a.O.

[280] Ebd., mit Verweis auf die Studie von Lev-Ran, S et al. 2013

lichem bis nahezu täglichem Cannabiskonsum aus.[281] Sie berichten in ihrer aktuellen Über-
sichtsstudie von 2019 allerdings nur einen leichten Zusammenhang zwischen Cannabiskonsum und suizidalen Handlungen (mit/ohne Todesfolge) und suizidalen Gedanken [282] Offenbar
besteht aber ein leichter, aber signifikanter Zusammenhang zwischen frühem Konsumbeginn
und vermehrten Suizidversuchen.[283]

Zwischen Erstkonsum und Störungsbeginn vergehen bei Cannabiskonsumenten 18 Monate
(ambulante Suchthilfe), bei Konsumenten anderer illegaler Drogen sind dies 86 Monate (bzw.
83 Monate bei Klienten in stationärer Suchthilfe).

8.6. Psychosoziale Aspekte des Cannabisgebrauchs

Cannabismissbrauch kann psychosoziale Auswirkungen haben, z. B. ungünstige schulische,
berufliche und weitere soziale Auswirkungen.

Etwa drei Viertel der Jugendlichen in Behandlung weisen keinen Schulabschluss oder Schul-
absentismus auf, ein großer Teil hat die Schule und auch die Berufsausbildung ohne Abschluss
abgebrochen. Viele Cannabisabhängige, die sich in Suchtbehandlung befinden, stehen noch
am Anfang ihrer beruflichen Entwicklung. Deshalb braucht es ein Bündel an Maßnahmen wie
z. B. Klinikunterricht, Suchtberatung, Berufsförderung, berufsvorbereitende Maßnahmen,
Zusammenarbeit zwischen der Suchtberatung, der Suchtbehandlung und den Agenturen für
Arbeit und den Jobcentern. Zusätzliche Suchtdiagnosen beziehen sich auf Alkohol, Ecstasy,
Amphetamin, Methamphetamin und seltener auf Kokain und Opioide. Kognitive und motiva-
tionale Störungen sowie erhebliche emotionale Entwicklungsverzögerungen infolge des Cannabiskonsums, die bei keiner anderen illegalen Droge in diesem Ausmaß festgestellt werden,
erschweren den Behandlungsprozess erheblich; die Behandlungsergebnisse sind wenig zufrie-
denstellend.

In der vergleichenden Studie ESPAD [284] zeigt sich, dass Jugendliche in Ländern mit einer liberalen Cannabispolitik, gemessen am Durchschnitt aller teilnehmenden Länder, besonders hohe Raten für Cannabiskonsum in den letzten 30 Tagen aufweisen, der für Jungen 8 % und für
Mädchen 5 % beträgt.

Lebensgeschichtlich früher Beginn von Cannabiskonsum ist mit einem besonders hohen Risiko
für eine Suchtentwicklung und chronischem Drogenkonsum im Erwachsenenalter verbunden.
Adoleszenter und regelmäßiger Cannabiskonsum ist mit einem besonders hohen Risiko für
Einbußen im Bereich der sozialen Gesundheit, vor allem mit Entwicklungsstörungen in der
Adoleszenz verbunden. Jugendliche mit regelmäßigem Cannabisgebrauch bleiben in ihrer psychosozialen Entwicklung häufig auf dem Niveau des Lebensalters stehen, in dem sie zu Beginn
des regelmäßigen Kiffens waren.[285] So können Entwicklungsrückstände von fünf bis sechs Jah-

---

[281] Hoch, E et al. 2019, 229
[282] Ebd., 126
[283] Ebd., 127
[284] Ludwig Kraus et al. 2016b
[285] Rainer Thomasius 2012. In: Deutscher Bundestag, 15

ren entstehen. Jeglicher Cannabisgebrauch im Kindes- und Jugendalter sollte vermieden werden. Daher muss dem Jugendschutz eine zentrale Bedeutung beigemessen werden.

Obwohl kulturelle Unterschiede beachtet werden müssen, ist ein Blick in andere Staaten erhellend, wenn es um die negativen Folgen nach einer Legalisierung/Liberalisierung von Cannabis geht.

In US-Bundesstaaten, die den medizinischen Gebrauch der Droge tolerieren, liegt bei Schülern der 12. Klassenstufe die Rate der Cannabiskonsumenten um 35 % höher (23 % bei Schülern der 10. Klassenstufe, 18 % bei Schülern der 8. Klassenstufe) als in Bundesstaaten ohne diese Regelung. Entscheidend ist offenbar die **soziale Akzeptanz** der Droge in der Gesellschaft eines Staates.

Schulverweise im Zusammenhang mit Cannabiskonsum sind seit der Legalisierung im US-Bundesstaat Colorado deutlich angestiegen.[286] Cannabisbezogene Vergehen (vor allem Überfälle, Raufereien, Hausfriedensbrüche, Ruhestörungen, Drogendelikte, Diebstahlsdelikte, Stören und andere Behinderungen des Unterrichts) stehen mittlerweile an erster Stelle aller Verletzungen des Schulfriedens.[287] Auch darüber berichten Legalisierungsbefürworter nicht.

In der 18- bis 25-jährigen Bevölkerung in Alaska, Colorado, Oregon und Washington State, also Staaten mit einer Legalisierung, liegt die Zahl regelmäßiger Cannabiskonsumenten um etwa 30 % höher als im Durchschnitt aller US-Bundesstaaten. Etwa ein Drittel der Bevölkerung in dieser Altersgruppe hat Cannabis im vergangenen Monat konsumiert.[288]

In den USA ist Cannabis immer häufiger erste Droge vor Tabak und wird dort zu einer Alltagsdroge. Bei cannabisbezogenen **Verkehrsunfällen** und Toten im Straßenverkehr kam es in entsprechenden US-Bundesstaaten nach der Legalisierung/Liberalisierung von Cannabis zu einer Verdoppelung bis Verdreifachung der Zahlen.

Mit Cannabiskonsum schädigt man sich auch nicht allein selbst, wie immer gern behauptet wird, sondern im Zweifel auch Dritte.

8.7. Die Entwicklung der internationalen Cannabismärkte

Schauen wir uns als letzten Punkt noch die Entwicklung der internationalen Cannabismärkte an.

Diskussionen zur Cannabisliberalisierung fanden schon in den 1970er Jahren überwiegend in westlichen US-Staaten wie z. B. Kalifornien statt, waren aber politisch noch nicht durchsetzbar.

Drei US-Milliardäre, George Soros, Peter Lewis und John Sperling investierten schon 2005 in den künftigen Markt von Medizinalhanf und Freizeitkonsum von Cannabis in den USA. Das behauptet die Nonprofit-Organisation *National Families in Action*.[289] Die NIFA weist angeblich detailliert die Geldflüsse nach, mit denen diese Investoren politische Willensbildungsprozesse

---

[286] Colorado Department of Education 2016
[287] Munoz, AE et al. 2017
[288] aktuelle Daten aus dem National Survey on Drug Use and Health 2006-2017
[289] NIFA 2018

gezielt beeinflusst haben.[290] Nach einem Bericht der amerikanischen Tageszeitung "Washington Times" hat George Soros seit 1994 die Legalisierung von Drogen mit 80 Millionen US-Dollar unterstützt.[291] Schon 1992 spendete George Soros demnach 15 Millionen Dollar für den Abstimmungskampf zur Legalisierung von Cannabis für medizinische Zwecke.

Heute interessieren sich große internationale Konzerne wie *Monsanto* und *Coca-Cola* für den Einstieg in den Cannabismarkt.
Jürg Barben sagt: *„Im Jahre 1993 hat der damalige Direktor der National Organization for the Reform of Marijuana Laws (NORML), Richard Cowen, an einer Pressekonferenz unmissverständlich gesagt: «The key to it [full legalization] is medical access. Because, once you have hundreds of thousands of people using marijuana medically, under medical supervision, the whole scam is going to be blown. The consensus here is that medical marijuana is our strongest suit. It is our point of leverage which will move us toward the legalization of marijuana for personal use»".*[292]
Auch die drogenpolitische Sprecherin der Partei BÜNDNIS 90/DIE GRÜNEN, Dr. Kirsten Kappert-Gonther äußerte in einem Interview auf einer Konferenz des Hanfverbandes, dass es seit 18 Monaten Cannabis auf Rezept gebe, trage zu einer Öffnung der Gesellschaft gegenüber Cannabis bei.[293]

In den USA und in Kanada hat sich inzwischen eine gewaltige Cannabisindustrie mit einem Milliardengeschäft entwickelt.[294] Marihuana-Verkäufe haben in denjenigen US-Staaten, in denen Marihuana legal erhältlich ist, im letzten Jahr 8 Milliarden US-Dollar erreicht.[295] Die Anzahl der Cannabiskonsumenten in den USA stieg von 6,2 % 2002 auf 8,3 % 2015 an.[296] In der Schweiz waren mit Stand 2017 bereits 580 Firmen in das Geschäft mit legalem Hanf eingestiegen, und der Boom hat 2017 erstmals 15 Millionen Franken in die Staatskasse gebracht.[297] Die staatlichen Einnahmen werden die Folgekosten (direkte Gesundheitskosten, Berufsausfälle, Sozialkosten) bei Weitem nicht decken können.[298]
Zum legalen Cannabismarkt in Nordamerika gehört eine neue Industrie mit Gewinninteressen in den Bereichen
a) Medizinalhanf,
b) Cannabis für den Freizeitkonsum,
c) CBD-Produkte (Gesundheit und Wellness) und
d) Nutzhanf.

---

[290] NIFA 2018, ebd.; Rusche, S 2017a
[291] https://www.wiwo.de/politik/deutschland/freigabe-von-cannabis-stiftung-von-george-soros-wollte-cannabis-projekt-foerdern/12975820-2.html, aufgerufen am 03.01.2020
[292] Barben, J 2018; vgl. Rusche, S 2017a
[293] Kappert-Gonther, K, in: DHV-Konferenz vom 20.11.2018, Cannabis-Legalisierung: Wie stehen die Zeichen in dieser Wahlperiode?
[294] Grundlehner, W 2017
[295] Haffajee, RL et al. 2018
[296] National Academies of Sciences 2017
[297] Friedli, D 2018
[298] Barben, J 2018, ebd.

Das Marktvolumen der Cannabisindustrie in den USA bezifferte sich 2018 auf ca. 11 Mrd. US-Dollar. Es gab einen enormen Hype junger Startup-Unternehmen auf den neuen Cannabis-markt. Es wird geschätzt, dass das Marktvolumen bis 2021 auf 40 Mrd. US-Dollar anwächst. Insgesamt hatten die sieben größten Cannabiskonzerne in den USA und in Kanada Anfang 2019 bereits eine Marktkapitalisierung von 33,8 Mrd. US-/CAN-Dollar erreicht. Konzerne der Tabak-, Alkohol- und Pharmaindustrie suchen ebenfalls neue Geschäftsfelder und investieren in die wachsende Cannabisindustrie. Es sind Unternehmen wie z. B. Diageo und Nova Scotia Liquor (Spirituosen), Heineken, Constellation Brands und Molson Coors (Brauereien), Novartis und Apotex (Pharma) und Altria (Hersteller von Marlboro-Zigaretten). Auch Hersteller nichtal-koholischer Getränke (Coca-Cola? Pepsi?), Unternehmen der Gesundheits- und Wellness-branche und des Lebensmittel- und Gebrauchsgütermarktes sowie Hersteller von Tiernah-rung planen die Produktion von Hanfgetränken, hanfhaltiger Tiernahrung und weiterer Pro-dukten, z. B. *Vope-Pens*. Auch unter den Nahrungsergänzungsmitteln finden sich in Super-märkten zunehmend Cannabidiolprodukte. Das Hanfmuseum in Berlin zeigt Anschauungsob-jekte der Hanfindustrie.

Die Aktien der einzelnen Konzerne sind noch stark volatil, Aktienkäufe bleiben daher spekulativ und sind nach Aussage von Brokern zzt. noch mit z. T. hohen Risiken verbunden.[299] Der nordamerikanische Cannabismarkt war bereits schnell übersättigt. In den USA und in Kanada gibt es heute eine sehr hohe und weiter steigende Überproduktion von Cannabis-pflanzen. Die Hersteller bleiben trotz deutlich gestiegener Nachfrage auf großen Teilen ihrer Produktion sitzen. So wurden in Kanada bis August 2019 330.000 kg Cannabis eingelagert, aber mit 13.000 kg nur 1/10 der Produktionsmenge verkauft.[300] Und allein im US-Bundesstaat Oregon lagern zzt. 450.000 kg unverkaufte Ware.[301] Es wird erwartet, dass in den kommenden Jahren eine Bereinigung und Konsolidierung des dynamischen Marktes stattfinden wird und nur die stärksten Konzerne überleben werden. Daher wird der mittelfristige Trend voraus-sichtlich zur kostengünstigen und effizienten Produktion großer Mengen und zu einer horizon-talen Produkt-Diversifikation mit immer neuen Produkten wie z. B. Cannabis-Schokolade in derselben Branche führen. Dies führt wiederum nicht nur in marktwirtschaftlich orientierten Systemen zu einer Erhöhung des Cannabiskonsums und der gesundheitlichen und sozialen Folgeprobleme, ganz gleich, ob diese Systeme stark oder schwach reguliert sind.

„In Colorado sind auch die Minderjährigen von dieser Entwicklung betroffen," stellen die schweizerischen Forscher Frank Zobel und Marc Marthaler fest.[302] Es bleibt also eine Illusion, dass die bekannten Folgeschäden des Cannabiskonsums durch eine Liberalisierung der Canna-bispolitik verringert werden könnten. An den aktuellen Beispielen aus Nordamerika, Uruguay und den Niederlanden kann man diese persistierenden Probleme und Schwächen liberalisier-ter Regulierungsstrategien beobachten.

---

[299] Vgl. etwa Lynx B. V. German Branch

[300] ntv, Beitrag „Marihuana wird zum Ladenhüter. Anbieter werden ihr Cannabis nicht los" vom 06.12.2019, aufgerufen am 07.12.2019

[301] Ebd.

[302] Zobel, F & Marthaler, M 2016, 44

Doch zurück zur Marktentwicklung in der Cannabisbranche: Diversifikationen ziehen allerdings Aufwand und Kosten nach sich. Kanada ist Vorreiter der wirtschaftlichen Entwicklung in der Cannabisbranche. Dort gibt es zzt. mehr als 120 lizenzierte Produzenten.[303] Allein für den Medizinalhanf-Markt erwarten Experten bis zum Jahr 2028 eine Steigerung um insgesamt 55 Milliarden Euro. Und aktuell möchte Kanada die Cannabislegalisierung aufrechterhalten. Nach einer aktuellen Studie von Gallup in den USA sind, anders als in Deutschland, bereits 68 % der befragten US-Bürger für eine Legalisierung von Cannabis.[304]

Es gibt mittlerweile auch in Deutschland einen legalen Markt für Cannabisprodukte, was die Börse beflügelt. Die Cannabisindustrie steht in Deutschland in den Startlöchern.

Der deutsche Markt gilt in den Augen der Hedge-Fonds und der Cannabis-Konzerne als Türöffner für den europäischen Markt und ist aus Sicht der Börse hoch interessant. *„In Deutschland schätzen Analysten das Marktpotenzial bis 2028 auf gut acht Milliarden Euro."*[305] In Deutschland gibt es z. B. die 1999 gegründete Deutsche Cannabis AG (früher F.A.M.E. AG) als Beteiligungsgesellschaft, die sich auf US-amerikanische Unternehmen der Cannabisbranche konzentriert.

Am 17.12.2019 wurde der neue Branchenverband Cannabiswirtschaft (BvCW) gegründet[306], der die Interessen der Cannabiswirtschaft in Deutschland vertritt. Der neue Wirtschaftslobbyverband wird von 14 Startup-Unternehmen für Nutzhanf der Cannabisbranche und weitere CBD-Firmen getragen. Der Deutsche Hanfverband versteht sich nur noch als „Bürgerrechtsbewegung". So wollen beide Lobbyorganisationen jeweils arbeitsteilig ihr Profil schärfen, nach dem Motto von Helmuth Graf von Moltke, ,*getrennt marschieren, vereint schlagen'* (Anm. d. Verf.). Hinzu kommen die Pro-Cannabis-Organisationen *Schildower Kreis* und *LEAP* sowie die *International Cannabis Bar Association*. Europäische Cannabisunternehmen drängen bereits an die Börse. Es gibt auch einen ersten deutschen Cannabis-Fonds.

Immer wieder wird von der Cannabislobby nach dem Motto *„steter Tropfen höhlt den Stein"* mit dem Totschlagargument argumentiert, die Cannabisprohibition sei gescheitert, was auch nach hundertfacher Wiederholung nicht der Realität entspricht!

So wie z. B. Hedgefonds und globale Konzerne neue Märkte suchen, suchen manche politische Parteien neue Wähler. Schlecht wird es nur, wenn am Beispiel der Cannabispolitik beides zusammentrifft und eine Veränderung provoziert, die letztlich zum Schaden sozial Schwacher, Jugendlicher und junger Erwachsener werden kann. Nach unserer Meinung sollte jedenfalls in Deutschland kein Experiment in Form einer Cannabislegalisierung bzw. -liberalisierung für den Freizeitkonsum vorgenommen werden, über dessen Folgen noch weitgehend Unklarheit besteht, auch wenn er mit harmlos klingenden Begriffen wie Freizeitkonsum von Cannabis daherkommt.

---

[303] Vgl. den Global Cannabis Stock Index

[304] Eine Übersicht über die größten Cannabiskonzerne weltweit finden Sie in der Anlage 6

[305] https://www.weed-gourmet.com/magazin/news/gelungener-jahresstart-neuer-lobbyverband-und-erster-deutscher-cannabis-fonds/, aufgerufen am 12.01.2020.

[306] Zu den Cannabisunternehmen in Deutschland gehören u. a. Aphria Inc. und die Hanffaser Uckermark eG.

Tabelle 4 – Größte globale Cannabiskonzerne

Stand: März 2019 [307] [308] [309]

Konzern	Konzernpartner und -töchter
a. **Canopy Growth** (CAN) Marktkapitalisierung 9,0 Mrd. CAN-Dollar +330 % Börsenwert	Partner: Vanguard; Blackrock; Constellation Brands (Corona-Bierhersteller, 38 % Beteiligung) 　　　　Tochter: Tweed (CAN, Hersteller von Cannabis 　　　　Freizeitgebrauch)
b. **Tilray** (CAN) Marktkapitalisierung 9,0 Mrd. CAN-Dollar Novartis, Pharma-Konzern) +300 % Börsenwert, Börsengang 2018	Pepsi Cola wollte sich beteiligen, zog sich noch zurück Partner: InBev (Brauereikonzern); Sandoz (Division von
c. **Aurora** (CAN) Marktkapitalisierung 5,6 Mrd. CAN-Dollar +200 % Börsenwert, Produktionsmenge 500 Tonnen Cannabis	Partner: Hedge Fonds Nelson Pellz
d. **Cronos** (CAN) Marktkapitalisierung 5,0 Mrd. CAN-Dollar Produktionsmenge 115 Tonnen Cannabis	Partner: Altria (Hersteller von Marlboro-Zigaretten) Tochter: Peace Naturals (Medizinalhanf-Hersteller) Tochter: Original BC Beteiligung 21,5 %: Whistler Medical Marijuana Co. (Medizinalhanf-Hersteller)
e. **Cura Leaf** (USA) Marktkapitalisierung 2,6 Mrd. US-Dollar 12 Plantagen, 10 Weiterverarbeitungs-Niederlassungen, 33 Verkaufsstellen	
f. **Aphia** (CAN) Marktkapitalisierung 2,0 CAN-Dollar +180 % Börsenwert Liefert medizinisches Cannabis auch nach Deutschland	Partner: Tokyo Sudee (*„Cannabis Starbucks"*) Tochter: Nuuvera (D/I)
g. **Cann Trust** (CAN) Marktkapitalisierung 600.000 CAN-Dollar	Partner: Apotex (kanadischer Generikahersteller) Tochter: National Access Cannabis Corp. (größter kanadischer Cannabis-Händler)

Marktkapitalisierung insgesamt: 33,8 Mrd. US/CAN Dollar

---

[307] Manager Magazin vom 12.12.2018, https://www.manager-magazin.de/unternehmen/handel/who-is-who-im-cannabis-markt-a-1243165.html, aufgerufen am 24.03.2019

[308] https://www.der aktionaer.de/aktie/hochinteressante-entwicklungen-am-cannabis-markt-aurora-canopy-co-in-lauerstellung-427950.htm, aufgerufen am 24.03.2019

[309] https://www.lynxbroker.de/artikel/die-besten-marihuana-aktien/, aufgerufen am 24.03.2019

9. Fazit - Cuxhavener Thesen für eine gesundheitsorientierte Cannabispolitik

Imke Geest und Jürgen Schlieckau

Wir verstehen uns als Anwälte der Jugendlichen, Cannabisabhängigen und sozial Schwachen und finden es wichtig genug, die ökonomischen und ideologischen Zusammenhänge in der Cannabisdebatte deutlich zu benennen. Die Mehrzahl der Bürger ist über diese Zusammenhänge aber leider noch recht uninformiert, vermutlich auch aufgrund der Komplexität des Themas, das wir nun hoffentlich einigermaßen verständlich dargestellt haben.
Cannabis als Droge sollte nach unserer Auffassung in Deutschland weiter verboten bleiben.

Selbst die medizinische Vergabe von Cannabispräparaten bei schweren Erkrankungen nach dem „Cannabis-als-Medizin-Gesetz" von 2017 ist, von wenigen Ausnahmen abgesehen, kritisch zu betrachten.[310] Es gibt für die Behandlung der Erkrankungen häufig wirksamere Medikamente, Cannabispräparate haben wie andere Medikamente Nebenwirkungen, und es mangelt noch an unabhängiger Forschung. Mit dem „Cannabis-als-Medizin-Gesetz" schuf der Staat im Zweifel vermeidbare Risiken in der Behandlung Schwerkranker, da es noch erhebliche Lücken in der Cannabisforschung gibt. Vom Prinzip der evidenzbasierten Medizin wurde bei der Verabschiedung des „Cannabis-als-Medizin-Gesetzes" ein ganzes Stück abgewichen. Nicht alle Schwerkranken sprechen gleichermaßen gut auf medizinische Cannabispräparate an. Manche nennen das „Cannabis-als-Medizin-Gesetz" daher nicht zu Unrecht die *„weiche Legalisierung"*.

Die Cannabisbranche entwickelt sich diversifiziert weiter. Ein Beispiel war der erste Automat für legale Cannabisprodukte in Trier. Dort können seit November 2018 rund um die Uhr gepresste und getrocknete Blüten in Tütchen sowie Extrakt-Kügelchen in Plastikdöschen nebst Rauchzubehör gekauft werden. Diese Hanfprodukte enthalten den erlaubten aber verschreibungspflichtigen Wirkstoff CBD (Cannabidiol) und angeblich weniger als 0,2 % THC. Und vor allem: Der Jugendschutz wird mit der Forderung einer Cannabislegalisierung oder -liberalisierung trotz gegenteiliger Beteuerungen der Legalisierungsbefürworter mit Füßen getreten. Man kann schon daran zweifeln, ob für Legalisierungsbefürworter der Jugendschutz überhaupt ein hohes Gut darstellt oder ob nicht andere Interessen für viele wichtiger sind. Und man muss feststellen, dass eigentlich einer Entsolidarisierung gegenüber Gruppen in der Gesellschaft, die unseren Schutz benötigen, das Wort geredet wird. Die verschiedenen aktuellen Forderungen nach Cannabislegalisierung/-liberalisierung seitens der Partei DIE LINKE, der Partei BÜNDNIS 90/DIE GRÜNEN, der Partei FDP, des Deutschen Hanfverbandes, Akzept e. V. u. a. sind aus unserer Sicht ein **völlig falsches (Freigabe-)Signal** an Jugendliche und der falsche Weg. Denn damit wird (möglicherweise ungewollt) suggeriert, dass Cannabis eine gewöhnliche Alltagsdroge ist. Treffender wäre die Aussage, dass legale und illegale

---

[310] Rumpf, HJ et al. 2015

Drogen allesamt ungewöhnliche Konsumgüter sind, deren Konsumrisiken auch in ihren Ausmaßen klar benannt werden müssen. Und dass es gute und vernünftige Gründe dafür gibt, nicht noch weitere Drogen zu legalisieren und dabei neue *„Gift-Industrien"* zu schaffen. Auch wenn es sich bei Menschen, die unter den Folgen des Cannabismissbrauchs leiden, „nur" um eine Minderheit handelt und die Mehrheit der Cannabiskonsumenten *„verantwortungs- und genussvoll mit der Droge umgehen kann"* und positive Werte damit verbindet: Das ist Imagewerbung für die Cannabisindustrie. Die Alkoholindustrie nutzt ähnliche bekannte Slogans (*„verantwortungsvoller Genuss von Alkohol..."*) zur Imagepflege. Man möge beides vergleichen.

Die unterschiedlichen Forderungen bestimmter Politiker, politischer Parteien und Interessengruppen nach einer Legalisierung/Liberalisierung der Cannabispolitik sind u. E. verantwortungslos und populistisch. Sie sind nicht zielführend: Keines der Argumente der Legalisierungsbefürworter mit Ausnahme der Kritik an der gegenwärtigen Alkoholpolitik in Deutschland ist nach unserer Auffassung stichhaltig und bisher über evidenzbasierte Forschung belastbar. Allerdings muss nicht jede Droge erlaubt werden, nur weil Alkohol erlaubt ist. Der Hanfverband als *„Interessensvertretung der Hanfbewegung in Deutschland"* vertritt sowohl die Hanfbranche als auch Privatpersonen, welche die Legalisierung von Cannabis befürworten.[311] Er vertritt ökonomische Partikularinteressen und gibt selbst Studien in Auftrag, um seine Positionen glaubwürdiger erscheinen zu lassen. Ähnliche Marketing-Strategien wie jene der entstehenden Cannabisindustrie kennen wir seit Jahrzehnten auch aus der Tabak-, Alkohol-, Pharma-, Glücksspiel- und Computerspielindustrie. Dank der jahrzehntelangen weltweiten Anstrengungen im Rahmen der *WHO Framework Convention on Tobacco Control* (www.fctc.org) konnten zumindest in den westlichen Industriestaaten erste Erfolge im Kampf gegen die Tabakepidemie erzielt werden.

Mit der möglichen Legalisierung von Cannabis wird nun eine neue Epidemie provoziert, deren Folgen kaum absehbar sind. Jedenfalls haben die Bestrebungen der Cannabislobby trotz gegenteiliger Behauptungen wenig mit Jugendschutz und dem Schutz von Abhängigkeitskranken zu tun. Eine Cannabislegalisierung wäre ein Menschenversuch mit hochriskantem Ausgang, sagt der Facharzt für Psychiatrie Rainer Matthias Holm-Hadulla.[312]

Die weltweiten Drogenkartelle dürften von einer Liberalisierung profitieren, weil Menschen immer leichtfertiger auch illegale Drogen konsumieren. Jürgen Schlieckau hat die unterschiedlichen Legalisierungsversuche in verschiedenen Staaten aufgezeigt. Muss nicht nach diesen experimentellen Versuchen ein einheitliches wissenschaftlich begründetes Konzept weltweit koordiniert entwickelt werden? Wer verhindert, dass aus illegalen Märkten legale Märkte werden?

---

[311] https://de.wikipedia.org/wiki/Georg_Wurth, aufgerufen am 14.02.2019
[312] Holm-Hadulla, RM 2016; vgl. dazu Douglas, IS et al. 2015 und Kreuter, M et al. 2016

Es besteht die Gefahr, dass sich Politiker unter Druck setzen lassen und in der Folge Partikular-interessen der entstehenden Cannabisindustrie und der Minderheit der Legalisierungsbefür-worter Vorrang vor dem Gemeinwohl und vor den Interessen der (schweigenden) Bevölke-rungsmehrheit erhalten. Bei der Weiterentwicklung der Drogenpolitik dürfen das Kindeswohl und der Schutz Abhängigkeitskranker niemals vernachlässigt werden. Die Cannabislobby möchte Jugendliche und die Minderheit erwachsener Cannabiskonsumenten gern als *Opfer der Cannabisprohibition* darstellen und schafft sich ein Image als moderner *„Robin Hood"*, der für ein *Recht auf Rausch* und gegen den Schwarzmarkt kämpft. Aber diese Argumentation lässt sich schnell entlarven, wenn man sich die dahinterstehenden Interessen näher anschaut.

Nach einer Legalisierung wären Jugendliche noch weniger geschützt als heute, weil sich die Verfügbarkeit der Droge Cannabis, die Anzahl der Cannabis-Verkaufsstellen und die Erhöhung der Verkaufszeiten weiter erhöhen und die Cannabispreise noch weiter sinken würden.

2016 beschlagnahmte die Polizei in Deutschland 820 Cannabisplantagen.[313] Wir wünschen uns, dass die Polizei diese Arbeit fortsetzt. Die Repression soll nicht eingedämmt, sondern eher noch verstärkt werden, denn es ist eine unverzichtbare Säule in der Drogenpolitik. Wir wünschen uns als Präventionskräfte und Suchtberater, dass jedes Kind nein zu Cannabis sagen kann, möglichst effektiv vor den Risiken eines legalen und/oder illegalen Cannabismarktes geschützt wird und für den Lebensgenuss bessere Alternativen als das Kiffen findet. Dafür stehen wir, denn die Verbesserung des Zugangs[314] zum Suchthilfesystem ist aus der Sicht des Gesundheits- und Jugendschutzes viel wichtiger als die riskante Teil- oder Volllegalisierung des Freizeitkonsums von Cannabis für Erwachsene.

Drogen stören die gesunde Entwicklung von Jugendlichen und zerstören Beziehungen und Bildungskarrieren. Manche Schulen und Universitäten sind cannabisdurchseucht. Wir wünschen uns, dass sich Schülersprecher und Schulelternräte und analog studentische Vertreter an der Verbesserung der Schul- bzw. Hochschulkultur beteiligen, dass Werte wie *„An unserer Schule haben Drogen nichts zu suchen"* gelebt werden. Es ist eine Straftat, wenn Drogendealer vor oder gar in allgemeinbildenden und berufsbildenden Schulen und Universitäten ihre Geschäfte abwickeln. Schulleiter und Lehrer haben eine Aufsichtspflicht, informieren sich über Suchtthemen und erwerben sich das Vertrauen der Schüler und Respekt. Schulleiter müssen Drogendealer regelmäßig anzeigen und mit der Polizei koope-rieren. Ein gutes Lernklima kann überhaupt erst hergestellt und der Bildungsauftrag erfüllt werden, wenn es an Schulen keine Gewalt und keinen Drogenhandel gibt. Das Entdeckungs- und Verfolgungsrisiko für Kleindealer ist womöglich zu gering, das genaue Hinschauen ist in der Praxis gefragt. Wir haben nicht zu viele Ermittlungen gegen Drogenhandel in Deutschland, sondern möglicherweise noch zu wenig. Dabei sollte man nicht die Kosten für die Repression und ihre Folgen skandalisieren. Die Botschaft der Legalisierungsbefürworter heißt im Prinzip: *"Reagiert bei Cannabiskonsumenten nicht mit Strafverfolgung, sondern bietet stattdessen*

---

313 BKA, Bundeslagebild Rauschgiftkriminalität 2016; vgl. Bundestagsdrucksache 19/819, 2018, 41
314 Vgl. Brand, H et al. 2016

mehr Suchtprävention an". Die Verfügbarkeit von Drogen über den Schwarzmarkt muss noch stärker reduziert werden. Das ist der Zweck des Betäubungsmittelgesetzes. Das Betäubungsmittelgesetz darf über die Gesetzgebung keinesfalls aufgeweicht werden.

Jugendliche testen Grenzen aus, das ist in diesem Alter normal. Gleichzeitig brauchen wir klare familiäre und gesellschaftliche Strukturen, Regeln und zum Teil starke Tabus, aber keine *Laissez-faire-Haltung* und keine verharmlosende Werbung für die Freigabe von Cannabis, auch nicht als Aufkleber auf Kleidung und Schultaschen. Jugendliche sind keine *„kleinen Erwachsenen"* wie man sie als solche noch im Mittelalter wahrnahm und behandelte, sondern sie brauchen je nach Alter und individuellem Entwicklungsstand noch die Führung der Erwachsenen.

Wir brauchen Bezugspersonen, *„Kümmerer"*: Eltern, Erzieher, Lehrer und Ausbilder im Betrieb haben einen Erziehungsauftrag und eine Fürsorge- und Aufsichtspflicht und engagieren sich als Vorbilder und Autoritäten. Das schafft Glaubwürdigkeit.

Wegschauen bzw. eine *Vogel-Strauß-Haltung* sind keine Lösung. Wir müssen Kinderrechte, Eltern und Schulen stärken und Jugendliche schützen. Wir müssen handeln; das sind wir den Jugendlichen schuldig.

Cuxhavener Thesen für eine gesundheitsorientierte Cannabispolitik

1. Die bisherige Cannabisprohibition in Deutschland hat sich bewährt, die repressive Säule der Drogenpolitik schützt das Gemeinwohl und wirkt präventiv.

2. Die Bekämpfung der Ursachen für den internationalen Drogenanbau und -handel muss international noch stärker koordiniert und finanziert werden.

3. Jedes Kind und jeder Jugendliche soll zu Cannabis nein sagen können, bessere Alternativen für den Lebensgenuss finden können und möglichst effektiv vor dem Cannabiskonsum geschützt werden.

4. Der Jugendschutz ist nur hinreichend zu gewährleisten, falls neben evidenzgenerierter Suchtprävention, evidenzbasierter Frühintervention, Beratung, Behandlung und Schadensminimierung auch eine wirksame Repression fester Bestandteil der Cannabispolitik bleibt. Das Jugendschutzgesetz allein reicht bei Weitem nicht aus.

5. Der Jugendschutz und der Gesundheitsschutz der Bevölkerung müssen Vorrang vor wirtschaftlichen Partikularinteressen erhalten.

6. Die Verharmlosung von Cannabis als Droge, Werbung und Marketing für Cannabisprodukte erschweren bereits seit längerer Zeit erheblich die Suchtprävention.

7. Strategien der Liberalisierung und Legalisierung der Cannabispolitik können zu einer höheren Prävalenz des Cannabiskonsums insbesondere auch bei Jugendlichen führen.

8. Eltern müssen viel stärker als bisher in die Aufklärung, Cannabisprävention, Frühintervention, Suchtberatung und Angehörigenarbeit einbezogen werden.

9. Aufgrund unterschiedlicher Machtverteilung kann es kein Gleichgewicht zwischen einer legalen Cannabiswirtschaft und dem Gesundheitsschutz der Bevölkerung geben.

10. Die Liberalisierung der Vergabe von Medizinalhanf wirkt bereits als starker Türöffner für die weitere Legalisierung von Cannabis.

11. Eine Trennung des Cannabismarktes von anderen Drogenmärkten wäre auch nach einer Cannabislegalisierung nur schwer zu erreichen.

12. Ein Drogenschwarzmarkt, der bekämpft werden muss, würde auch nach einer Liberalisierung oder Legalisierung der Cannabispolitik bestehen bleiben.

13. Eine marktwirtschaftlich orientierte Cannabispolitik würde ähnliche Probleme schaffen, wie sie aus der Tabak-, Alkohol-, Pharma-, Glücksspiel, Computerspiel- und Zuckerpolitik bereits lange bekannt sind.

14. Der Selbstanbau von Cannabis sowie der Anbau und Konsum von Cannabis in Genossenschaften, wie z. B. *Cannabis Social Clubs,*wären schwer zu kontrollieren.

Der 26. Juni ist der Weltdrogentag [315]

Die Cannabispolitik wird in vielen Staaten weltweit liberalisiert.

In einer Bevölkerungsumfrage von FORSA in Deutschland [316] äußerten 63 % der Befragten, dass der „Erwerb und Besitz von Cannabis" nicht legalisiert werden sollte.

Unser Appell, neben der Forderung nach einer wirksameren Alkoholkontrollpolitik, lautet:

„You do not need any weed!"

<u>An die Jugendlichen:</u>
Fangt gar nicht erst an zu kiffen,
es ist uncool und hilft mit Sicherheit der Organisierten Kriminalität,
sie wird sich über satte Gewinne freuen.
Wenn Du kiffst besteht das Risiko, dass Du Probleme bekommst.

<u>An die Eltern, Erzieher, Lehrer und Ausbilder:</u>
Schaut hin, kümmert Euch, seid Vorbilder,
schafft vertrauensvolle Beziehungen,
lasst Euch nicht verunsichern,
setzt ggf. klare Grenzen und bleibt konsequent!

<u>An die Politik:</u>
Liebe Politiker, haltet die Cannabisprohibition dauerhaft aufrecht,
dreht das Betäubungsmittelgesetz nicht um,
stärkt das Gemeinwohl und bedient keinen Finger breit
die Partikularinteressen der Cannabislobbyisten und der Cannabisindustrie!

Cuxhaven, im Januar 2020

Imke Geest und Jürgen Schlieckau

---

[315] Der Weltdrogentag wurde als Aktionstag gegen Drogenmissbrauch von den Vereinten Nationen im Dezember 1987 ausgerufen
[316] FORSA 2017

Anhang

Anlage 1 - Abkürzungsverzeichnis

a.a.O.	am angegebenen Ort
ABDA	*Bundesvereinigung Deutscher Apothekerverbände e. V., Berlin*
AkdÄ	*Arzneimittelkommission der deutschen Ärzteschaft, Berlin*
Akzept e.V.	*Bundesverband für akzeptierende Drogenarbeit und humane Drogenpolitik, Berlin*
AMG	*Arzneimittelgesetz*
AMK	*Arzneimittelkommission der Deutschen Apotheker*
AMNOG	*Gesetz zur Neuordnung des Arzneimittelmarktes*
ApBetrO	*Apotheken-Betriebsordnung*
Art.	Artikel
AWMF	*Arbeitsgemeinschaft der Wissenschaftlichen Medizinischen Fachgesellschaften, Frankfurt am Main*
AWO	*Arbeiterwohlfahrt Bundesverband e.V., Berlin*
BAG KJPP	*Bundesarbeitsgemeinschaft der Leitenden Klinikärzte für Kinder- und Jugendpsychiatrie, Psychosomatik und Psychotherapie e. V., Schleswig*
BGBl.	Bundesgesetzblatt
BfArM	*Bundesinstitut für Arzneimittel und Medizinprodukte, Bonn*
BGH	*Bundesgerichtshof, Karlsruhe*
BKA	*Bundeskriminalamt, Wiesbaden*
BKJPP	*Berufsverband für Kinder- und Jugendpsychiatrie, Psychosomatik und Psychotherapie in Deutschland e. V., Mainz*
BMG	*Bundesministerium für Gesundheit, Berlin*
BtMG	*Betäubungsmittelgesetz*
BtMVV	*Betäubungsmittel-Verschreibungsverordnung*
BÜNDNIS 90/ DIE GRÜNEN	Politische Partei
BvCW	*Branchenverband Cannabiswirtschaft, Berlin*
BVerfG	*Bundesverfassungsgericht, Karlsruhe*
BVerwG	*Bundesverwaltungsgericht, Leipzig*
BVSD	*Berufsverband der Ärzte und Psychologischen Psychotherapeuten in der Schmerz- und Palliativmedizin in Deutschland, Berlin*
BZgA	*Bundeszentrale für gesundheitliche Aufklärung, Köln*
bzw.	beziehungsweise
ca.	cirka
CANDIS	*Behandlungsprogramm für Cannabisabhängige*
CAN Stop	*Behandlungsprogramm für Cannabisabhängige*
CBC	*Cannabichromen*
CBD	*Cannabidiol*
CBN	*Cannabinol*
CBT	*Cognitive Behavioral Therapy*
CDE	*Colorado Department of Education, Denver*
CDU/CSU	Politische Parteien

CICAD	*Interamerikanische Kommission zur Kontrolle des Drogenmissbrauchs, Washington D. C.*
CMA	*Canadian Medical Association, Ottawa*
c/o	care of/wohnhaft bei…
CSC	*Produktions- und Konsumgemeinschaften von Cannabis, Cannabis Social Clubs*
DAC	*Deutscher Arzneimittelcodex*
Destatis	*Statistisches Bundesamt, Wiesbaden*
DGKJP	*Deutsche Gesellschaft für Kinder- und Jugendpsychiatrie, Psychosomatik und Psychotherapie e.V., Berlin*
DGP	*Deutsche Gesellschaft für Pneumologie und Beatmungsmedizin e. V., Berlin*
DGPPN	*Deutsche Gesellschaft für Psychiatrie und Psychotherapie, Psychosomatik und Nervenheilkunde, Berlin*
DG-SAS	*Deutsche Gesellschaft für Soziale Arbeit in der Suchthilfe, Münster*
DG-Sucht	*Deutsche Gesellschaft für Suchtforschung und Suchttherapie, Hamm*
DHS	*Deutsche Hauptstelle für Suchtfragen e. V., Hamm*
DHV	*Deutscher Hanfverband, Berlin*
Die Linke	Politische Partei
Dies.	dieselben
DKJPP	*Deutsche Gesellschaft für Kinder- und Jugendpsychiatrie, Psychosomatik und Psychotherapie, Berlin*
DPWV	*Deutscher Paritätischer Wohlfahrtsverband, Berlin*
DSM-V	*Diagnostic and Statistical Manual of Mental Disorders*
DUIC	*Driving Under the Influence of Cannabis*
d. Verf.	des Verfassers/der Verfasser
DVJJ	*Deutsche Vereinigung für Jugendgerichte und Jugendgerichtshilfe, Hannover*
eCB-System	Endogenes Cannabinoid-System
EMA	*European Medicines Agency, Europäische Arzneimittelagentur, Amsterdam*
EMCDDA	*European Monitoring Centre for Drugs and Drug Addiction, Lissabon*
ENCOD	*europäischer Dachverband der Cannabislobby (NGO), „Europäische Vereinigung für eine gerechte und effektive Drogenpolitik", Antwerpen*
ESPAD	*European School Survey Project on Alcohol and other Drugs*
EU-GEI	*European Network of National Schizophrenia Networks, Maastricht*
EUV	*Europäische Verfassung gemäß Vertrag von Lissabon vom 01.12.2009*
f.	folgende Seite
ff.	die folgenden Seiten
FDP	Politische Partei
FEP	*erste psychotische Episode*
FeV	*Fahrerlaubnisverordnung*
FORSA	*Gesellschaft für Sozialforschung und statistische Analysen mbH, Berlin*
FreD	*Frühintervention bei erstauffälligen Drogenkonsumenten*
G-BA	*Gemeinsamer Bundesausschuss, Berlin*
GCDP	*Global Commission on Drug Policy, Genf*
GG	*Grundgesetz für die Bundesrepublik Deutschland*
GKV	Gesetzliche Krankenversicherung
GVS	*Gesamtverband für Suchtkrankenhilfe, Berlin*
ICD-10	*International Classification of Diseases and Related Health Problems*
i. d. R.	in der Regel

INCB	*International Narcotic Control Board, Internationaler Suchtstoffkontrollrat, Wien*
IQ	Intelligenzquotient
IRCCA	*Staatliches Institut für die Kontrolle und Regulierung von Cannabis, Piso, Uruguay*
i. V. m.	in Verbindung mit
jCK	*junge Cannabiskonsumenten*
JGG	*Jugendgerichtsgesetz*
KFN	*Kriminologisches Forschungsinstitut Niedersachsen e. V., Hannover*
KV	*Kassenärztliche Vereinigung, diverse Standorte*
LEAP	*Law Enforcement Against Prohibition, Verein für Cannabislegalisierung*
MDFT	*Behandlungsprogramm für Cannabis- und Partydrogenkonsumenten*
MDK	*Medizinischer Dienst der Krankenkassen*
MDMA	*3,4-Methylendioxy-N-methylamphetamin (ursprünglich synonym mit der Droge Ecstasy)*
mg	Milligramm
MI	*Motivational Interviewing*
MPU	*Medizinisch-psychologische Untersuchung*
MS	*Multiple Sklerose*
NAS	*National Academies of Sciences, Washington, D. C.*
ng	Nanogramm
NHTSA	*National Highway Traffic Safety Administration, Washington, D. C.*
NIFA	*National Families in Action, Atlanta, GA*
NORML	*National Organization for the Reform of Marijuana Laws (NGO), Washington, D. C.*
OWiG	*Ordnungswidrigkeiten-Gesetz*
PKS	*Polizeiliche Kriminalstatistik*
RCT	*Randomized controlled trial*
SAMHSA	*Substance Abuse and Mental Health Services Administration, Rockville, MD*
s. o.	siehe oben
SPD	Politische Partei
StGB	*Strafgesetzbuch*
StVG	*Straßenverkehrsgesetz*
THC	*Tetrahydrocannabinol*
THC-COOH	THC-Metabolit
u. a.	unter anderem
u. E.	unseres Erachtens
UNDCP	*United Nations International Drug Control Programme*
UNGASS	*United Nations General Assembly Special Session on Drugs, Wien*
UNODC	*United Nations Office on Drugs and Crime, Wien*
VBS	*Verein für Beratung und Hilfen bei Suchtfragen und seelischen Leiden im Landkreis Cuxhaven e.V., Cuxhaven*
vgl.	vergleiche
z. B.	zum Beispiel
zit. n.	zitiert nach
ZNS	Zentrales Nervensystem
z. T.	zum Teil

Anlage 2 - Autorenverzeichnis

Anlage 3 - Sachverzeichnis

Anlage 4 - Abbildungs-, Synopsen- und Tabellenverzeichnis

Anlage 5 - Literaturverzeichnis

A. Forschungsliteratur zu Cannabis

A.1. Freizeitkonsum von Cannabis

1. Ameri, A (1999). The effects of cannabinoids on the brain. In: Progress in neurobiology 58 (4). Pp. 315-348.
2. Andreasson, S & Allebeck, P (1990). Cannabis and mortality among young men: a longitudinal study of Swedish conscripts. In: Scandinavian Journal Soc Med 18 (1). Pp. 9-15.
3. Atakan, Z (2012). Cannabis, a complex plant: different compounds and different effects on individuals. In: Ther Adv Psychopharmacol 2. Pp. 241-254.
4. Baker, AL, Hides, L & Lubman, DI (2010). Treatment of cannabis use among people with psychotic or depressive disorders: a systematic review. In: Journal Clin Psychiatry 71. Pp. 247-254.
5. Bari, M, Battista, N, Pirazzi, V & Maccarone, M (2011). The manifold actions of endocannabinoids on female and male reproductive events. In: Front Biosci 16. Pp. 498-516.
6. Barsch, G (2007). Verhext und süchtig: Wahn Macht Sinn. Leipzig.
7. Batalla, A, Bhattacharyya, S, Yucel, M, Fusar-Poli, P, Crippa, JA, Nogue, S, Torrens, M, Pujol, J, Farre, M & Martin-Santos, R (2013). Structural and functional imaging studies in chronic cannabis users: a systematic review of adolescent and adult findings. In: PloS one 8 (2). P. e55821.
8. Baumgärtner, T (2004). Hamburger SCHULBUS. Schüler- und Lehrerbefragung zum Umgang mit Suchtmitteln. In: http://www.suchthh.de/projekte/schulbus_28_06_04.pdf.
9. Bayerische Akademie für Sucht- und Gesundheitsfragen (2015). Ergebnispapier zu „Cannabis zwischen Forschung und Praxis - Fachtagung zur interdisziplinären Bestandsaufnahme" am 11. Dezember 2014 in München. In: http://www.bas-muenchen.de/publikationen/papiere-empfehlungen.html, Zugriff: 05.08.2015.
10. Berns, GS (2004). Something funny happened to reward. In: Trends Cogn Sci 8. Pp. 193-194.
11. Blanco, C, Hasin, DS, Wall, MM, et al. (2016). Cannabis Use and Risk of Psychiatric Disorders: Prospective Evidence From a US National Longitudinal Study. In: JAMA Psychiatry 73 (4). Pp. 388-395.
12. Boden, JM, Fergusson, DM & Horwood, LJ (2006). Illicit drug use and dependence in a New Zealand birth cohort. In: Australian New Zealand Journal of Psychiatry 40 (2). Pp. 156-163.
13. Boden JM, Dhakal B, Foulds JA, Horwood LJ (2019). Lifecourse trajectories of cannabis use: a latent class analysis of a New Zealand birth cohort. In: Addiction. doi: 10.1111/add.14814.
14. Bonnet, U & Scherbaum, N (2010). Cannabisbezogene Störungen. Teil II: Psychiatrische und somatische Folgestörungen und Komorbiditäten. In: Fortschr Neurol Psychiat 78. 1-11.
15. Bonnet, U, Specka, M, Stratmann, U, Ochwadt, R & Scherbaum, N (2014). Abstinence phenomena of chronic cannabis addicts prospectively monitored during controlled inpatient detoxification: Cannabis withdrawal syndrome and its correlation with delta-9-tetrahydrocannabinol and -metabolites in serum. In: Drug Alcohol Depend 143. Pp. 189-197.
16. Bonnet, U & Preuss, UW (2017). The cannabis withdrawal syndrome: current insights. In: Subst Abuse Rehabil 8. Pp. 9-37.
17. Brand, H, Künzel, J, Pfeiffer-Gerschel, T & Braun, B (2016). Cannabisbezogene Störungen in der Suchthilfe: Inanspruchnahme, Klientel und Behandlungserfolg. In: Sucht 62 (1). 9-21.
18. Brook, JS, Lee, JY, Finch, SJ, Koppel, J & Brook, DW (2011). Psychosocial factors related to cannabis use disorders. In: Subst Abuse 32 (4). Pp. 242-251.
19. Brzozka, M, Fischer, A, Falkai, P & Havemann-Reinecke, U (2011). Acute treatment with cannabinoid receptor agonist WIN55212,2 improves prepulse inhibition in psychosocially stressed mice. In: Behav Brain Res 218. Pp. 280-287.
20. Budney, AJ, Hughes, JR, Moore, BA & Vandrey, R (2004). Review of the validity and significance of cannabis withdrawal syndrome. In: American Journal of Psychiatry 161. Pp. 1967-1977.

21. Budney, AJ & Hughes, JR (2006a). The cannabis withdrawal syndrome. In: Curr Opin Psychiatry 19. Pp. 233-238.

22. Bücheli, A (2014). Schadensminderung und Cannabis: Ist Safer Use möglich? In: SuchtMagazin, Ausgabe 2/2014.

23. Burdzovic, Pape & Bretteville-Jensen (2016). Who are the adolescents saying „NO" to cannabis offers. In: Drug and Alcohol Dependence 163.

24. Calabria, B, Degenhardt, L, Hall, WD & Lynskey, MT (2010a). Does cannabis use increase the risk of death? Systematic review of epidemiological evidence on adverse effects of cannabis use. In: Drug Alcohol Rev 29 (3). Pp. 318-330.

25. Calabria, B, Degenhardt, L, Briegleb, C, Vos, T, Hall, WD, Lynskey, MT, Callaghan, B, Rana, U & McLaren, J (2010b). Systematic review of prospective studies investigating „remission" from amphetamine, cannabis, cocaine or opioid dependence. In: Addict Behav 35 (8). Pp. 741-749.

26. Cochrane Glossar (2017). Cochrane Deutschland. In: http://www.cochrane.de/de/cochrane-glossar.

27. Coffey, C & Patton, GC (2016). Cannabis Use in Adolescence and Young Adulthood: A Review of Findings from the Victorian Adolescent Health Cohort Study. In: Canadian Journal of Psychiatry 61 (6). Pp. 318-327.

28. Cohen, K & Weinstein, KM (2018). Synthetic and Non-Synthetic Cannabinoid-Drugs and Their Adverse Effects – A review from Public Health Perspective. In: Frontiers in Public Health 6.

29. Cougle, JR et al. (2015). Quality of life and risk of psychiatric disorders among regular users of alcohol, nicotine, and cannabis: an analysis of the National Epidemiological Survey on Alcohol and Related Conditions (NESARC). In: Journal of Psychiatry Res 66-67. Pp. 135-141.

30. Cousijn, J, Vingerhoets, WAM, Koenders, L et al. (2013). Relationship between working-memory network function and substance use: a 3-year longitudinal fMRI study in heavy cannabis users and controls. In: Addict Biol 19. Pp. 282-293.

31. Crippa, JAS, Derenusson, GN, Chagas, MH et al. (2012). Pharmacological interventions in the treatment of the acute effects of cannabis: a systematic review of literature. In: Harm Reduction Journal 9. P. 7.

32. Daldrup, T, Käferstein, H, Köhler, H, Maier, R & Musshoff, F (2000). Entscheidung zwischen einmaligem/gelegentlichem und regelmäßigem Cannabiskonsum. In: Blutalkohol 37. 39ff.

33. Degenhardt, L, Coffey, C, Romaniuk, H et al. (2013). The persistence of the association between adolescent cannabis use and common mental disorders into young adulthood. In: Addiction 108. Pp. 124-133.

34. DER SPIEGEL; Sarovic, A (2019). Kanadas Cannabispolitik – Der Rausch ist verflogen. 22.12.2019.

35. Deutsche Hauptstelle für Suchtfragen (DHS; Hrsg.)(2004b). Cannabis. In: http://www.optiserver.de/dhs/substanzen. Stand: 15.11.2006. In: http://www.dhs-intern.de/dhs/substanzen_cannabis.html.

36. Deutsche Hauptstelle für Suchtfragen (DHS; Hrsg.)(2012). Jahrbuch Sucht. Hamm: DHS.

37. Deutsche Hauptstelle für Suchtfragen (DHS; Hrsg.)(2016a). Jahrbuch Sucht. Lengerich: Pabst Science Publishers.

38. Deutsche Hauptstelle für Suchtfragen (DHS; Hrsg.)(2016b). Factsheet Alkohol: Mythen und Meinungen. Hamm: DHS.

39. Deutsche Hauptstelle für Suchtfragen (DHS; Hrsg.)(2016c). Cannabispolitik. Maßnahmen zur Befähigung, zum Schutz und Hilfen für junge Menschen. Hamm: DHS.

40. Deutsche Hauptstelle für Suchtfragen (DHS; Hrsg.)(2017a). Cannabis Basisinformationen. Hamm.

41. Deutsche Hauptstelle für Suchtfragen (DHS); Wirth, N (Hrsg.)(2017b). Suchtprävention in der Heimerziehung. Handbuch zum Umgang mit legalen wie illegalen Drogen, Medien und Ernährung. Hamm.

42. Deutsches Cochrane-Zentrum, Arbeitsgemeinschaft der Wissenschaftlichen Medizinischen Fachgesellschaften, Institut für Medizinisches Wissensmanagement, Ärztliches Zentrum für Qualität in der Medizin (2013). Manual Systematische Literaturrecherche für die Erstellung von Leitlinien. 1. Auflage. In: http://www.freidok.uni-freiburg.de/volltexte/9020/. Verfügbar in:

DCZ: http://www.cochrane.de/de/webliographie-litsuche;

AWMF: http://www.awmf.org/leitlinien/awmfregelwerk/ll-entwicklung.html;

ÄZQ: http://www.aezq.de/aezq/publikationen/kooperation.

43. Deutsches Netzwerk Evidenzbasierte Medizin e. V. (DNEbM)(2011). Glossar 2011. In: http://www .ebm-netzwerk.de/was-ist-ebm/images/dnebm-glossar-2011.pdf/view.

44. Dollinger, B & Schmidt-Semisch, H (Hrsg.)(2007). Sozialwissenschaftliche Suchtforschung. Wiesbaden.

45. Ehrenreich, H, Rinn, T, Kunert, HJ, Moeller, MR, Poser, W, Schilling, L, Gigerenzer, G & Hoehe, MR (1999). Specific attentional dysfunction in adults following early start of cannabis use. In: Psychopharmacology 142 (3). Pp. 295-301.

46. Eisenmeier, S (2003). Warum Cannabis doch gefährlich ist. In: Der Neurologe Psychiater. H. 6. 34-38.

47. Emrich, HM (2007). Identität als Prozess. Würzburg.

48. Fahrenkrug, H (1998). Risikokompetenz - eine neue Leitlinie für den Umgang mit „riskanten Räuschen". In: Akzeptanz. 6. Jg. H. 2. 18-22.

49. Fergusson, DM & Boden, JM (2008a) Cannabis use and later life outcomes. In: Addiction 103 (6). Pp. 969–976; discussion Pp. 977-968.

50. Fergusson, DM, Boden, J & Horwood, LJ (2008b). The developmental antecedents of illicit drug use: evidence from a 25-year longitudinal study. In: Drug Alcohol Depend 96 (1). Pp. 165-177.

51. Fergusson, DM & Boden, JM (2015). Commentary on Hall. The health effects of recreational cannabis use. In: Addiction 110. Pp. 36-37.

52. Filbey, FM et al. (2015). Combined effects of marijuana and nicotine on memory performance and hippocampal volume. In: Behav Brain Res 293. Pp. 46-53.

53. Fischer, FM (2013). Cannabis bei Jugendlichen: Wo ist das Problem? In: Niedersächsisches Ärzteblatt 6/2013. Hannover.

54. FORSA (2017). Fakten für Deutschland. 3. Bekifft in Deutschland. In: https://fakten.forsa.de/b4dd 3341b7621507420aebbfefb850ec#bekifft-in-deutschland.

55. Galli, JA, Sawaya, RA & Friedenberg, FA (2011). Cannabinoid hyperemesis syndrome. In: Curr Drug Abuse Rev 4. Pp. 241-249.

56. Geschwinde, T (2003). Rauschdrogen. Marktformen und Wirkungsweisen. Heidelberg: Springer.

57. Gessford, AK, John, M, Nicholson, B & Trout, R (2012). Marijuana induced hyperemesis: a case report. In: W V Med Journal 108. Pp. 20-22.

58. Gibbs, M, Winsper, C, Marwaha, S, Gilbert, E, Broome, M & Singh, SP (2014). Cannabis use and mania symptoms: A systematic review and metaanalysis. In: Journal Affect Disord 23. Pp. 39-47.

59. Goode, E (1971). Drug Use and Grades in Colleges. In: Nature 234. Pp. 225-227.

60. Gouzoulis-Mayfrank, E, Becker, S, Pelz, S. et al (2002). Neuroendocrine abnormalities in recreational ecstasy (MDMA) users: is it ecstasy or cannabis? In: Biological Psychiatry 51 (9). Pp. 766-769.

61. Grant, BF & Pickering, R (1999). The relationship between cannabis use and DSM-IV cannabis abuse and dependence: results from the national longitudinal alcohol epidemiologic survey. In: Journal of Substance Abuse 10 (3). Pp. 255-264.

62. Greenwood, C, Youssef, G, Betts, K, Letcher, P, McIntosh, J, Spry, E, Hutchinson, D, Macdonald, J, Hagg, L, Sanson, A, Toumbourou, J & Olsson, C (in press). A comparative examination of longitudinal modelling approaches: Alcohol and cannabis use from adolescence to young adulthood. In: Drug and Alcohol Dependence.

63. Grotenhermen, F (2004b). How to prevent cannabis-induced psychological distress … in politicians. In: Lancet 363. Pp. 1568-1569.

64. Grotenhermen, F (2006). Pharmakologie: Wirkungen von Cannabis auf Körper und Psyche. In: Kolte, B, Schmidt-Semisch, H & Stöver, H (Hrsg.). Was tun, wenn Cannabis zum Problem wird? Frankfurt/Main.

65. Grotenhermen, F (2018). Phytocannabinoide. In: von Heyden, M, Jungaberle, H & Majic, T (Hrsg.). Handbuch psychoaktive Substanzen. Berlin, Heidelberg: Springer. 487-496.

66. Grover, S & Basu, D (2004). Cannabis and psychopathology: update 2004. In: Indian Journal of Psychiatry 46. Pp. 299-309.

67. Guyatt, GH, Oxman, AD, Vist, GE et al. (2008). Rating quality of evidence and strength of recommendations: GRADE: an emerging consensus on rating quality of evidence and strength of recommendations. In: BMJ 336. P. 924.

68. Guyatt, GH, Oxman, AD, Vist, G, Kunz, R, Brozek, J, Alonso-Coello, P, Montori, V, Akl, EA, Djulbegovic, B, Falck-Ytter, Y, Norris, SL, Williams, JW, Jr., Atkins, D, Meerpohl, J & Schunemann, HJ (2011). GRADE guidelines: 4. Rating the quality of evidence-study limitations (risk of bias). In: Journal Clin Epidemiol 64 (4). Pp. 407-415.

69. Haffajee, RL, MacCoun, RJ & Mello, MM (2018). Behind Schedule – Reconciling Federal and State Marijuana Policy. In: New England Journal of Medicine 379 (6). Pp. 501-504.

70. Hall, WD & Solowij, N (1998). Adverse effects of cannabis. In: Lancet 352. Pp. 1611-1616.

71. Hall, WD & Pacula, RL (2003). Cannabis use and dependence: Public health and public policy. Cambridge, UK: Cambridge University Press.

72. Hall, WD (2015). What has research over the past two decades revealed about the adverse health effects of recreational cannabis use? In: Addiction 110. Pp. 19-35.

73. Hasin, DS, Bradley, TK, Tulshi, DS, et al. (2016). Prevalence and Correlates of DSM-5 Cannabis Use Disorder, 2012-2013: Findings from the National Epidemiologic Survey on Alcohol and Related Conditions–III. In: American Journal of Psychiatry, http://doi:10.1176/appi.ajp.2015.150 70907.

74. Hawryluk, M (2017). Mainstreaming marijuana: Pot legalization is revealing unintended consequences. Ed. The Bulletin. In: http://www.bendbulletin.com/health/4718634-151/mainstrea ming-marijuana.

75. Hayatbakhsh, MR, Najman, JM, Jamrozik, K, Mamun, AA, O'Callaghan, MJ & Williams, GM (2009). Childhood sexual abuse and cannabis use in early adulthood: findings from an Australian birth cohort study. In: Arch Sex Beh 38 (1). Pp. 135-142.

76. Henquet, C, Krabbendam, L, de Graaf, R, ten Have, M & van Os, J (2006). Cannabis use and expression of mania in the general population. In: Journal Affect Disord 95. P. 103.

77. Herkenham, M, Lynn, AB, Little, MD et al. (1990). Cannabinoid receptor localization in brain. In: Proc Natl Academy Science U S A 87. Pp. 1932-1936.

78. Hermann, D (2015). Gesundheitliche Folgen von Cannabiskonsum: Betrachtungen aus einer neurobiologischen und psychiatrischen Perspektive. In: Konturen online. Fachportal zu Sucht und sozialen Fragen.

79. Hezode, C, Roudot-Thoraval, F, Nguyen, S et al. (2005). Daily cannabis smoking as a risk factor for progression of fibrosis in chronic hepatitis C. In: Hepatology 42. Pp. 63-71.

80. Hibell, B, Guttormson, U, Ahlström, S et al. (2009). The 2007 ESPAD report. Substance use among students in 35 European countries. Stockholm: CAN.

81. Hibell, B, Guttormson, U, Ahlström, S, et al. (2012). The 2011 ESPAD report. Substance use among students in 36 European countries. Stockholm: CAN.

82. Higgins, J & Green, S (2011). Cochrane Handbook for Systematic Reviews of Interventions. Vol Version 5.1.0. Cochrane Collaboration, Institut für Medizinisches Wissensmanagement & Ärztliches Zentrum für Qualität in der Medizin (2013). Manual Systematische Literaturrecherche für die Erstellung von Leitlinien. 1. Aufl. In: DCZ: http://www.cochrane.de/de/webliographie-litsuche; AWMF: http://www.awmf.org/leitlinien/awmf-regelwerk/ll-entwicklung.html; ÄZQ: http://www .aezq.de/aezq/publikationen/kooperation.

83. Hoch, E, Bonnet, U, Thomasius, R, Ganzer, F, Havemann-Reinecke, U & Preuss, UW (2015). Risiken bei nichtmedizinischem Gebrauch von Cannabis. In: Deutsches Ärzteblatt 16. 271-278.

84. Hoch, E, Schneider, M, Friemel, CM et al. (2017a). Cannabis: Potential und Risiken: Eine wissenschaftliche Analyse (CaPRis). Kurzbericht. In: https://www.bundesgesundheitsministerium.de/ fileadmin/Dateien/5_Publikationen/Drogen_und_Sucht/Berichte/Kurzbericht/171127_Kurzberic ht_CAPRis.pdf.

85. Hoch, E, Friemel, CM & Schneider, M (Hrsg.)(2017b). Cannabis: Potential und Risiko. Ergebnisse einer wissenschaftlichen Analyse (CaPRis). Heidelberg: Springer.

86. Hoch, E, Friemel, CM & Schneider, M (Hrsg.)(2019a). Cannabis: Potenzial und Risiko. Eine wissenschaftliche Bestandsaufnahme. 1. Auflage. Berlin, Heidelberg. Springer.

87. Hoch, E (2019b). Interview für das Jetzt-Magazin der Süddeutschen Zeitung. In: https://www.jetzt .de/drogen/cannabis-eva-hoch-ueber-die-legalisierung-abhaengigkeit-und-chancen, aufgerufen am 24.11.2019.

88. Hoffmann, K (2005). Jugend im Rausch?! In: Sozialmagazin, 18. Jg. H. 12. 55-56.

89. Holm-Hadulla, RM (2016). „Kiffen schrumpft das Hirn". Interview mit der Zeitschrift CICERO am 18. Dezember 2016. In: https://www.cicero.de/kultur/cannabislegalisierung-kiffen-schrumpft-das-hirn, aufgerufen am 09.03.2019.

90. Horn WR (2004). Cannabis-Prävention in der pädiatrischen Praxis. In: Kinder- und Jugendarzt. 35 (5). 343-353.

91. Hurrelmann, K & Quenzel, G (2012). Lebensphase Jugend. Eine Einführung in die sozialwissenschaftliche Jugendforschung. 11., vollständig überarbeitete Auflage. Weinheim: Beltz Juventa.

92. Hu, SS & Mackie, K (2015). Distribution of the Endocannabinoid System in the Central Nervous System. In: Handb Exp Pharmacol 231. Pp. 59-93.

93. Iversen, L (2003). Cannabis and the brain. In: Brain 126 (6). Pp. 1252-1270.

94. Johnson, JR, Burnell-Nugent, M, Lossignol, D, Ganae-Moton, ED, Potts, R & Fallon, MT (2010). Multicenter, double-blind, randomized, placebo-controlled, parallel-group study of the efficacy, safety, and tolerability of THC: CBD extract and THC extract in patients with intractable cancer-related pain. In: Journal Pain Symptom Manage 39 (2). Pp. 167-179.

95. Johnston, LD, O'Malley, PM, Bachman, JG, Schulenberg, JE & Miech, RA (2015). Monitoring the Future national survey results on drug use. 1975-2014: Volume 2, College students and adults ages 19-55. Ann Arbor: The University of Michigan, Institute for Social Research.

96. Kalke, J, Verthein, U & Stöver, H (2005). Seuche Cannabis? Kritische Anmerkungen zu neueren epidemiologischen Studien. In: Suchttherapie, 5. Jg. H. 6. 108-115.

97. Kalke, J & Verthein, U (2017). Kontrollierte Abgabe von Cannabis als wissenschaftlicher Modellversuch – aktueller Stand und Perspektiven in Deutschland. In: Rausch. Wiener Zeitschrift für Suchttherapie 6 (3). 114-120.

98. Karila, L, Roux, P & Rolland, B (2014). Acute and Long-Term Effects of Cannabis Use: A Review. In: Current Pharmaceutical Design 20 (25). Pp. 4112-4118.

99. Kassirer, JP (1997). Federal Foolishness and Marijuana. In: N Engl Journal Med 336. Pp. 366-367.

100. Kedzior, KK & Laeber, LT (2014). A positive association between anxiety disorders and cannabis use or cannabis use disorders in the general population-a meta-analysis of 31 studies. In: BMC psychiatry 14. P. 136.

101. Kent, K (2016). CO hospitals see dramatic spike in pot-related illnesses. Ed. KTVZ News. In: http://www.ktvz.com/news/bend/c-o-hospitals-see-dramatic-spike-in-pot-related-illnesses/ 69167250.

102. Kessler, RC, Berglund, P, Chiu, WT et al. (2004). The US National Comorbidity Survey Replication (NCS-R): design and field procedures. In: International Journal Methods Psychiatry Res 13. Pp. 69-92.

103. Kilmer, B, Kruithof, K, Pardal, M, Caulkins, JP, & Rubin, J (2013a). Multinational overview of cannabis production regimes. Cambridge: RAND Europe.

104. Kleiber, D & Kovar, KA (1998a). Auswirkungen des Cannabiskonsums. Eine Expertise zu pharmakologischen und psychosozialen Konsequenzen. Stuttgart: Wissenschaftliche Verlagsgesellschaft.

105. Kleiber, D & Soellner, R (1998b). Cannabiskonsum. Entwicklungstendenzen, Konsummuster und Risiken. Weinheim.

106. Kleiber, D & Soellner, R (2004). Psychosoziale Risiken des Cannabis-Konsums. In: DHS/Gassmann, R (Hrsg.). Cannabis. Neue Beiträge zu einer alten Diskussion. Freiburg.

107. Kopp, P, Ben Lakhdar, C & Perez, R (2014). Cannabis: réguler le marché pour sortir de l'impasse. Paris: terra nova.

108. Kraus, L & Augustin, R (2001). Repräsentativerhebung zum Gebrauch psychoaktiver Substanzen bei Erwachsenen in Deutschland. Sonderheft der Zeitschrift Sucht.

109. Kraus, L, Pabst, A & Piontek, D (2011). Europäische Schülerstudie zu Alkohol und anderen Drogen 2011 (ESPAD). Befragung von Schülerinnen und Schülern der 9. und 10. Klassen in Bayern, Berlin, Brandenburg, Mecklenburg-Vorpommern und Thüringen (IFT-Berichte). München: Institut für Therapieforschung.

110. Kraus, L, Pabst, A, Piontek, D & Gomes de Matos, E (2013). Substanzkonsum und substanzbezogene Störungen: Trends in Deutschland 1980–2012. In: Sucht 59. 33-345.

111. Kraus, L, Pabst, A, Gomes de Matos, E & Piontek, D (2014). Kurzbericht Epidemiologischer Suchtsurvey 2012. Tabellenband: Prävalenz des Konsums illegaler Drogen, multipler Drogenerfahrung und drogenbezogener Störungen nach Geschlecht und Alter im Jahr 2012. München: IFT.

112. Kraus, L, Piontek, D, Seitz, N & Schoeppe, M (2016b). Europäische Schülerstudie zu Alkohol und anderen Drogen 2015 (ESPAD): Befragungen der Schülerinnen und Schüler der 9. und 10. Klasse in Bayern. IFT-Berichte Bd. 188. München: Institut für Therapieforschung.

113. Kraus, L, Piontek, D, Atzendorf, J & Gomes de Matos, E (2016). Zeitliche Entwicklungen im Substanzkonsum in der deutschen Allgemeinbevölkerung. Ein Rückblick auf zwei Dekaden. In: Sucht 62. 283-294.

114. Kuntz, H (2005). Cannabis ist immer anders. Haschisch und Marihuana: Konsum – Wirkung – Abhängigkeit. Weinheim: Beltz.

115. Kuntz, H (2012). Haschisch. Konsum – Wirkung – Abhängigkeit – Selbsthilfe – Therapie. Weinheim: Beltz.

116. Kupfer, DJ, Detre, T, Koral, J & Fajans, P (1973). A Comment on the „Amotivational Syndrome" in Marijuana Smokers. In: American Journal of Psychiatry 130 (12). Pp. 1319-1322.

117. Lai, H & Sitharthan, T (2012). Exploration of the comorbidity of cannabis use disorders and mental health disorders among inpatients presenting to all hospitals in New South Wales, Australia. In: American Journal Drug Alcohol Abuse 38. P. 567.

118. Lampert, T & Thamm, M (2007). Tabak-, Alkohol- und Drogenkonsum von Jugendlichen in Deutschland. Ergebnisse des Kinder- und Jugendsurveys (KIGGS). Bundesgesundheitsblatt – Gesundheitsforschung - Gesundheitsschutz 50 (5-6). 600-608.

119. Leune, J (2014). Suchtkrankenhilfe in Deutschland – Versorgung abhängigkeitserkrankter Menschen in Deutschland. In: Deutsche Hauptstelle für Suchtfragen (Hrsg.). Jahrbuch Sucht 2014. Lengerich: Pabst Science Publishers. S181-S196.

120. Levine, A, Clemenza, K, Rynn, M & Lieberman, J (2017). Evidence for the Risks and Consequences of Adolescent Cannabis Exposure. In: Journal American Academy Child Adolesc Psychiatry 56 (3). Pp. 214-225.

121. Lewin, S, Glenton, C, Munthe-Kaas, H, Carlsen, B, Colvin, CJ, Gulmezoglu, M, Noyes, J, Booth, A, Garside, R & Rashidian, A (2015). Using qualitative evidence in decision making for health and social interventions: an approach to assess confidence in findings from qualitative evidence syntheses (GRADE-CERQual). In: PLoS Med 12 (10). P. e1001895.

122. López, HH (2010). Cannabinoid–hormone interactions in the regulation of motivational processses. In: Hormones and behavior 58 (1). Pp. 100-110.

123. Lopez-Quintero, C, Pérez de los Cobos, J, Hasin, DS et al. (2011). Probability and predictors of transition from first use to dependence on nicotine, alcohol, cannabis, and cocaine: results of the National Epidemiologic Survey on Alcohol and Related Conditions (NESARC). In: Drug Alcohol Depend 115. Pp. 120-130.

124. Lubman, DI, Cheetham, A & Yücel, M (2015). Cannabis and adolescent brain development. In: Pharmacology & Therapeutics. DOI: 10.1016/j.pharmthera.2014.11.009.

125. Luijten, M, Schellekens, AF, Kühn, S, Machielse, MWJ & Sescousse, G (2017). Disruption of Reward Processing in Addiction An Image-Based Meta-analysis of Functional Magnetic Resonance Imaging Studies. In: JAMA 74 (4). Pp. 387-398.

126. Lutz, B, Marsicano, G, Maldonado, R & Hillard, CJ (2015). The endocannabinoid system in guarding against fear, anxiety and stress. In: Nature Rev Neurosci 16 (12). Pp. 705-718.

127. Macleod, J, Oakes, R, Copello, A, Crome, I, Egger, M, Hickman, M, Oppenkowski, T, Stokes-Lampard, H & Smith, GD (2004). Psychological and social sequelae of cannabis and other illicit drug

use by young people: a systematic review of longitudinal, general population studies. In: Lancet 363. Pp. 1579-1588.

128. Malfitano, AM, Basu, S, Maresz, K, Bifulco, M & Dittel, BN (2014). What we know and do not know about the cannabinoid receptor 2 (CB2). In: Seminars in immunology. Vol 5. Pp. 369-379.

129. Marsicano, G, Wotjak, CT, Azad, SC, et al. (2002). The endogenous cannabinoid system controls extinction of aversive memories. In: Nature 418 (6897). Pp. 530-534.

130. Martin-Santos, R, Fagundo, AB, Crippa, JA, Atakan, Z, Bhattacharyya, S, Allen, P, Fusar-Poli, P, Borgwardt, S, Seal, M, Busatto, GF & McGuire P (2010). Neuroimaging in cannabis use: a systematic review of the literature. In: Psychol Med 40 (3). Pp. 383-398.

131. Mateo, I, Infante, J, Gomez Beldarrain, M & Garcia-Monco, JC (2006). Cannabis and cerebrovascular disease. In: Neurologica 21. Pp. 204-208.

132. Matos, E Gomes de, Atzendorf, J, Kraus, L & Piontek, D (2016). Substanzkonsum in der Allgemeinbevölkerung in Deutschland. In: SUCHT 62 (5), 271-281. DOI: 10.1024/0939-5911/a000445.

133. Maxwell, JC & Mendelson, B (2016). What do we know about the impact of the laws related to marijuana? In: Journal of Addiction Medicine. Vol. 10 (1). Pp. 3-12.

134. McGlothlin, W & West, J (1968). The Marihuana Problem: An Overview. In: American Journal Psychiat 125. Pp. 370-378.

135. McRae-Clark, AL et al. (2011). Stress- and cueelicited craving and reactivity in marijuana dependent individuals. In: Psychopharmacology (Berl) 218 (1). Pp. 49-58.

136. Medina, KL, Hanson, KL, Schweinsburg, AD et al. (2007). Neuropsychological functioning in adolescent marijuana users: Subtle deficits detectable after a month of abstinence. In: Journal International Neuropsychol Soc 13. Pp. 807-820.

137. Meier, MH, Caspi, A, Abler, A et al. (2012). Persistent cannabis users show neuropsychological decline from childhood to midlife. In: Proc Natl Academy Sci 109. Pp. 15970-15971.

138. Meyer, G, von Meduna, M & Brosowski, T (2015). Spieler- und Jugendschutz in Spielhallen: Ein Praxistest Sucht. 61 (1).

139. Miech, RA, Johnston, LD, O'Malley, PM, Bachman, JG, Schulenberg, JE & Patrick, ME (2018). Monitoring the Future national survey results on drug use, 1975–2017: Volume I. Secondary school students. Ann Arbor: The University of Michigan, Institute for Social Research.

140. Montanari, L, Guarita, B, Mounteney, J, Zipfel, N & Simon, R (2017). Cannabis Use among People Entering Drug Treatment in Europe: A Growing Phenomenon? In: European Addict Res 23 (3). Pp. 113-121.

141. Muniyappa, R, Sable, S, Ouwerkerk, R et al. (2013). Metabolic effects of chronic cannabis smoking. In: Diabetes Care 36. Pp. 2415-2422.

142. Musshoff, F & Madea, B (2006). Review of biologic matrices (urine, blood, hair) as indicators of recent or ongoing cannabis use. In: Ther Drug Monit 28. Pp. 155-163.

143. Nelson, CB, Retam, J, Urtun, TB, Grant, B & Chatterji, S (1999). Factor structures for DSM-IV substance disorder criteria endorsed by alcohol, cannabis, cocaine and opiate users: results from the WHO reliability and validity study. In: Addiction 94 (6). Pp. 843-855.

144. Ng, L, Khan, F, Young, CA & Galea, M (2017). Symptomatic treatments for amyotrophic lateral sclerosis/motor neuron disease. Cochrane Database of Systematic Reviews. In: https://doi.org/10.1002/14651858.CD011776.pub2.

145. Niesink, RJM & van Laar, MW (2013). Does cannabidiol protect against adverse psychological effects of THC? In: Frontiers in Psychiatry 4. P. 130.

146. Nutt, D, King, LA, Saulsbury, W & Blakemore, C (2007). Development of a rational scale to assess the harm of drugs of potential misuse. In: The Lancet. Bd. 369. Pp. 1047-1053. doi:10.1016/ S014 0-6736(07)60464-4.

147. Nutt, DJ, King, LA & Phillips, LD (2010). Drug harms in the UK: a multicriteria decision analysis. In: The Lancet. Vol 376, Issue 9752. Pp. 1558-1565.

148. OCEBM Levels of Evidence Working Group (Howick, J, Chalmers, I (James Lind Library), Glasziou, P, Greenhalgh, T, Heneghan, C, Liberati, A, Moschetti, I, Phillips, B, Thornton, H, Goddard, O &

Hodgkinson, M)(2011). The Oxford 2011 Levels of Evidence. Oxford Centre for Evidence-Based Medicine. In: http://www.cebm.net/index. aspx?o=5653.

149. Orth, B & Töppich, J (2015). Der Cannabiskonsum Jugendlicher und junger Erwachsener in Deutschland 2014. Ergebnisse einer aktuellen Repräsentativbefragung und Trends. Köln: Bundeszentrale für gesundheitliche Aufklärung.

150. Pabst, A, Kraus, L, Gomes de Matos, E & Piontek, D (2013). Substanzkonsum und substanzbezogene Störungen in Deutschland im Jahr 2012. In: Sucht 59. 321-331.

151. Pacheco-Colón, I, Limia, JM & Gonzalez, R (2018). Nonacute Effects of Cannabis Use on Motivation and Reward Sensitivity in Humans: A Systematic Review. In: Psychology of Addictive Behaviors 32 (5). Pp. 497-507.

152. Patsenker, E et al. (2011). Cannabinoid receptor type I modulates alcohol-induced liver fibrosis. In: Mol Med 17. Pp. 1285-1294.

153. Patton, AL, Chimalakonda, KC, Moran, CL, McCain, KR, Radominska-Pandya, A, James, LP, Kokes, C & Moran, JH (2013). K2 Toxicity: Fatal case of psychiatric complications following AM-2201 exposure. In: Journal Forensic Science 58 (6). Pp. 1676-1680.

154. Perkonigg, A et al. (2008). The natural course of cannabis use, abuse and dependence during the first decades of life. In: Addiction 103 (3). Pp. 439-449.

155. Petersen, KU & Thomasius, R, Universitätsklinikum Hamburg-Eppendorf (2006). Überblick über die aktuelle Forschungslage zu den Auswirkungen des Cannabiskonsums 1996-2006. Hamburg.

156. Petersen, KU & Thomasius, R (2007). Auswirkungen von Cannabiskonsum und -missbrauch. Lengerich: Pabst Science Publishers.

157. Püschel, K & Iwersen-Bergmann, S (2000). Drogen - ihre Wirkungen, Nebenwirkungen, Wechselwirkungen. In: Heudtlass, JH et al. (Hrsg.). Risiko mindern beim Drogengebrauch. Frankfurt/ Main.

158. Pourchez, J & Forest, V (2018). E-cigarettes: from nicotine to cannabinoids, the French situation. In: Lancet Respir Med 6 (5). Pp. e16.

159. Preuss, UW, Watzke, AB, Zimmermann, J, Wong, JW & Schmidt, CO (2010). Cannabis withdrawal severity and short-term course among cannabis-dependent adolescent and young adult inpatients. In: Drug Alcohol Depend 106. Pp. 133-141.

160. Rawal, SY, Tatakis, DN & Tipton, DA (2012). Periodontal and oral manifestations of marijuana use. In: Journal Tenn Dent Assoc 92. Pp. 26-31.

161. Reece, AS (2009). Chronic toxicology of cannabis. In: Clin Toxicol (Phila) 47. Pp. 517-524.

162. Rehm, J & Fischer, B (2015). Cannabis legalization with strict regulation, the overall superior policy option for public health. In: Clinical pharmacology & therapeutics. Vol. 97/6. Pp. 541-544.

163. Richter, KP & Levy, S (2014). Big marijuana—lessons from big tobacco. In: New England Journal of Medicine 371 (5). Pp. 399-401.

164. Rubio, F, Quintero, S, Hernandez, A et al. (1993). Flumazenil for coma reversal in children after cannabis. In: Lancet 341. Pp. 1028-1029.

165. Sackett, DL, Straus, SE, Richardson, WS, Rosenberg, W & Haynes, RB (2000). Evidence-Based Medicine. How to Practice and Teach EBM. 2nd edn. Edinburgh: Churchill Livingstone.

166. Satre, D, Bahorik, A, Zaman, T & Ramo, D (2018). Psychiatric disorders and comorbid cannabis use: how common is it and what is the clinical impact? In: Journal of Clinical Psychiatry 79 (5). 18ac12 267.

167. Schafer, G, Feilding, A, Morgan, CG, Agathangelou, M, Freeman, TP & Valerie Curran, H (2012). Investigating the interaction between schizotypy, divergent thinking, and cannabis use. In: Conscious Cogn 21. Pp. 292-298.

168. Schlieckau, J (2009). Die Designerdroge „Spice". In: EREV (Hrsg.). Evangelische Jugendhilfe 5/ 2009. 271-281.

169. Schlieckau, J (2013). Der Paternalismus-Streit in der Alkoholpolitik - Antithese zu Alfred Uhls Paternalismuskritik. In: Hößelbarth, S, Schneider, JM & Stöver, H (Hrsg.). Kontrollierter Kontrollverlust. Jugend - Gender - Alkohol, 107-140. Frankfurt a. M.: Fachhochschulverlag.

170. Schlömer, H (2017). Vortrag Cannabispolitik und Jugendschutz. FDR Kongress.

171. Schlossarek, S, Kempkensteffen, J, Reimer, J & Verthein, U (2016). Psychosocial Determinants of Cannabis Dependence: A Systematic Review of the Literature. In: European Addiction Research 22 (3). Pp. 131-144.

172. Schmidbauer, W & vom Scheidt, J (2004). Handbuch der Rauschdrogen. Frankfurt am Main: Fischer.

173. Schneider, M (2008). Puberty as a highly vulnerable developmental period for the consequences of cannabis exposure. In: Addict Biol 13 (2). Pp. 253-263.

174. Schneider, M, Kasanetz, F, Lynch, DL, Friemel, CM, Lassalle, O, Hurst, DP, Steindel, F, Monory, K, Schafer, C, Miederer, I, Leweke, FM, Schreckenberger, M, Lutz, B, Reggio, PH, Manzoni, OJ & Spanagel, R (2015). Enhanced Functional Activity of the Cannabinoid Type-1 Receptor Mediates Adolescent Behavior. In: Journal Neuroscience 35 (41). Pp. 13975-13988.

175. Schneider, W (1995). Risiko Cannabis? Bedingungen und Auswirkungen eines kontrollierten, sozial-integrierten Gebrauchs von Haschisch und Marihuana. Berlin.

176. Schroers, A (2015). Drug-Checking – ein sicheres Verfahren für Harm-Reduction und Monitoring? In: Deutsche Hauptstelle für Suchtfragen (Hrsg.). Jahrbuch Sucht 2015. Lengerich: Pabst. 261-273.

177. Sennett, R (2012). Zusammenarbeit. Was unsere Gesellschaft zusammenhält. München: Hanser Berlin.

178. Settertobulte, W & Richter, M (2007). Aktuelle Entwicklungen im Substanzkonsum Jugendlicher: Ergebnisse der „Health Behaviour in School-aged Children (HBSC)" Studie 2005/2006. In: Mann, K, Havemann-Reinecke, U & Gassmann, R (Hrsg.). Jugendliche und Suchtmittelkonsum. Trends - Grundlagen - Maßnahmen. Freiburg: Lambertus. 7-27.

179. Shea, BJ, Grimshaw, JM, Wells, GA, Boers, M, Andersson, N, Hamel, C et al. (2007). Development of AMSTAR: a measurement tool to assess the methodological quality of systematic reviews. In: BMC Med Res Methodol 7: 10 doi:10.1186/1471-2288-7-10.

180. Shekelle, PG, Woolf, SH, Eccles, M & Grimshaw, J (1999). Developing guidelines. In: British Medical Journal 318. Pp. 593-596.

181. Sherva, R, Wang, Q, Kranzler, H, Zhao, H, Koesterer, R, Herman, A, Farrer, LA & Gelernter, J (2016). Genomewide association study of cannabis dependence severity, novel risk variants, and shared genetic risks. In: JAMA Psychiatry 73 (5). Pp. 472-480.

182. Sidney, S, Beck, JE, Tekawa, IS, Quesenberry, CP & Friedman, GD (1997). Marijuana use and mortality. In: American Journal of Public Health 87. Pp. 585-590.

183. Siebenand, S (2008). Modedroge Spice. Das legale Marihuana. In: Pharmazeutische Zeitung 47/2008.

184. Sieber, M (1993). Drogenkonsum. Einstieg und Konsequenzen. Bern.

185. SIGN (2015). Scottisch Intercollegiate Guidelines Network 50 Methodology Checklist. Edinburgh, United Kingdom.

186. Silins, E, Horwood, LJ, Patton, GC, Fergusson, DM, Olsson, CA, Hutchinson, DM, et al. (2014). Young adult sequelae of adolescent cannabis use. An integrative analysis. In: The Lancet Psychiatry 1 (4). Pp. 286-293. DOI: 10.1016/S2215-0366(14)70307-4.

187. Soellner, R (2000). Abhängig von Haschisch? Cannabiskonsum und psychosoziale Gesundheit. Bern: Huber.

188. Stempel, K (2007). Rauschgiftlage 2005. In: Jahrbuch Sucht 07. Geesthacht.

189. Stinson, FS, Ruan, WJ, Pickering, R & Grant, BF (2006). Cannabis use disorders in the USA: prevalence, correlates and co-morbidity. In: Psychol Med 36. Pp. 1447-1460.

190. Swift, W, Hall, WD & Teesson, M (2001). Characteristics of DSM-IV and ICD-10 cannabis dependence among Australian adults: results from a national survey of mental health and wellbeing. In: Drug Alcohol Depend 62. Pp. 147-153.

191. Swift, W, Coffey, C, Carlin, JB, Degenhardt, L & Patton, GC (2008). Adolescent cannabis users at 24 years: trajectories to regular weekly use and dependence in young adulthood. In: Addiction 103 (8). Pp. 1361-1370.

192. Täschner, KL (1994). Drogen, Rausch und Sucht. Stuttgart.

193. Täschner, KL (2005). Cannabis. Biologie, Konsum und Wirkung. Köln: Deutscher Ärzte-Verlag.

194. Tanasescu, R & Constantinescu, CS (2010). Cannabinoids and the immune system: an overview. In: Immunobiology 215. Pp. 588-597.

195. Tanda, G & Goldberg, SR (2003). Cannabinoids: reward, dependence, and underlying neuroche-mical mechanisms - a review of recent preclinical data. In: Psychopharmacology 169. Pp. 115-134.

196. Tennant, FS & Groesbeck, CJ (1972). Psychiatric effects of hashish. In: Arch Gen Psychiatry 27. Pp. 133-136.

197. Tennstedt, D & Saint-Remy, A (2011). Cannabis and skin diseases. In: European Journal of Derma-tology 21. Pp. 5-11.

198. Tessmer, A, Berlin, N, Sussman, G, Leader, N, Chung, EC & Beezhold, D (2012). Hypersensitivity reactions to marijuana. In: Ann Allergy Asthma Immunol 108. Pp. 282-284.

199. Thomasius, R, Petersen, KU, Buchert, R et al. (2003). Mood, cognition and serotonin transporter availability in current and former ecstasy (MDMA) users. In: Psychopharmacology 167. Pp. 85-96.

200. Thomasius, R (2007). Auswirkungen von Cannabiskonsum und -missbrauch. Eine Expertise zu ge-sundheitlichen und psychosozialen Folgen. Ein Systematisches Review der international publi-zierten Studien von 1996-2006. Lengerich: Pabst.

201. Timberlake, DS (2009). A comparison of drug use and dependence between blunt smokers and other cannabis users. In: Subst Use Misuse 44 (3). Pp. 401-415.

202. Tomas-Roig, J, Benito, E, Agis-Balboa, RC, Piscitelli, F, Hoyer-Fender, S, DiMarzo, V & Havemann-Reinecke, U (2016). Chronic exposure to cannabinoids during adolescence causes long-lasting behavioral deficits in adult mice. In: Addict Biol. doi:10.1111/adb. 12446.

203. Tolzin, CJ (2017). Cannabis und Sucht. Vortrag MDK-Veranstaltung am 16.03.2017 in Dortmund.

204. Tossmann, P (2004). Konsum von Cannabis, Ecstasy und Amphetaminen: Gibt es einen sucht-spezifischen Hilfebedarf. In: Sucht 50 (3). 164-171.

205. Tossmann, P (2006). Cannabis – Zahlen und Fakten zum Konsum. In: Jahrbuch Sucht 2006.

206. Townsend, L, Flisher, AJ & King, G (2007). A systematic review of the relationship between high school dropout and substance use. In: Clin Child Family Psychol Rev 10 (4). Pp. 295-372.

207. Trebicka, J et al. (2011). Role of cannabinoid receptors in alcoholic hepatic injury: steatosis and fibrogenesis are increased in CB2 receptor deficient mice and decreased in CB1 receptor knock-outs. In: Liver Int 31 (6). Pp. 860-870.

208. Trecki, J, Gerona, RR & Schwartz, MD (2015). Synthetic Cannabinoid-Related Illnesses and Deaths. In: The New England Journal of Medicine 373 (2). Pp. 103-107.

209. Van Amsterdam, J, Nutt, D, Phillips, L & van den Brink, W (2015b). European rating of drug harms. In: Journal Psychopharmacol 29 (6). Pp. 655-660. Epub 2015 Apr 28.

210. Van den Bree, MB & Pickworth, WB (2005). Risk factors predicting changes in marijuana involve-ment in teenagers. In: Arch Gen Psychiat 62 (3). Pp. 311-319.

211. Van Treeck, B (1999). Cannabis. In: Drogen-Report, Heft 2. 52-54.

212. Volkow, ND, Baler, RD, Compton, WM, & Weiss, SRB (2014). Adverse Health Effects of Marijuana Use. In: The New England Journal of Medicine 370. Pp. 2219-2227.

213. Volkow, ND, Swanson, JM, Evins, E et al. (2015). Effects of Cannabis Use on Human Behavior, Including Cognition, Motivation, and Psychosis: A Review. In: JAMA Psychiatry 73 (3). Pp. 292-297. DOI: 10.1001/jamapsychiatry.2015.3278.

214. Wanke, K & Täschner, KL (1985). Rauschmittel. Drogen, Medikamente, Alkohol. 5. Auflage. Stutt-gart: Ferdinand Enke Verlag.

215. Watzke, AB, Schmidt, CO, Zimmermann, J et al. (2008). Personality disorders in a clinical sample of cannabis dependent young adults. In: Fortschr Neurol Psychiatr 76. Pp. 600-605.

216. Weber, G & Schneider, W (1997). Herauswachsen aus der Sucht. Berlin.

217. Weinstein, A, Brickner, O, Lerman, H, Greemland, M, Bloch, M, Lester, H, Chisin, R, Mechoulam, R, Bar Hamburger, R, Freedman, N & Even-Sapir, E (2008). Brain imaging study of the acute effects of Delta9tetrahydrocannabinol (THC) on attention and motor coordination in regular users of marijuana. In: Psychopharmacology 196 (1). Pp. 119-131.

218. Werse, B (2007). Cannabis in Jugendkulturen. Berlin: Archiv der Jugendkulturen.

219. Williams, J & Bretteville, AL (2014). Does liberalizing cannabis laws increase cannabis use? In: Journal of Health Economics 36. Pp. 20-21.

220. Whiting, PF, Savovic, J, Higgins, JP, Caldwell, DM, Reeves, BC, Shea, B, Davies, P, Kleijnen, J & Churchill, R (2016). ROBIS: A new tool to assess risk of bias in systematic reviews was developed. In: Journal Clin Epidemiol 69. Pp. 225-234.

221. Wittchen, HU & Lieb, R (2000). Vulnerabilität- und Protektionsfaktoren bei Frühstadien von Substanzmissbrauch und -abhängigkeit, Schlussbericht zum Forschungsvorhaben, Max-Plank-Institut für Psychiatrie, Klinische Psychologie und Epidemiologie. München.

222. Wittchen, HU, Fröhlich, C, Behrendt, S, Gunther, A, Rehm, J, Zimmermann, P, Lieb, R & Perkonigg, A (2007). Cannabis use and cannabis use disorders and their relationship to mental disorders: a 10-year prospective-longitudinal community study in adolescents. In: Drug Alcohol Depend 88 Suppl 1. Pp. S60-S70.

223. Wittchen, HU & Hoyer, J (2011). Was ist Klinische Psychologie? Definitionen, Konzepte und Modelle. In: Wittchen, HU & Hoyer, J (Hrsg.). Klinische Psychologie und Psychotherapie. 2. Aufl. Berlin: Springer. 3-25.

224. Zalesky, A, Solowij, N, Yücel, M et al. (2012). Effect of long-term cannabis use on axonal fibre connectivity Brain 135. Pp. 2245-2255.

225. Zondervan, KT (2011). Genetic Association Study Design. In: Zeggini, E & Morris, A (eds). Analysis of Complex Disease Association Studies. Burlington, MA, USA: Elsevir. Pp. 25-47.

A.2. Cannabiskonsum und vorgeburtliche Schäden

1. Day, N & Goldschmidt L, CAT (2006). Prenatal marijuana exposure contributes to the prediction of marijuana use at age 14. In: Addiction 101 (9). Pp. 1313-1322.

2. Day, N, Leech, S & Goldschmidt, L (2011). The effects of prenatal marijuana exposure on delinquent behaviours are mediated by measures of neurocognitive functioning. In: Neurotoxicol Teratol 33 (1). Pp. 129-136.

3. Gray, KA, Day, NL, Leech, S & Richardson, GA (2005). Prenatal marijuana exposure: effect on child depressive symptoms at ten years of age. In: Neurotoxicol Teratol 27. Pp. 439-448.

4. Gray, TR, Eiden, RD, Leonard, KE, Connors, GJ, Shisler, S & Huestis, MA (2010). Identifying prenatal cannabis exposure and effects of concurrent tobacco exposure on neonatal growth. In: Clin Chem 56. Pp. 1442-1450.

5. Gunn, J, Rosales, C, Center, K, Nunez, A, Gibson, S, Christ, C & Ehiri, J (2016). Prenatal exposure to cannabis and maternal and child health outcomes: a systematic review and meta-analysis. In: British Med Journal Open 6 (4). P. e009986.

6. Hardy, Noah (1991). Die Wirkung von Cannabis auf den Fötus und das Neugeborene. In: Internationales Symposium. Zürich. 205-215.

7. Hayatbakhsh, MR, Flenady, VJ, Gibbons, KS et al. (2012). Birth outcomes associated with cannabis use before and during pregnancy. In: Pediatr Res 71. Pp. 215-219.

8. Jansson, LM, Jordan, CJ & Velez, ML (2018). Perinatal Marijuana Use and the Developing Child. In: JAMA Jul 16.

9. Richardson, KA, Hester, AK & McLemore, GL (2016). Prenatal cannabis exposure-The „first hit" to the endocannabinoid system. In: Neurotoxicol Teratol 58. Pp. 5-14.

10. Williams, J & Ross, L (2007). Consequence of prenatal toxin exposure for mental health in children and adolescents: a systematic review. In: Eur Child Adolesc Psychiat 16 (4). Pp. 243-253.

11. Wu, CS, Jew, CP & Lu, HC (2011). Lasting impacts of prenatal cannabis exposure and the role of endogenous cannabinoids in the developing brain. In: Future Neurol 6. Pp. 459-480.

A.3. Cannabis als Einstiegsdroge / Gateway-Hypothese

1. Behrendt, S, Beesdo-Baum, K, Hofler, M, Perkonigg, A, Bühringer, G, Lieb, R & Wittchen, HU (2012). The relevance of age at first alcohol and nicotine use for initiation of cannabis use and progression to cannabis use disorders. In: Drug Alcohol Depend 123 (1-3). Pp. 48-56.
2. Bray, JW, Zarkin, GA, Ringwalt, C & Qi, J (2000). The relationship between marijuana initiation and dropping out of high school. In: Health Econ 9 (1). Pp. 9-18.
3. Degenhardt, L, Dierker, L, Chiu, WT et al. (2010). Evaluating the drug use „gateway" theory using cross-national data: consistency and associations of the order of initiation of drug use among participiants in the WHO World Mental Health Surveys. In: Drug Alcohol Depend 108. Pp. 84-97.
4. Fergusson, DM & Horwood, LJ (1997). Early onset cannabis use and psychosocial adjustment in young adults. In: Addiction 92. P. 279.
5. Fergusson, DM & Horwood, LJ (2000). Does cannabis use encourage other forms of illicit drug use? In: Addiction 95. Pp. 505-520.
6. Fontes, MA, Bolla, KI, Cunha, PJ, Almeida, PP, Jungerman, F, Laranjeira, RR, Bressan, RA & Lacerda, AL (2011). Cannabis use before age 15 and subsequent executive functioning. In: British Journal of Psychiatry 198 (6). Pp. 442-447.
7. Gruber, SA, Dahlgren, MK, Sagar, KA, Gonenc, A & Killgore, WD (2012). Age of onset of marijuana use impacts inhibitory processing. In: Neuroscience Lett 511 (2). Pp. 89-94.
8. Keyes, KM, Rutherforf, C & Miech, R (2019). Historical trends in the grade of onset and sequence of cigarette, alcohol, and marijuana use among adolescents from 1976-2016: Implications for "Gateway" patterns in adolescence. In: Drug and Alcohol Dependence 194. Pp. 51-58.
9. MacCoun, RJ (1998). In what sense (if any) is marijuana a gateway drug? In: FAS Drug Policy Analysis Bulletin. Issue 4.
10. Müller, S & Gmel, G, Schweizerische Fachstelle für Alkohol- und andere Drogenprobleme (Hrsg.) (2001). Veränderung des Einstiegsalters in den Cannabiskonsum: Ergebnisse der zweiten Schweizer Gesundheitsbefragung 1997. Lausanne.
11. Reuband, KH (1990). Vom Haschisch zum Heroin? Soziokulturelle Determinanten der Drogenwahl. In: Suchtgefahren 36. 1-17.
12. Van Gundy, K & Rebellon, CJ (2010). A Life-course perspective on the "gateway hypothesis". In: Journal Health Soc Behav 51. Pp. 244-259.
13. Zinkant, K (2006). Vom Joint an die Nadel? In: http://www.zeit.de/online/2006/28/cannabisein stiegsdroge?

A.4. THC-Werte in Cannabispflanzen

1. Cascini, F, Aiello, C & Di Tanna, G (2012). Increasing delta-9-tetrahydrocannabinol (Delta-9-THC) content in herbal cannabis over time: systematic review and meta-analysis. In: Curr Drug Abuse Rev 5. Pp. 32-40.
2. ElSohly, MA, Mehmedic, Z, Foster, S, Gon, C, Chandra, S & Church, JC (2016). Changes in cannabis potency over the last 2 decades (1995–2014): analysis of current data in the United States. In: Biol Psychiat 79 (7). Pp. 613-619.
3. Freeman, TP, Groshkova, T, Cunningham, A, Sedefov, R, Griffiths, P & Lynskey, MT (2018). Increasing potency and price of cannabis in Europe, 2006-2016. In: Addiction, doi.org/10.1111/add .14525.
4. Ginko (2007). Cannabis. Neue Gefahren durch „potentes" Cannabis? Informationen zur Suchtvorbeugung 2. Mühlheim.
5. Institut für Rechtsmedizin der Universität Bern (2006). Cannabis: eine immer potentere Droge. bernh_141003.pdf. In: http://www.rauschfaktor.de.
6. King, LA, Carpentier, C & Griffiths, P (2005). Cannabis potency in Europe. In: Addiction 7/2005. Pp. 215-222.

7. Swift, W, Wong, A, Li, KM, Arnold, JC & McGregor, IS (2013). Analysis of cannabis seizures in NSW, Australia: cannabis potency and cannabinoid profile. In: PLoS One 24. P. 8.

A.5. Cannabiskonsum und Psychose

1. Arseneault, L, Cannon, M, Witton, J & Murray, RM (2004). Causal association between cannabis and psychosis: examination of the evidence. In: British Journal of Psychiatry 184. Pp. 110-117.
2. Bhavsar, V (2015). Environmental factors, including cannabis, are strongly related to the age of onset and morbidity of schizophrenia. In: Evidence Based Mental Health 18 (3). P. 84.
3. Bloomfield, M et al. (2013). Dopaminergic Function in Cannabis Users and Its Relationship to Cannabis-Induced Psychotic Symptoms. In: Biological Psychiatry, Available online 29 June 2013, http://dx.doi.org/10.1016/j.biopsych.2013.05.027, https://www.imperial.ac.uk/news/124806/long-term-cannabis-blunt-brains-motivation-system/, aufgerufen am 09.03.2019.
4. Bossong, MG & Niesink, RJ (2010). Adolescent brain maturation, the endogenous cannabinoid system, and the neurobiology of cannabis-induced schizophrenia. In: Prog Neurobiol 92. Pp. 370-385.
5. Brzozka, M, Falkai, P & Havemann-Reinecke, U (2009). Für Schizophrenie braucht man Drei. In: Suchtmedizin 11. 98-110.
6. Buchy, L, Perkins, D, Woods, SW, Liu, L & Addington, J (2014). Impact of substance use on conversion to psychosis in youth at clinical high risk of psychosis. In: Schizophrenia Research 156. Pp. 277-280.
7. Burns, JK (2012). Cannabis use and duration of untreated psychosis: a systematic review and meta-analysis. In: Curr Pharm Des 18 (32). Pp. 5093–5104.
8. DiForti, M, Marconi, A, Carra, E, Fraietta, S, Trotta, A, Bonomo, M, Bianconi, F, Gardner-Sood, P, O'Connor, J, Russo, M, Stilo, SA, Mondelli, V, Dazzan, P, Pariante, C, David, AS, Gaughran, F, Atakan, Z, Iyegbe, C, Powell, J, Morgan, C, Lynskey, MT & Murray, RM (2015). Proportion of patients in south London with first-episode psychosis attributable to use of high potency cannabis: a case-control study. In: The Lancet Psychiatry, 16 February 2015.
9. DiForti, M, Quattrone, D, Freeman, TP, Tripoli, G, Gayer-Anderson, C, Quigley, H et al. (2019). The contribution of cannabis use to variation in the incidence of psychotic disorder across Europe (EU-GEI): a multicentre case-control study. In: The Lancet Psychiatry. Vol. 6 (5). Pp. 427-436.
10. European Network of National Schizophrenia Networks Studying Gene-Environment Interactions (EU-GEI)(2018). Treated Incidence of Psychotic Disorders in the Multinational EU-GEI Study. In: JAMA Psychiatry 75. Pp. 36-46.
11. Ferdinand, RF, Sondeijker, F, van der Ende, J, Selten, JP, Huizink, A & Verhulst, FC (2005). Cannabis use predicts future psychotic symptoms, and vice versa. In: Addiction 100. Pp. 612-618.
12. Fergusson, DM, Horwood, LJ & Ridder, EM (2005). Tests of causal linkages between cannabis use and psychotic symptoms. In: Addiction 100. Pp. 354-366.
13. Fergusson, DM, Poulton, R, Smith, PF & Boden, JM (2006). Cannabis and Psychosis. In: BMJ 332. Pp. 172-175.
14. Giovanni, M, Giuseppe, DI, Gianna, S, Domenico, DB, Luisa, DR & Massimo, DG (2012). Cannabis use and psychosis: theme introduction. In: Curr Pharm Des 18. Pp. 4991-4998.
15. James, A, James, C & Thwaites, T (2013). The brain effects of cannabis in healthy adolescents and in adolescents with schizophrenia: a systematic review. In: Psychiat Res 214 (3). Pp. 181-189.
16. Large, M, Sharma, S, Compton, MT, Slade, T & Nielssen, O (2011). Cannabis use and earlier onset of psychosis: A systematic meta-analysis. In: Arch Gen Psychiat 68 (6). Pp. 555-561.
17. Linscott, RJ & van Os, J (2013). An updated and conservative systematic review and meta-analysis of epidemiological evidence on psychotic experiences in children and adults: On the pathway from proneness to persistence to dimensional expression across mental disorders. In: Psychol Med 43 (6). Pp. 1133-1149.
18. Marconi, A, DiForti, M, Lewis, CM, Murray, RM & Vassos, E (2016). Meta-analysis of the association between the level of cannabis use and risk of psychosis. In: Schizophr Bul.

19. Malchow, B, Hasan, A, Fusar-Poli, P, Schmitt, A, Falkai, P & Wobrock, T (2013). Cannabis abuse and brain morphology in schizophrenia: A review of the available evidence. In: Eur Arch Psychiat Clin Neurosci 263 (1). Pp. 3-13.

20. McLoughlin, BC, Pushpa-Rajah, JA, Gillies, D, Rathbone, J, Variend, H, Kalakouti, E & Kyprianou, K (2014). Cannabis and schizophrenia. Cochrane Database of Systematic Reviews. https://doi.org/10.1002/14651858.CD004837.pub3.

21. Moore, TH, Zammit, S, Lingford-Hughes, A et al. (2007). Cannabis use and risk of psychotic or affective mental health outcomes: a systematic review. In: Lancet 370. Pp. 319-328.

22. Myles, N, Newall, H, Nielssen, O & Large, M (2012). The association between cannabis use and earlier age at onset of schizophrenia and other psychoses: meta-analysis of possible confoundding factors. In: Curr Pharm Des 18 (32). Pp. 5055-5069.

23. Myles, H, Myles, N & Large, M (2016). Cannabis use in first episode psychosis: Meta-analysis of prevalence, and the time course of initiation and continued use. In: Australian New Zealand Journal of Psychiatry 50 (3). Pp. 208-219.

24. Nazeer, A & Calles JL Jr. (2011). Schizophrenia in children and adolescents. In: Greydanus, DE, Calles, JL Jr., Patel, DR, Nazeer, A & Merrick, J (eds.). Clinical aspects of psychopharmacology in childhood and adolescence. New York: Nova Science. P. 152.

25. Pasman, J, Verweij, K, Gerring, Z et al. (2018). GWAS of lifetime cannabis use reveals new risk loci, genetic overlap with psychiatric traits, and a causal influence of schizophrenia. In: Nature Neuroscience. Volume 21. Pp. 1161-1170.

26. Power, RA, Verweij, KJ, Zuhair, M, Montgomery, GW, Henders, AK, Heath, AC, Madden, PA, Medland, SE, Wray, NR & Martin, NG (2014). Genetic predisposition to schizophrenia associated with increased use of cannabis. In: Mol Psychiatry 19 (11). 1201-1204.

27. Radhakrishnan, R, Wilkinson, ST & D'Souza, DC (2014). Gone to pot – a review of the association between cannabis and psychosis. In: Front Psychiatry 5. P. 54.

28. Rapp, C, Bugra, H, Riecher-Rossler, A, Tamagni, C & Borgwardt, S (2012). Effects of cannabis use on human brain structure in psychosis: a systematic review combining in vivo structural neuroimaging and post mortem studies. In: Curr Pharm Des 18 (32). Pp. 5070-5080.

29. Rey et al. (2002). Cannabis and Psychosis. In: British Journal of Psychiatry 180. Pp. 216-221.

30. Rössler, W (2007). Cannabis und Psychoserisiko. In: NeuroTransmitter 11. 22f.

31. Schäfer, I (2004). Cannabis und psychotische Störungen. Zusammenhänge und integrative Therapie. In: Konturen. H. 3. 8-9.

32. Schaub, M, Rössler, W & Stohler, R (2004). Cannabis und Psychosen – Eine Übersicht. In: Praxis 93. 997–1002.

33. Semple, DM, MxIntosh, AM & Lawrie, SM (2005). Cannabis as a risk factor for psychosis: systematic review. In: Journal of Psychopharmacology 19. Pp. 187-194.

34. Szoke, A, Galliot, AM, Richard, JR, Ferchiou, A, Baudin, G, Leboyer, M & Schurhoff, F (2014). Association between cannabis use and schizotypal dimensions – A meta-analysis of cross-sectional studies. In: Psychiat Res 219 (1). Pp. 58-66.

35. Uliana, V, Tomassini, A, Pollice, R, Gennarelli, M, Faravelli, F, Casacchia, M & Di Maria, E (2013). Cannabis and psychosis: A systematic review of genetic studies. In: Curr Psychiat Rev 9 (4). Pp. 302-315.

36. Van Amsterdam, J, Brunt, T & van den Brink, W (2015a). The adverse health effects of synthetic cannabinoids with emphasis on psychosis-like effects. In: Journal of Psychopharmacology 29 (3). Pp. 254-263.

37. Van Winkel, R & Kuepper, R (2014). Epidemiological, neurobiological, and genetic clues to the mechanisms linking cannabis use to risk for nonaffective psychosis. In: Annu Rev Clin Psychol 10. Pp. 767-791.

38. Veen, ND et al. (2004). Cannabis use and age at onset of schizophrenia. In: American Journal of Psychiatry 161 (3). Pp. 501-506.

39. Zammit, S et al. (2002). Self-reported cannabis use as a risk factor for schizophrenia in Swedish conscripts of 1969: historical cohort study. In: BMJ 325 (7374). P. 1199.

40. Zammit, S, Moore, THM, Lingford-Hughes, A, Barnes, TRE, Jones, PB, Burke, M & Lewis, G (2008). Effects of cannabis use on outcomes of psychotic disorders: Systematic review. In: British Journal of Psychiatry 193 (5). Pp. 357-363.

A.6. Cannabiskonsum und Depression

1. Horwood, LJ, Fergusson, D, Coffey, D et al. (2012). Cannabis and depression: An integrative data analysis of four Australasian cohorts. In: Drug Alcohol Depend 126. P. 369.
2. Lev-Ran, S, Le, FB, McKenzie, K, George, TP & Rehm, J (2013). Bipolar disorder and co-occurring cannabis use disorders: Charakteristics, co-morbidities and clinical correlates. In: Psychiatry Res 209. Pp. 459-465.
3. Lev-Ran, S, Roerecke, M, Le Foll, B, George, TP, McKenzie, K & Rehm, J (2014). The association between cannabis use and depression: a systematic review and meta-analysis of longitudinal studies. In: Psychol Med 44. Pp. 797-810.
4. Manrique-Garcia, E, Zammit, S, Dalman, C, Hemmingsson, T & Allebeck, P (2012). Cannabis use and depression: A longitudinal study of a national cohort of Swedish conscripts. In: BMC Psychiatry 12. P. 112.
5. Pacek, LR, Martins, SS & Crum, RM (2013). The bidirectional relationships between alcohol, cannabis, co-occurring alcohol and cannabis use disorders with major depressive disorder: Results from a national sample. In: Journal Affect Disord 148 (2-3). Pp. 188-195.
6. Patton, G, Harris, J, Schwartz, M & Bowes, G (1997). Adolescent suicidal behaviors: A population-based study of risk. In: Psychol Med 27. P. 715.
7. Pedersen, W (2008). Does cannabis use lead to depression and suicidal behaviours? A popular-tion-based longitudinal study. In: Acta Psychiatr Scand 118. Pp. 395-403.
8. Silberberg, C, Castle, D & Koethe, D (2012). Cannabis, cannabinoids, and bipolar disorder. In: Castle, D, Murray, R & D'Souza, D (eds.). Marijuana and madness. 2nd edition. New York: Cambridge University Press. Pp. 129-136.
9. Strakowski, SM, DelBelloo, MP, Fleck, DE et al. (2007). Effects of co-occuring cannabis use disorders on the course of bipolar disorder after a first hospitalization for mania. In: Arch Gen Psychiatry 64. Pp. 57-64.
10. Serafini, G, Pompili, M, Innamorati, M, Rihmer, Z, Sher, L & Girardi, P (2012). Can cannabis increase the suicide risk in psychosis? A critical review. In: Curr Pharm Des 18 (32). Pp. 5165-5187.

A.7. Cannabiskonsum und Krebserkrankungen

1. Aldington, S, Harwood, M, Cox, B et al. (2008a). Cannabis use and risk of lung cancer: a case-control study. In: European Respir Journal 31. Pp. 283-286.
2. Aldington, S, Harwood, M, Cox, B et al. (2008b). Cannabis use and cancer of the head and neck: case-control study. In: Otolaryngol Head Neck Surg 138. Pp. 374-380.
3. Berthiller, Straif, K, Boniol, M et al. (2008). Cannabis smoking and risk of lung cancer in men: a pooled analysis of three studies in Maghreb. In: Journal Thorac Oncology 3. Pp. 1398-1403.
4. Callaghan, R, Allebeck, P & Sidorchuk, A (2013). Marijuana use and risk of lung cancer: a 40-year cohort study. In: Cancer Causes Control 24 (10). Pp. 1811-1820.
5. de Carvalho, M, Dourado, M, Fernandes, I, Araujo, C, Mesquita, A & Ramos-Jorge, M (2015). Head and neck cancer among marijuana users: a meta-analysis of matched case-control studies. In: Arch Oral Biol 60 (12). Pp. 1750-1755.
6. Gurney, J, Shaw, C, Stanley, J, Signal, V & Sarfati, D (2015). Cannabis exposure and risk of testicular cancer: a systematic review and meta-analysis. In: BMC Cancer 15. P. 897.
7. Huang, Y, Zhang, Z, Tashkin, D, Feng, B, Straif, K & Hashibe, M (2015). An epidemiological review of marijuana and cancer: an update. In: Cancer Epidemiol Biomarkers 24 (1). Pp. 15-31.

8. Mehra, R, Moore, B, Crothers, K, Tetrault, J & Fiellin, D (2006). The association between marijuana smoking and lung cancer: a systematic review. In: Arch Intern Med 166 (13). Pp. 1359-1367.

9. Melamede, R (2005). Cannabis and tobacco smoke are not equally carcinogenic. In: Harm Reduction Journal. 2. Jg.

10. Feng, BJ, Khyatti, M, Ben-Ayoub, W et al. (2009). Cannabis, tobacco and domestic fumes intake are associated with nasopharyngeal carcinoma in North Africa. In: British Journal Cancer 101. Pp. 1207-1212.

A.8. Cannabiskonsum und Herz-/Kreislauferkrankungen

1. Bachs, L & Morland, H (2001). Acute cardiovascular fatalities following cannabis use. In: Forensic Science International 124. Pp. 200-203.

2. Barber, P, Pridmore, H, Krishnamurthy, V, Roberts, S, Spriggs, D, Carter, KN & Anderson, N (2013). Cannabis, ischemic stroke, and transient ischemic attack: a case-control study. In: Stroke 44 (8). Pp. 2327-2329.

3. Fisher, BA, Ghuran, A, Vadamalai, V & Antonios, TF (2005). Cardiovascular complications induced by cannabis smoking: a case report and review of the literature. In: Emerg Med J 22. Pp. 679-680.

4. Goyal, H, Awad, H & Ghali, J (2017). Role of cannabis in cardiovascular disorder. In: Journal Thorac Dis 9 (7). Pp. 2079-2092.

5. Hackam, D (2015). Cannabis and stroke: systematic appraisal of case reports. In: Stroke 46 (3). Pp. 852-856.

6. Hodcroft, CJ, Rossiter, MC & Buch, AN (2014). Cannabis associated myocardial infarction in a young man with normal coronary arteries. In: Journal Emergency Medicine 47 (3). Pp. 277-281.

7. Jones, RT (2002). Cardiovascular system effects of marijuana. In: Journal Clin Pharmacol 42. Pp. 58-63.

8. Mittlema, MA, Lewis, RA, Maclure, M, Sherwood, JB & Muller, JE (2001). Triggering myocardial infarction by marijuana. In: Circulation 103. Pp. 2805-2809.

9. Mukamal, KJ, Maclure, M, Müller, JE & Mittelmaß, MA (2008). An exploratory prospective study of marijuana use and mortality following acute myocardial infarction. In: American Heart Journal 155. Pp. 465-470.

10. Pratap, B & Korniyenko, A (2012). Toxic effects of marijuana on the cardiovascular system. In: Cardiovasc Toxicol 12. Pp. 143-148.

11. Singh, NN, Pan, Y, Muengtaweeponsa, S, Geller, TJ & Cruz-Flores, S (2012). Cannabis-related stroke: case series and review of literature. In: Journal Stroke Cerebrovasc Dis 21. Pp. 555-560.

12. Thomas, G, Kloner, RA & Rezkalla, S (2014). Adverse cardiovascular, cerebrovascular, and peripheral vascular effects of marijuana inhalation: what cardiologists need to know. In: American Journal Cardiol 113 (1). Pp. 187-190.

A.9. Cannabiskonsum und Lungenerkrankungen

1. Biehl, JR & Burnham, EL (2015). Cannabis smoking in 2015: a concern for lung health? In: Chest 148 (3). Pp. 596-606.

2. Hancox, RJ, Poulton, R, Ely, M et al. (2010). Effects of cannabis on lung function: a population-based cohort study. In: European Respir Journal 35. Pp. 42-47.

3. Joshi, M, Joshi, A & Bartter, T (2014). Marijuana and lung diseases. In: Curr Opin Pulm Med 20. Pp. 173-179.

4. Lee, MH & Hancox, RJ (2011). Effects of smoking cannabis on lung function. In: Expert Rev Respir Med 5. Pp. 537-546.

5. Matthias, P, Tashkin, DP, Marques-Magallanes, JA, Wilkins, JN & Simmons, MS (1997). Effects of varying marijuana potency on deposition of tar and delta 9-THC in the lung during smoking. In. Pharmacol Biochem Behav 58. Pp. 1145-1150.

6. Owen, KP, Sutter, ME & Albertson, TE (2014). Marijuana: respiratory tract effects. In: Clin Rev Allergy Immunol 46. Pp. 65-81.
7. Reid, PT, Macleod, J & Robertson, JR (2010). Cannabis and the lung. In: Journal Royal College of Physicians. Edinb. 40. Pp. 328-333.
8. Tetrault, JM, Crothers, K, Moore, BA, Mehra, R, Concato, J & Fiellin, DA (2007). Effects of marijuana smoking on pulmonary function and respiratory complications: a systematic review. In: Arch Intern Med 167. Pp. 221-228.

A.10. Cannabiskonsum und Hyperaktivität

1. Cooper, RE, Williams, E, Seegobin, S, Tye, C, Kuntsi, J & Asherson, P (2017). Cannabinoids in attention-deficit/hyperactivity disorder: A randomised-controlled trial. In: European Neuropsychopharmacology 27. Pp. 795-808.
2. Estévez, N et al. (2015). Adult attention-deficit/hyperactivity disorder and its association with substance use and substance use disorders in young men. In: Epidemiol Psychiatr Sci 20. Pp. 1-12.
3. McDonald, J, Schleifer, L, Richards, JB & de Wit, H (2003). Effects of THC on behavioral measures of impulsivity in humans. In: Neuropsychopharmacology 28 (7). Pp. 1356-1365.
4. McRae-Clark, AL et al. (2010). A placebo-controlled trial of atomoxetine in marijuana-dependent individuals with attention deficit hyperactivity disorder. In: American Journal Addict 19. Pp. 481-489.
5. Strohbeck-Kuehner, P, Skopp, G & Mattern, R (2008). Cannabis improves symptoms of ADHD. In: Cannabinoids 3 (1). Pp. 1-3.
6. Van Emmerik-van Oortmerssen, K et al. (2012). Prevalence of attention-deficit hyperactivity disorder in substance use disorder patients: a metaanalysis and metaregression analysis. In: Drug Alcohol Depend 122 (1-2). Pp. 11-19.
7. Van Emmerik-van Oortmerssen, K et al. (2014). Psychiatric comorbidity in treatment-seeking substance use disorder patients with and without attention deficit hyperactivity disorder: results of the IASP study. In: Addiction 109 (2). Pp. 262-272.
8. Wilkinson, ST, Stefanovics, E & Rosenheck, RA (2015). Marijuana use is associated with worse outcomes in symptom severity and violent behavior in patients with posttraumatic stress disorder. In: Journal Clinical Psychiatry 76 (9). Pp. 1174-1180.
9. Wrege, J, Schmidt, A, Walter, A, Smieskova, R, Bendfeldt, K, Radue, EW, Lang, UE & Borgwardt, S (2014). Effects of cannabis on impulsivity: a systematic review of neuroimaging findings. In: Curr Pharmaceut Design 20 (13). Pp. 2126-2137.
10. Zulauf, A et al. (2014). The complicated relationship between attention deficit/hyperactivity disorder and substance disorders. In: Curr Psychiatry Rep 16 (3). Pp. 436-453.

A.11. Cannabiskonsum, kognitive Störungen und Intelligenzminderung

1. Fridberg, DJ, Queller, S, Ahn, WY, Kim, W, Bishara, AJ, Busemeyer, JR, Porrino, L & Stout, JC (2010).
2. Cognitive mechanisms underlying risky decision-making in chronic cannabis users. In. Journal Math Psychol 54 (1). Pp. 28-38.
3. Fried, PA, Watkinson, B & Gray, R (2005). Neurocognitive consequences of marihuana - a comparison with pre-drug performance. In. Neurotoxicol Teratol 27 (2). Pp. 231–239.
4. Ganzer, F, Broning, S, Kraft, S, Sack, PM & Thomasius, R (2016). Weighing the Evidence: A Systematic Review on Long-Term Neurocognitive Effects of Cannabis Use in Abstinent Adolescents and Adults. In: Neuropsychol Rev 26 (2). Pp. 186-222.
5. Grant, I, Gonzales, R, Carey, CL, Natarajan, L & Wolfson, T (2003). Non-acute (residual) neuro-cognitive effects of cannabis use: a meta-analytic study. In: Journal International Neuropsychol Soc 9. Pp. 679-689.

6. Harvey, MA, Sellman, JD, Porter, RJ & Frampton, CM (2007). The relationship between non-acute adolescent cannabis use and cognition. In: Drug Alcohol Rev 26 (3). Pp. 309-319.
7. Jackson, NJ, Isen, JD, Khoddam, R, Irons, D, Tuvblad, C, Iacono, WG, McGue, M, Raine, A & Baker, LA (2016). Impact of adolescent marijuana use on intelligence: Results from two longitudinal twin studies. In: Proc Natl Academy Science USA 113 (5). Pp. E500-E508.
8. Lisdahl, KM & Price, JS (2012). Increased marijuana use and gender predict poorer cognitive functioning in adolescents and emerging adults. In: JINS 18 (4). Pp. 678-688.
9. Lisdahl, KM, Gilbart, ER, Wright, NE & Shollenbarger, S (2013). Dare to delay? The impacts of adolescent alcohol and marijuana use onset on cognition, brain structure, and function. In: Front Psychiatry 4. P. 53.
10. Lynskey, MT & Hall, WD (2000). The effects of adolescent cannabis use on educational attainment: a review. In: Addiction 95 (11). Pp. 1621-1630.
11. Lynskey, MT, Coffey, C, Degenhardt, L, Carlin, JB & Patton, G (2003). A longitudinal study of the effects of adolescent cannabis use on high school completion. In: Addiction 98 (5). Pp. 685-692.
12. Millan, MJ, Agid, Y, Brune, M, Bullmore, ET, Carter, CS, Clayton, NS, Connor, R, Davis, S, Deakin, B, DeRubeis, RJ, Dubois, B, Geyer, MA, Goodwin, GM, Gorwood, P, Jay, TM, Joels, M, Mansuy, IM, Meyer-Lindenberg, A, Murphy, D, Rolls, E, Saletu, B, Spedding, M, Sweeney, J, Whittington, M & Young, LJ (2012). Cognitive dysfunction in psychiatric disorders: characteristics, causes and the quest for improved therapy. In: Nat Rev Drug Discov 11 (2). Pp. 141-168.
13. Mokrysz, C, Landy, R, Gage, SH, Munafo, MR, Roiser, JP & Curran, HV (2016). Are IQ and educational outcomes in teenagers related to their cannabis use? A prospective cohort study. In: Journal Psychopharmacol (Oxford, England) 30 (2). Pp. 159-168.
14. Rubino, T, Realini, N, Braida, D, Guidi, S, Capurro, V, Vigano, D, Guidali, C, Pinter, M, Sala, M, Bartesaghi, R & Parolaro, D (2009). Changes in hippocampal morphology and neuroplasticity induced by adolescent THC treatment are associated with cognitive impairment in adulthood. In. Hippocampus 19 (8). Pp. 763-772.
15. Schoeler, T, Kambeitz, J, Behlke, I, Murray, R & Bhattacharyya, S (2016). The effects of cannabis on memory function in users with and without a psychotic disorder: findings from a combined meta-analysis. In: Psychol Med 46 (1). Pp. 177-188.
16. Schreiner, AM & Dunn, ME (2012). Residual effects of cannabis use on neurocognitive performance after prolonged abstinence: a meta-analysis. In: Exp Cin Psychopharmacol 20. Pp. 420-429.
17. Solowij, N & Battisti, R (2008). The chronic effects of cannabis on memory in humans: a review. In: Curr Drug Abuse Rev 1 (1). Pp. 81-98.
18. Solowij, N, Jones, KA, Rozman, ME et al. (2011). Verbal learning and memory in adolescent cannabis users, alcohol users and non-users. In: Psychopharmacology 216. Pp. 131-144.

A.12. Cannabiskonsum und Posttraumatische Belastungsstörung

1. Boden, MT, Babson, KA, Vujanovic, AA, Short, NA & Bonn-Miller, MO (2013). Posttraumatic stress disorder and cannabis use characteristics among military veterans with cannabis dependence. In: American Journal Addict 22 (3). Pp. 277-284.
2. Bordieri, MJ et al. (2014). The moderating role of experiential avoidance in the relationship between posttraumatic stress disorder symptom severity and cannabis dependence. In: Journal Contextual Behav Sci 3 (4). Pp. 273-278.
3. Passie, T, Emrich, HM, Karst, M, Brandt, SD & Halpern, JH (2012). Mitigation of post-traumatic stress symptoms by Cannabis resin: a review of the clinical and neurobiological evidence. In: Drug Test Anal 4. Pp. 649-659.

A.13. Medizinischer Gebrauch von Cannabis

1. Ahmed, W & Katz, S (2016). Therapeutic Use of Cannabis in Inflammatory Bowel Disease. In: Gastroenterology & Hepatology 12(11). Pp. 668-679.
2. Allan, GM, Finley, CR, Ton, J, Perry, D, Ramji, J, Crawford, K et al. (2018). Systematic review of systematic reviews for medical cannabinoids. In: Canadian Family Physician 64. Pp. 78-94.
3. Allsop, DJ, Copeland, J & Lintzeris, N (2014). Nabiximols as an agonist replacement therapy during cannabis withdrawal: a randomized clinical trial. In: JAMA Psychiatry 71. Pp. 281-291.
4. Andreae, M, Carter, G, Shaparin, N, Suslov, K, Ellis, R, Ware, M et al. (2015). Inhaled cannabis for chronic neuropathic pain: an individual patient data meta-analysis. In: Journal Pain 16 (12). Pp. 1221-1232.
5. Arzneimittelkommission der Deutschen Apotheker (AMK, Hrsg.)(2020). 03/20 Informationen der Institutionen und Behörden: AMK: Merkmale eines potentiellen Missbrauchs Cannabishaltiger Arzneimittel beachten. Vom 14.01.2020. In: Pharmazeutische Zeitung 2020 (165) 3. 75.
6. Aviram, J & Samuelly-Leichtag, G (2017). Efficacy of Cannabis-Based Medicines for Pain Management: A Systematic Review and Meta-Analysis of Randomized Controlled Trials. In: Pain Physician 20 (6). Pp. E755-E796.
7. Bergamaschi, MM, Queiroz, RHC, Chagas, MHN, De Oliveira, DCG, De Martinis, BS, Kapczinski, F et al. (2011). Cannabidiol reduces the anxiety induced by simulated public speaking in treatment-nave social phobia patients. In: Neuropsychopharmacology 36 (6). Pp. 1219-1226.
8. BfArM (2017). Cannabis als Medizin: Bundesinstitut für Arzneimittel und Medizinprodukte richtet Cannabisagentur für künftigen Cannabisanbau in Deutschland ein. PM 7/17 vom 3. März 2017.
9. Bonn-Miller, MO, Boden, MT, Bucossi, MM & Babson, KA (2013). Self-reported cannabis use characteristics, patterns and helpfulness among medical cannabis users. In: American Journal Drug Alcohol Abuse 40. Pp. 23-30.
10. Briner, A & Schneider, T (2017). Cannabinoide in der Schmerztherapie. In: Therapeutische Umschau 74. S. 261-266.
11. Brodie, MJ & Ben-Menachem, E (2018). Cannabinoids for epilepsy: What do we know and where do we go? In: Epilepsia 59. Pp. 291-296.
12. Bundesapothekerkammer (BAK)(2018). Arzneimittelmissbrauch. Leitfaden für die apothekerliche Praxis. März 2018. Berlin: BAK. In: www.abda.de/fileadmin/user_upload/assets/Arzneimittelmiss brauch/BAK_Leitfaden_Arzneimittelmissbrauch.pdf.
13. Bussik, D & Eckert-Lill, Ch (2017). Cannabis als Medizin, Was kommt auf die Apotheken zu? In: Pharmazeutische Zeitung. http://www.pharmazeutische-zeitung.de/index.php?id=67762, 08/2017.
14. Canemes® (2016). Canemes® Fachinformation. https://portal.dimdi.de/amispb/doc/2016/09/ 20/2190890/O10b9242514ba4227b 3cfdf75a446d23c.pdf.
15. Cremer-Schaeffer, P, Sudhop, T & Broich, K (2017b). Begleiterhebung zu medizinischem Cannabis. Grundlage für die klinische Forschung. In: Dtsch Ärztebl 2017, 114 (14). P. A677. https://www .aerzteblatt.de/treffer?mode=s&wo=17&typ=16&aid=187692&s=Cremer.
16. Crippa, JAS, Crippa, ACS, Hallak, JEC, Martín-Santos, R & Zuardi, AW (2016). Δ9-THC Intoxication by Cannabidiol-Enriched Cannabis Extract in Two Children with Refractory Epilepsy: Full Remission after Switching to Purified Cannabidiol. In: Frontiers in Pharmacology 7. https://doi.org/10.3389/ fphar.2016.00359.
17. Davis, JM, Mendelson, B, Berkes, JJ, Suleta, K, Corsi, KF & Booth, RE (2016). Public health effects of medical marijuana legalization in Colorado. In: American Journal of Preventive Medicine. Vol. 50 (3). Pp. 373-379.
18. Devinsky, O, Cross, H, Laux, L, Marsh, E, Miller, I, Nabbout, R et al. (2017). Trial of Cannabidiol for Drug-Resistant Seizures in the Dravet Syndrome. In: New England Journal Medicine 376. Pp. 2011-2020.

19. de Vries, M, van Rijckevorsel, D, Vissers, K, Wilder-Smith, O & van Goor, H (2017). Tetrahydro-cannabinol Does Not Reduce Pain in Patients With Chronic Abdominal Pain in a Phase 2 Placebo-controlled Study. In: Clin Gastroenterol Hepatol 15 (7). Pp. 1079-1086.

20. Douglas, IS, Albertson, TE, Folan, P, Hanania, NA, Tashkin, DP, Upson, DJ et al. (2015). Implications of Marijuana Decriminalization on the Practice of Pulmonary, Critical Care, and Sleep Medicine. A Report of the American Thoracic Society Marijuana Workgroup. In: Ann American Thorac Soc 12 (11). Pp. 1700-1710.

21. Englund, A, Morrison, PD, Nottage, J et al. (2013). Cannabidiol inhibits THC-elicited paranoid symptoms and hippocampal-dependent memory impairment. In: Journal Psychopharmacology 27. Pp. 19-27.

22. Finnerup, NB, Attal, N, Haroutounian, S, McNicol, E, Baron, R, Dworkin, RH et al. (2015). Pharma-cotherapy for neuropathic pain in adults: systematic review, meta-analysis and updated NeuPSIG recommendations. In: Lancet Neurol 14 (2). Pp. 162-173.

23. Fitzcharles, MA, Ste-Marie, PA, Häuser, W, Clauw, DJ, Jamal, S, Karsh, J et al. (2016a). Efficacy, Tolerability, and Safety of Cannabinoid Treatments in the Rheumatic Diseases: A Systematic Re-view of Randomized Controlled Trials. In: Arthritis Care & Research 68 (5). Pp. 681-688.

24. Fitzcharles, MA, Baerwald, C, Ablin, J & Häuser, W (2016b). Efficacy, tolerability and safety of can-nabinoids in chronic pain associated with rheumatic diseases (fibromyalgia syndrome, back pain, osteoarthritis, rheumatoid arthritis). In: Der Schmerz 30 (1). Pp. 47-61.

25. Ghosh, T, Van Dyke, M, Maffey, A, Whitley, E, Erpelding, D & Wolk, L (2015). Medical marijuana's public health lessons – Implications for retail marijuana in Colorado. In: The New England Journal of Medicine 372 (11). Pp. 991-993.

26. Glaeske, G & Sauer, K (2018). Cannabisreport. Erstellt mit freundlicher Unterstützung der Tech-niker Krankenkasse (TK). Bremen.

27. Gloss, D & Vickrey, B (2014). Cannabinoids for epilepsy. In: Cochrane Database of Systematic Reviews. https://doi.org/10.1002/14651858.CD009270.pub3.

28. Goldenberg, M, William, M, William, W & Danovitch, I (2017). The impact of cannabis and canna-binoids for medical conditions on health-related quality of life: A systematic review and meta-analysis. In: Drug and Alcohol Dependence 174. Pp. 80-90.

29. Greer, GR & Grob, CS (2014). PTSD symptom reports of patients evaluated for the New Mexico medical cannabis program. In: Journal of Psychoactive Drugs 46. Pp. 73-77.

30. Grotenhermen, F (2004a). Hanf als Medizin. Baden und München.

31. Grotenhermen, F (2004c). Cannabis und Cannabinoide. Pharmakologie, Toxikologie und thera-peutisches Potential. Bern: Huber.

32. Grotenhermen, F & Häßermann, K (2007) Cannabis. Verordnungshilfe für Ärzte. Stuttgart: Wissen-schaftliche Verlagsgesellschaft.

33. Grotenhermen, F & Müller-Vahl, K (2012a). The therapeutic potential of cannabis and cannabi-noids. In: Deutsches Ärzteblatt International. 109. 495-501.

34. Grotenhermen, F & Müller-Vahl, K (2012b). Das therapeutische Potenzial von Cannabis und Can-nabinoiden. In: Deutsches Ärzteblatt International 109 (29–30). 495-501.

35. Grotenhermen, F (2015). Hanf als Medizin. Ein praxisorientierter Ratgeber. Solothurn, Schweiz: Nachtschatten.

36. Grotenhermen, F & Müller-Vahl, K (2016a). Medicinal Uses of Marijuana and Cannabinoids. In: Critical Reviews in Plant Sciences 35 (5–6). 378-405.

37. Grotenhermen, F & Müller-Vahl, K (2016b). Cannabis und Cannabinoide in der Medizin: Fakten und Ausblick. In: Suchttherapie 17 (02). 71-76.

38. Häuser, W, Fitzcharles, MA, Radbruch, L & Petzke, F (2017). Cannabinoids in Pain Management and Palliative Medicine. In: Deutsches Ärzteblatt International 114. Pp. 627-634.

39. Häuser, W (2018a). Medizinalhanf in der Inneren Medizin, Schmerzmedizin und Palliativmedizin. In: Arzneiverordnung in der Praxis 45 (1). 23-28.

40. Häuser, W, Petzke, F & Fitzcharles, MA (2018b). Efficacy, tolerability and safety of cannabisbased medicines for chronic pain management - An overview of systematic reviews. In: European Journal of Pain 22. Pp. 455-470.

41. Haroutounian, S, Ratz, Y, Ginosar, Y, Furmanov, K, Saifi, F, Meidan, R & Davidson, E (2016). The effect of medicinal cannabis on pain and quality-of-life outcomes in chronic pain: a prospective open-label study. In: Clinical Journal Pain 32. Pp. 1036-1043.

42. Hasin, DS, Wall, M, Keyes, KM, Cerdá, M, Schulenberg, J, O'Malley, PM, et al. (2015). Medical marijuana laws and adolescent marijuana use in the USA from 1991 to 2014. Results from annual, repeated cross-sectional surveys. In: The Lancet Psychiatry 2 (7). Pp. 601-608. DOI: 10.1016/S2215-0366(15)00217-5.

43. Haupts, M (2018). Cannabis und Cannabismedikamente. In: https://www.gesundheitsstadt-berlin.de/cannabis-und-cannabis-medikamente-das-ist-der-unterschied-12187/, aufgerufen am 16.02.2019.

44. Hazekamp, A (2006). An evaluation of the quality of medicinal grade cannabis in the Netherlands. In: Cannabinoids. 1 Jg. Heft 1. 1-9.

45. Hoch, E, Friemel, CM & Schneider, M (Hrsg.)(2019a). Cannabis: Potenzial und Risiko. Eine wissenschaftliche Bestandsaufnahme. 1. Auflage. Berlin, Heidelberg. Springer.

46. Jawahar, R, Oh, U, Yang, S & Lapane, KL (2013). A Systematic Review of Pharmacological Pain Management in Multiple Sclerosis. In: Drugs 73 (15). Pp. 1711-1722.

47. Kessler, T & Schweizerische Arbeitsgruppe für Cannabinoide in der Medizin (SACM)(2017). Cannabis: Eine rationale Drogenpolitik - wirksam mit Kohärenz und Regulation. 20. Substitutionsforum-Plattform für Drogentherapie ÖGABS. O. O.

48. Kleiman, M, Davenport, S, Rowe, B, Ziskind, J, Mladenovic, N, Manning, C & Jones, T (2015b). Estimating the size of the medical cannabis market in Washington State. BOTEC.

49. Knöss, W, Reh, K, Norwig, J & Cremer-Scheffer, P (2017). Cannabis für medizinische Zwecke – die regulatorischen Rahmenbedingungen in Deutschland. In: Pharmakon 5 (2). 148-151.

50. Krishnan, S, Cairns, R & Howard, R (2009). Cannabinoids for the treatment of dementia (Cochrane review). Cochrane Database of Systematic Reviews 2009, CD007204. https://doi.org/10.1002/14651858.CD007204.

51. Kvitland, LR, Melle, L, Aminoff, SR, Lagerberg, TV, Andreassen, OA & Ringen, PA (2014). Cannabis use in first-treatment bipolar disorder: relations to clinical characteristics. In: Early Interv Psychiatry.

52. Lee, G, Grovey, B, Furnish, T & Wallace, M (2018). Medical Cannabis for Neuropathic Pain. In: Current Pain and Heardache Reports 22 (8). Pp. 1-12.

53. Levin, FR, Mariani, JJ, Brooks, DJ, Pavlicova, M, Cheng, W & Nunes, EV (2011). Dronabinol for the treatment of cannabis dependence: a randomized, double-blind, placebo-controlled trial. In: Drug Alcohol Depend 116. Pp. 142-150.

54. Leweke, FM, Piomelli, D, Pahlisch, F, Muhl, D, Gerth, CW, Hoyer, C et al. (2012). Cannabidiol enhances anandamide signaling and alleviates psychotic symptoms of schizophrenia. In: Translational Psychiatry 2 (3). Pp. e94-e94.

55. Lichtman, AH, Lux, EA, McQuade, R, Rossetti, S, Sanchez, R, Sun, W et al. (2018). Results of a Double-Blind, Randomized, Placebo-Controlled Study of Nabiximols Oromucosal Spray as an Adjunctive Therapy in Advanced Cancer Patients with Chronic Uncontrolled Pain 55 (2). Pp. 179-189.

56. Lutge, EE, Gray, A & Siegfried, N (2013). The medical use of cannabis for reducing morbidity and mortality in patients with HIV/AIDS (Cochrane review). Cochrane Database of Systematic Reviews. http://cochranelibrarywiley.com/doi/10.1002/14651858.CD005175.

57. Mäurer, M (2019). "Das Cannabis-Gesetz hätten wir nicht gebraucht". In: https://www.gesundheitsstadt-berlin.de/das-cannabis-gesetz-haetten-wir-nicht-gebraucht-12958/, aufgerufen am 16.02.2019.

58. Maier, C (2017). Cannabinoide in der Schmerzmedizin. Was erwarten wir? Vortrag Diskussionsforum des MDK Westfalen Lippe am 16. März in Dortmund.

59. Maier, C, Höffken, O, Nauck, F & Petzke, F (2018a). THC-haltige Medikamente (Cannabis), ein neues Wundermittel für Schmerzen nach Arbeitsunfällen? O. O.

60. Maier, C (2018b). Schmerzexperte kritisiert Cannabisgesetz. In: https://www.gesundheitsstadt-berlin.de/schmerzexperte-kritisiert-cannabis-gesetz-12008/, aufgerufen am 16.02.2019.

61. Martin, BR & Hall, WD (1998). The health effect of cannabis. Key issues of policy relevance. In: Bull Narc 49/50. Pp. 85-116.

62. Mücke, M, Carter, C, Cuhls, H, Prüß, M, Radbruch, L & Häuser, W (2016). Cannabinoide in der palliativen Versorgung: Systematische Übersicht und Metaanalyse der Wirksamkeit, Verträglichkeit und Sicherheit. In: Schmerz 30 (1). 25-36.

63. Mücke, M, Weier, M, Carter, C, Copeland, J, Degenhardt, L, Cuhls, H et al. (2018). Systematic review and meta-analysis of cannabinoids in palliative medicine. In: Journal of Cachexia, Sarco-penia and Muscle 9 (2). Pp. 220-234.

64. Naftali, T, Mechulam, R, Marii, A, Gabay, G, Stein, A, Bronshtain, M et al. (2017). Low-Dose Cannabidiol Is Safe but Not Effective in the Treatment for Crohn's Disease, a Randomized Controlled Trial. In: Digestive Diseases and Sciences 62 (6). Pp. 1615-1620.

65. Philips, RS, Friend, AJ, Gibson, F, Houghton, E, Gopaul, S, Craig, JV & Pizer, B (2016). Antiemetic medication for prevention and treatment of chemotherapy-induced nausea and vomiting in childhood (Cochrane review). Cochrane Database of Systematic Reviews. http://cochrane library wiley.com/store/10.1002/14651858.CD007786.pub3/asset/CD007786.pdf?v=1&t=jg6deeh5&s= 8f409b00e66e7c8c1687066d16410776178efba2.

66. Porcari, GS, Fu, C, Doll, ED, Carter, EG & Carson, RP (2018). Efficacy of artisanal preparations of cannabidiol for the treatment of epilepsy: Practical experiences in a tertiary medical center. In: Epilepsy & Behavior 80. Pp. 240-246.

67. Müller-Vahl, K, Schneider, U, Koblenz, A, Jobges, M, Kolbe, H, Daldrup, T & Emrich, HM (2002). Treatment of Tourette's syndrome with Delta-9-tetrahydrocannabinol (THC): A randomised crossover trial. In: Pharmacopsychiatry 35 (2). Pp. 57-61.

68. Müller-Vahl, K, Schneider, U, Prevedel, H, Theloe, K, Kolbe, H, Daldrup, T & Emrich, HM (2003). Delta-9-tetrahydrocannabinol is effective in the treatment of tics in Tourette syndrome: A 6 week randomised trial. In: Journal of Clinical Psychiatry 64 (4). Pp. 459-465.

69. Müller-Vahl, K (2013). Treatment of Tourette Syndrome with Cannabinoids. In: Behavioural Neurology 27 (1). Pp. 119-124.

70. Müller-Vahl, K & Grotenhermen, F (2017). „Medizinisches Cannabis - Die wichtigsten Änderungen". In: Deutsches Ärzteblatt, Jg. 114. Heft 8. 24. Februar 2017. A352-6, A354.

71. O'Connell, BKO, Gloss, D & Devinsky, O (2017). Epilepsy & Behavior Cannabinoids in treatment-resistant epilepsy: A review. In: Epilepsy & Behavior 70. Pp. 341-348.

72. O'Connor, S & Mendez, S (2016). Estimating the canopy size for the Washington medical marijuana market. Seattle: University of Washington School of Law.

73. Pergolizzi, JV, Taylor, R, LeQuang, JA, Zampogna, G & Raffa, R (2017). Concise review of the management of iatrogenic emesis using cannabinoids: emphasis on nabilone for chemotherapy-induced nausea and vomiting. In: Cancer Chemotherapy and Pharmacology 79. Pp. 467-477.

74. Perucca, E (2017). Cannabinoids in the Treatment of Epilepsy: Hard Evidence at Last? In: Journal of Epilepsy Research 7 (2). Pp. 61-76.

75. Petzke, F, Enax-Krumova, EK & Häuser, W (2016). Wirksamkeit, Verträglichkeit und Sicherheit von Cannabinoiden bei neuropathischen Schmerzsyndromen Eine systematische Übersichtsarbeit von randomisierten, kontrollierten Studien. In: Schmerz 30. 62-88.

76. Philips, RS, Friend, AJ, Gibson, F, Houghton, E, Gopaul, S, Craig, JV & Pizer, B (2016). Antiemetic medication for prevention and treatment of chemotherapy-induced nausea and vomiting in childhood (Cochrane review). Cochrane Database of Systematic Reviews. http://cochrane librarywiley.com/store/10.1002/14651858.CD007786.pub3/asset/CD007786.pdf?v=1&t=jg6deeh5&s=8f 409b00e66e7c8c1687066d16410776178efba2.

77. Porcari, GS, Fu, C, Doll, ED, Carter, EG & Carson, RP (2018). Efficacy of artisanal preparations of cannabidiol for the treatment of epilepsy: Practical experiences in a tertiary medical center. In: Epilepsy & Behavior 80. Pp. 240-246.

78. Radbruch, L & Nauck, F (Hrsg.)(2005). Cannabinoide in der Medizin. 1. Auflage. Bremen, London, Boston: Uni-Med.

79. Rohleder, C, Müller, JK, Lange, B & Leweke, FM (2016). Cannabidiol as a Potential New Type of an Antipsychotic. A Critical Review of the Evidence. In: Frontiers in Pharmacology 7, Article 422. file:///Users/kristinsauer/Downloads/fphar-07-00422.pdf.

80. Rommelspacher, H (1997). Cannabis – Als Arzneimittel nur von geringem therapeutischen Nutzen. In: Deutsches Ärzteblatt. Jahrgang 1997, H. 51/52. Seite A 3473-3475.

81. Rosenberg, EC, Louik, J, Conway, E, Devinsky, O & Friedman, D (2017). Quality of Life in Childhood Epilepsy in pediatric patients enrolled in a prospective, open-label clinical study with cannabidiol. In: Epilepsia 58 (8). Pp. 96-100.

82. Salomonsen-Sautel, S, Sakai, JT, Thurstone, C, Corley, R & Hopfer, C (2012). Medical marijuana use among adolescents in substance abuse treatment. In: Journal of the American Academy of Child and Adolescent Psychiatry 51. Pp. 694-702.

83. Sativex® (2011). Sativex® Fachinformation. In: https://www.cannabismed.org/german/sativex .pdf.

84. Schmidt-Wolf, G, Cremer-Schaeffer, P (2019). Begleiterhebung zur Anwendung von Cannabisarzneimitteln in Deutschland – Zwischenauswertung. Bundesgesundheitsblatt 2019, 62 (7). 845.

85. Schuurmans, MM, Befruia, N & Barben, J (2016). Factsheet 1: Cannabis. Primary and Hospital Care. In: Allgemeine Innere Medizin 16 (20). Pp. 384-386.

86. Schwabe, U, Paffrath, D, Ludwig, WD, Klauber, J (Hrsg.)(2017). Arzneiverordnungs-Report 2017. Berlin, Heidelberg: Springer.

87. Smith, LA, Azariah, F, Lavender, VTC, Stoner, NS & Bettiol, S (2015). Cannabinoids for nausea and vomiting in adults with cancer receiving chemotherapy (Cochrane review). Cochrane Database of Systematic Reviews. In: https://doi.org/10.1002/14651858.CD009464.pub2.

88. Strasser, F, Luftner, D, Possinger, K, Ernst, G, Ruhstaller, T, Meissner, W et al. (2006). Comparison of Orally Administered Cannabis Extract and Delta-9-Tetrahydrocannabinol in Treating Patients With Cancer-Related Anorexia-Cachexia Syndrome: A Multicenter, Phase III, Randomized, Double-Blind, Placebo-Controlled Clinical Trial From the Cannabis. In: Journal of Clinical Oncology 24 (21). Pp. 3394-3400.

89. Tafelski, S, Häuser, W & Schäfer, M (2016). Efficacy, tolerability, and safety of cannabinoids for chemotherapy-induced nausea and vomiting - a systematic review of systematic reviews. In: Schmerz 30 (1). Pp. 14-24.

90. Thomasius, R, Petersen, KU, Küstner, UJ, et al. (2004). Cannabis als Medikament - eine Nutzen/ Risiko-Abwägung. In: Blutalkohol 41. 1-18.

91. Thurstone, C, Tomcho, M, Salomonsen-Sautel, S & Profita, T (2013). Diversion of medical marijuana: when sharing is not a virtue. In: Journal of the American Academy of Child and Adolescent Psychiatry 52. Pp. 653-654.

92. Wohlers, K; Unabhängige Patientenorganisation Deutschland (2019). UPD-Ratgeber. In: https://www.patientenberatung.de/, aufgerufen am 08.01.2020.

93. Volz, MS, Siegmund, B & Häuser, W (2016). Wirksamkeit, Verträglichkeit und Sicherheit von Cannabinoiden in der Gastroenterologie: Eine systematische Übersichtsarbeit. In: Der Schmerz 30 (1). 37-46.

94. Wade, D, Collin, C, Stott, C & Duncombe, P (2010). Meta-analysis of the efficacy and safety of Sativex® (Nabiximols), on spasticity in people with multiple sclerosis. In: Mult Scler 16 (6). Pp. 707-714.

95. Ware, MA, Wang, T, Shapiro, S, Collet, JP, Boulanger, A, Esdaile, JM et al. (2015). Cannabis for the Management of Pain: Assessment of Safety Study (COMPASS). In: The Journal of Pain 16 (12). Pp. 1233-1242.

96. Watson, SJ, Benson Jr, JA & Joy, JE (2000). Marijuana and Medicine: Assessing the Science Base: A Summary of the 1999 Institute of Medicine Report. In: Arch Gen Psychiatry 57. Pp. 547-552.
97. Whiting, PF, Wolff, RF, Deshpande, S, Di Nisio, M, Duffy, S, Hernandez, AV et al. (2015). Cannabinoids for medical use: A systematic review and meta-analysis. JAMA - Journal of the American Medical Association 313 (24). Pp. 2456–2473. doi:10.1001/jama.2015.6358.

A.14. Cannabisverbot und Repression

1. Atchison, L (2017). Drug driving in Europe: policy measures for national and EU action.
2. Berr, W, Krause, M & Sachs, H (2007). Drogen im Straßenverkehrsrecht, Heidelberg.
3. Bewley-Taylor, D, Blickman, T & Jelsma, M (2014). The rise and decline of cannabis prohibition: The history of cannabis in the drug control system and options for reform. Amsterdam: Transnational Institute & Swansea: Global Drug Policy Observatory.
4. Burmann, M & Heß, R (Hrsg.)(2017). Handbuch des Straßenverkehrsrechts. 38. Ergänzungslieferung. München.
5. Burmann, M, Heß, R, Hühnermann, K & Jahnke, J (Hrsg.)(2018). Straßenverkehrsrecht. Kommentar. 25. Auflage. München.
6. Deutsches Ärzteblatt, Weltgesundheitsorganisation empfiehlt Neuklassifizierung von Cannabis vom 12.02.2019; In: https://www.aerzteblatt.de/nachrichten/100925/Weltgesundheitsorganisation-empfiehlt-Neuklassifizierung-von-Cannabis, aufgerufen am 11.12.2019.
7. Eastwood, N, Fox, E & Rosmarin, A (2016). A Quiet Revolution: Decriminalisation Across the Globe. In: Release.
8. Graf (Hrsg.)(2019). BeckOK OWiG. 21. Edition. Stand: 1. Januar 2019. München.
9. Hartelius, J (1991). Die wissenschaftliche Grundlage einer restriktiven Drogenpolitik: Die Erfahrungen in Schweden. In: Internationales Symposium. Zürich. 13-23.
10. Joecks, W & Miebach, K (Hrsg.)(2019). Münchener Kommentar zum StGB. Band 3. 3. Auflage. München.
11. Kalke, J & Schlömer, H (2018). Vor- und Nachteile des Cannabisverbotes für die suchtpräventive Arbeit. In: SuchtMagazin 6/2018.
12. Kugler, A (2018). Neuere Rechtsprechung zum Fahrerlaubnisrecht, SVR 2018. 401-406.
13. Maatz, KR, Daldrup, T, Mindiashvili, N, Ritz-Timme, S & Hartung, B (2016). Radfahren unter Cannabiseinfluss. NZV 2016. 460-462.
14. Reuband, KH (2007). Strafverfolgung als Mittel der Generalprävention? In: Dollinger, B & Schmidt-Semisch, H (Hrsg.). Sozialwissenschaftliche Suchtforschung. Wiesbaden.
15. Reuband, KH (2009). Prävention durch Abschreckung? Drogenpolitik und Cannabisgebrauch im innerdeutschen Vergleich. In: Mann, K, Havemann-Reinecke, U & Gaßmann, R (Hrsg.). Jugendliche und Suchtmittelkonsum. Freiburg. 210-228.
16. Reuband, KH (2015). Einstellungen der Bundesbürger zum Cannabisgebrauch und zur Cannabislegalisierung. Ein Langzeitvergleich bundesweiter Bevölkerungsumfragen 1982-2014. In: Soziale Probleme 26 (1). 29-45.
17. Schäfer, C & Paoli, L (2006). Drogenkonsum und Strafverfolgungspraxis. Eine rechtsvergleichende Untersuchung zur Rechtswirklichkeit der Anwendung des § 31a BtMG und anderer Opportunitätsvorschriften auf Drogenkonsumentendelikte. Berlin.
18. Schönke & Schröder (2019). Strafgesetzbuch. Kommentar. 30. Auflage. München.
19. v. Heintschel-Heinegg, B (Hrsg.)(2018). BeckOK StGB. 40. Edition. Stand: 01.11.2018. München.
20. Werse, B (2010). Kleinhandel von Cannabis und anderen Drogen. In: SuchtMagazin 36 (6). 39-44.

A.15. Beispiel Niederlande / Coffee-Shops

1. Bieleman, B, Mennes, R & Sijtstra, M (2015). Coffeeshops in Nederland 2014. Rotterdam: Intraval.

2. Grund, JP & Breeksma, J (2013). Coffee shops and compromise: separated illicit drugs markets in the Netherlands. Global Drug Policy Program/Open Foundation.
3. Korf, DJ (2002). Dutch coffee shops and trends in cannabis use. In: Addict Behav 27 (6). Pp. 851-866.
4. Korf, DJ (2011). Marihuana behind and beyond coffeeshops. In: Decorte, T, Potter, GY & Bouchard, M. World Wide Weed: Global trends in cannabis cultivation and its control. Farnham: Ashgate.
5. Maalsté, N & Blok, TP (2014). Binnenlandse cannabismarkt: Onderzoek naar de hoeveelheid cannabis die in 2013 via coffeeshops op de Nederlandse markt kwam. Den Haag.
6. MacCoun, RJ (2010). What can we learn from the dutch cannabis coffeeshop experience? Santa Monica: RAND-Corporation.
7. Monshouwer, K, Van Laar, M & Vollebergh, WA (2011). Buying cannabis in „coffee shops". In: Drug Alcohol Rev, 30 (2). Pp. 148-156.
8. Spapens, T (2011). The cannabis market in the Netherlands. Tilburg University, Law School.
9. Trautmann, F (2014). Coffeeshops in den Niederlanden: Von Prohibition zur Regulierung. In: Suchtmagazin 6/2014.
10. Van Laar, M, & van Ooyen-Houben, M (2009). Evaluatie van het Nederlandse drugsbeleid. Utrecht: Trimbos-Instituut.
11. Van Ooyen-Houben, M, Bieleman, B & Korf, D (2016). Tightening the dutch coffee shop policy: Evaluation of the private club and the residence criterion. In: Intern Journal of Drug policy.

A.16. Beispiel Spanien / Cannabis Social Clubs

1. Arana, X & Montañés Sanchez, V (2011). Cannabis cultivation in Spain: The case of the cannabis social clubs. In: Decorte, T, Potter, GY & Bouchard, M. World Wide Weed: Global trends in cannabis cultivation and its control. Farnham: Ashgate.
11. Barriuso Alonso, M (2011). Cannabis Social Clubs en Espagne: Une alternative de normalisation en voie de réalisation. Amsterdam: Transnational Institute.
12. Decorte, T (2014). Cannabis social clubs in Belgium: Organizational strengths and weaknesses, and threats to the model. In: International Journal of Drug Policy.
13. Feldman, HW & Mandel, J (1998). Providing medical marijuana: the importance of cannabis clubs. In: Journal of psychoactive drugs. Bd. 30, Nr. 2. Pp. 179-186. doi:10.1080/02791072.1998.10399688.
14. Goumaz, C, Cau, J & Boers, B (2014). Le "cannabis médical club", un modèle d'accès au cannabis thérapeutique? Evaluation de l'association "Alternative verte" à Genève. In : Dépendances, No. 53. Lausanne: Addiction Suisse et GREA.
15. Jansseune, L, Pardal, M, Decorte, T & Franquero, OP (2018). Revisiting the birthplace of the cannabis social club model and the role played by cannabis social club federations. Gent. https://doi.org/10.1177%2F0022042618815690, aufgerufen am 18.03.2019.
16. Murkin, G (2015). Cannabis social clubs in Spain: Legalization without commercialization. Transform Drug Policy Foundation.
17. Pares Franquero, O & Bouso Saiz, JC (2015). Innovation Born out of necessity: Pioneering drug policy in Catalonia. Global Drug Policy Program/Open Society Foundations.

A.17. Beispiel Uruguay / Cannabisverkauf für Erwachsene in Apotheken

1. Aguiar, S & Arocena, F (2014). Menant la marche: l'Uruguay et ses trois lois avantgardistes. Les Cahiers de l'amérique latine, No 77. Pp. 69-86.
2. Raschke, P & Kalke, J (1997). Cannabis in Apotheken. Kontrollierte Abgabe als Heroinprävention. Lambertus: Freiburg i. B.
3. Walsh, J & Ramsey, G (2015). Uruguay's drug policy: Major innovations, major challenges. Washington: Brookings.

4. Wurglics, M & Ude, C (2017). Cannabis in der Apotheke. Vortrag Landesapothekerkammer Hessen am 31.08.2017 in Kassel.

A.18. Beispiel Kanada / Marktwirtschaftliches Modell der Cannabislegalisierung

1. F.A.Z. (2019). Gesundheit: Zahl der Erstkonsumenten seit Cannabis-Legalisierung fast verdoppelt. In: https://www.faz.net/aktuell/gesellschaft/gesundheit/zahl-der-erstkonsumenten-seit-canna bis-legalisierung-in-kanada-fast-verdoppelt-16171581.html.
2. Felder, K (2018). Kanada - eine Großmacht im Cannabis-Geschäft. In: Neue Zürcher Zeitung vom 16.5.2018. 26.
3. Fisher, BA, Murphy, Y, Rudzinski, K & MacPherson, D (2016). Illicit drug use and harms, and related interventions and policy in Canada: A narrative review of select kex indicators and developments since 2000. In: International Journal of Drug Policy 27. Pp. 23-35.
4. Manager Magazin vom 12.12.2018, http://www.manager-magazin.de/unternehmen/handel/ who-is-who-im-cannabis-markt-a-1243165.html, aufgerufen am 24.03.2019.

A.19. Beispiel US-Einzelstaaten / Marktwirtschaftliches Modell der Cannabislegalisierung

1. Barsch, G (2016). Der Prozess der Umsetzung der Regulierung von Marihuana in den USA: Effekte und Nebeneffekte.
2. Barry, RA, Hiilamo, H & Glantz, SA (2014). Waiting for the opportune moment: The tobacco industry and marijuana legalization. Milbank Q 92 (2). Pp. 207-242.
3. Blue Ribbon Commission on Marijuana Policy (BRC)(2015). Pathways report: Policy options for regulating marijuana in California. BRC.
4. Borodovsky, JT, Lee, DC, Crosier, BS, Gabrielli, JL, Sargent, JD & Budney, AJ (2017). U. S. cannabis legalization and use of vaping and edible products among youth. In: Drug and Alcohol Dependence 177. Pp. 299-306. DOI: 10.1016/j.drugalcdep.2017.02.017.
5. Caulkins, JP, Hawken, A, Kilmer, B & Kleiman, M (2012). Marijuana legalization: what everyone needs to know. New York: Oxford University Press.
6. Caulkins, JP, Kilmer, B, Kleiman, M, MacCoun, RJ, Midgette, G, Oglesby, P, Liccardo Pacula, R & Reuter, P (2015a). Considering Marijuana legalization: Insights from Vermont and other juridictions. Santa Monica: RAND-Corporation.
7. Caulkins, JP, Kilmer, B, Kleiman, M, MacCoun, RJ, Midgette, G, Oglesby, P, Liccardo Pacula, R & Reuter, P (2015b). Options and issues regarding marijuana legalization. Santa Monica: RAND.
8. Crick, E, Haase, HJ, & Bewley-Taylor, D (2013). Legally regulated cannabis markets in the US: Implications and possibilities. Swansea: Global Drug Policy Observatory.
9. Darling, D (2018). Oregon State University researchers find more college students using marijuana since legalization. 03.02.2018. In: http://projects.registerguard.com/rg/news/local/3567 6552-75/oregonstate-university-universityresearchers-.
10. Ghosh, T, Van Dyke, M, Maffey, A, Whitley, E, Gillim-Ross, L & Wolk, L (2016). The public health framework of legalized marijuana in Colorado. In: American Journal of Public Health 106. Pp. 21-27.
11. Hall, WD & Degenhardt, L (2009). Adverse health effects of non-medical cannabis use. In: Lancet 374 (9698). Pp. 1383-1391.
12. Hall, WD & Degenhardt, L (2014a). The adverse health effects of chronic cannabis use. In: Drug Test Anal 6. Pp. 39-45.
13. Hall, WD (2014b). What has research over the past two decades revealed about the adverse health effects of recreational cannabis use? In: Addiction 110. Pp. 19-35.
14. Hall, WD & Weier, M (2015). Assessing the Public Health Impacts of Legalizing Recreational Cannabis Use in the USA. In: Clinical pharmacology & therapeutics. Vol. 97/6. Pp. 607-615.
15. Hechter, P (2014). Weed land: inside America's marijuana epicentre and how pot went legit. Berkeley: University of California Press.

16. Hudak, J (2014). Colorado's rollout of legal marijuana is succeeding: A report on the state's implementation of legalization. Washington: Brookings.

17. Kilmer, B, Caulkins, JP, Midgette, G. Dahlkemper, L, MacCoun, RJ & Liccardo Pacula, R (2013b). Before the Grand Opening: Measuring Washington State's Marijuana Market in the Last Year Before Legalized Commercial Sales. Santa Monica: RAND.

18. Kilmer, B (2014). Policy designs for cannabis legalization: Starting with the eight Ps. In: The American Journal of Drug and Alcohol Abuse.

19. Kilmer, B (2015). The "10 Ps" of marijuana legalization. Berkeley review of latin American studies, Spring 2015. Pp. 52-57.

20. Kilmer, B (2017). Recreational Cannabis – Minimizing the Health Risks from Legalization. In: New England Journal of Medicine 376 (8). Pp. 705-707.

21. Kleiman, M (2015a). Legal commercial cannabis sales in Colorado and Washington: What can we learn. Washington: Brookings.

22. Liccardo Pacula, R, Kilmer, B, Wagenaar, AC, Chaloupka, FJ & Caulkins, JP (2014). Developing Public Health Regulations for Marihuana: Lessons From Alcohol and Tobacco. In: American Journal of Public Health.

23. Miron, J (2014). Marijuana policy in Colorado. Cato Working Paper.

24. Munoz, AE, Flick, P, Lucero, L & English, K (2017). Summary of Law Enforcement and District Attorney Reports of Student Contacts: 2012-2014, 2014-2015, 2015-2016. Ed. Colorado Department of Public Safety. In: http://www.jrsa.org/pubs/sac-digest/vol-26/co-hb15-1273-student contacts.pdf.

25. Pardo, B (2014). Cannabis policy reforms in the Americas: A comparative analysis of Colorado, Washington and Uruguay. In: International Journal of Drug Policy 25. Pp. 727-735.

26. Room, R (2014). Legalizing a market for cannabis for pleasure: Colorado, Washington, Uruguay and beyond. In: Addiction 109. Pp. 345-351.

27. Schuermeyer, J, Salomonsen-Sautel, S, Price, RK et al. (2014). Temporal trends in marijuana attitudes, availability and use in Colorado compared to non-medical marijuana states: 2003-2011. In: Drug and Alcohol Dependence 140. Pp. 145-155.

28. Subritzky, T, Pettigrew, S & Lenton, S (2016). Issues in the implementation and evolution of the commercial recreational marijuana market in Colorado. In: International Journal of Drug Policy. Vol. 27. Pp. 1-12.

29. Wallach, P (2014). Washington's marijuana legalization grows knowledge, not just pot. A report on the State's strategy to assess reform. Washington: Brookings.

30. Wang, G, Hall, K, Vigill, D, Banerji, S, Monte, A & Van Dyke, M (2017). Marijuana and acute health care contacts in Colorado. In: Preventive medicine 104. Pp. 24-30.

31. Wong, K, Clarke, C & Harlow TG (2016). The legalization of marijuana in Colorado. Ed. The Impact. In: https://www.sheriffs.org/sites/default/files/2016%20FINAL%20Legalization%20of%20Marijuana%20in%20Colorado%20The%20Impact.pdf.

A.20. Beispiel Portugal / Entkriminalisierung des Besitzes geringer Cannabismengen bei Erwachsenen

1. Agra, C (2009). Requiem für den Krieg gegen Drogen: portugiesische Erfahrungen der Entkriminalisierung. In: Soziale Probleme 20 (1/2). 90-118.

A.21. Beispiel Schweiz / Entkriminalisierung des Erwerbs geringer Cannabismengen bei Erwachsenen

1. Baumberger, P (2018). Cannabispolitik in der Schweiz: auf indirektem Weg zum Ziel. Vortrag auf den 23. Suchttherapietagen in Hamburg. In: http://www.tinyurl.com/y787y84g.

2. Baumgartner, H & Jann-Corrodi, D (1989). Drogen und Strafjustiz im Kanton Zürich. In: Kriminalistik. 186-192.

3. Fahrenkrug, H (2004). Cannabispolitik in der Schweiz: Über Öffnung und Schließung des „Reformfensters". In: DHS/Gassmann, R (Hrsg.). Cannabis. Neue Beiträge zu einer alten Diskussion. Freiburg. Vgl. auch: http://www.sfa-ispa.ch/Actions/de/Cannabispravention.htm.

A.22. Cannabiskonsum und Straßenverkehr

1. Asbridge, M, Hayden, JA & Cartwright, JL (2012). Acute cannabis consumption and motor vehicle collision risk: systematic review of observational studies and meta-analysis. In: British Medical Journal 344. P. e536.

2. Grotenhermen, F & Karus, M (2002). Cannabis, Straßenverkehr und Arbeitswelt. Recht - Medizin – Politik. Berlin: Springer.

3. Johnson, T (2016). Fatal road crashes involving marijuana double after state legalizes drug. Ed. AAA NewsRoom. In: http://newsroom.aaa.com/2016/05/fatal-road-crashes-involving-marijuana-doublestate-legalizes-drug/.

4. Quensel, S (2001). Cannabis, Straßenverkehr und junge Leute - Ein Dispositiv im Generationenkonflikt. In: Grotenhermen, F & Karus, M (Hrsg.). Cannabis, Straßenverkehr und Arbeitswelt. Berlin.

5. Ronen, A, Chassidim, HS, Gershon, P, Parmet, Y, Rabinovich, A, Bar-Hamburger, R, Cassuto, Y & Shinar, D (2010). The effect of alcohol, THC and their combination on perceived effects, willingness to drive and performance of driving and non-driving tasks. In: Accid Anal Prevent 42 (6). Pp. 1855-1865.

6. Schöch, H (1998). Straf-, verwaltungs- und zivilrechtliche Aspekte des Fahrens unter Cannabiseinfluss. In: Berghaus, G & Krüger, HP (Hrsg.). Cannabis im Straßenverkehr. Stuttgart, Jena, Lübeck, Ulm.

7. Schulze, H et al. (2012). „Driving Under Influence of Drugs, Alcohol and Medicines" (DRUID) Final Report: Work performed, main results and recommendations. Bergisch Gladbach. http://www.druid-project.eu/Druid/EN/Dissemination/downloads_and_links/Final_Report.pdf?__blob=publicationFile&v=1, aufgerufen am 05.08.2015.

8. Wong, K et al. (2014). Establishing legal limits for driving under the influence of marijuana. In: Injury Epidemiology, Vol. 1.

9. Elvik, R (2013). Risk of road accident associated with the use of drugs: A systematic review and meta-analysis of evidence from epidemiological studies. In: Accident Anal Prevent 60. Pp. 254-267.

A.23. Volkswirtschaftliche und steuerrechtliche Aspekte einer Cannabislegalisierung

1. Barth, R (1996). Alkoholkonsum aus volkswirtschaftlicher Sicht. In: Suchtreport 4. 611.

2. Bongartz, M & Schröer-Schallenberg, S (2011). Verbrauchssteuerrecht. 2. Auflage. München.

3. Chaloupka, FJ, Grossman, M & Saffer, H (2002). The effects of price on alcohol consumption and alcohol-related problems. In: Alcohol Research & Health 26 (1). Pp. 22-34.

4. Effertz, T, Verheyen, F & Linder, R (2014). Die medizinischen Kosten schädlichen Alkohol- und Tabakkonsums in Deutschland – eine Analyse mittels GKV-Routinedaten. In: SUCHT 60 (4). 203-213.

5. Effertz, T (2015). Die volkswirtschaftlichen Kosten gefährlichen Konsums. Eine theoretische und empirische Analyse für Deutschland am Beispiel Alkohol, Tabak und Adipositas. Frankfurt a. M.: Lang.

6. Effertz, T, Verheyen, F & Lindner, R (2016). Ökonomische und intangible Kosten des Cannabiskonsums in Deutschland. In: Sucht 62. Göttingen: Hogrefe. 31-41.

7. Friedli, D (2018). Cannabis bringt Millionen ein. In: NZZ am Sonntag vom 08.04.2018. 9.

8. Friedman, M (1971). Kapitalismus und Freiheit. Stuttgart-Degerloch: Seewald.

9. Grundlehner, W (2017). Cannabis benebelt die Investoren. In: Neue Zürcher Zeitung vom 27. Juni 2017. 29.
10. Homann, Karl (Hrsg.)(1992). Wirtschaftsethische Perspektiven des Drogenproblems. Berlin.
11. Jatzke, H (1997). Das System des deutschen Verbrauchssteuerrechts. Berlin.
12. Konnopka, A & König, HH (2007). The direct and indirect costs attributable to alcohol consumption in Germany. In: Pharmacoeconomics 25 (7). Pp. 605-618.
13. Lynskey, MT (O.J.). Cannabis Users vs. Co-twin Controls. In: JAMA 289. Pp. 427-433.
    In: http://www.lynxbroker.de/artikel/die-besten-marihuana-aktien/, aufgerufen am 24.03.2019.
14. Monsanto plant gentechnisch verändertes Marihuana. Deutsche Wirtschaftsnachrichten vom 17.12.2013. In: https://deutsche-wirtschafts-nachrichten.de/2013/12/17/monsanto-plantgen technischveraendertes-marihuana/.
15. Neumann, M & Toepffer, J (1995a). Zur Problematik einer Beurteilung der volkswirtschaftlichen Bedeutung des Alkoholkonsums. In: Fundamenta Psychiatrica: Psychiatrie und Psychotherapie in Theorie und Praxis 9 (3). 127-135. 3242.
16. Neumann, M & Toepffer, J (1995b). Alkoholkonsum – Problematik einer volkswirtschaftlichen Beurteilung. In: Fortschritte der Medizin (113) 33. 476-479.
17. ntv (2019). Beitrag „Marihuana wird zum Ladenhüter. Anbieter werden ihr Cannabis nicht los" vom 06.12.2019, aufgerufen am 07.12.2019.
18. Pfab, A (2005). Rechtsfragen rund um das Alkopopsteuergesetz. In: ZfZ. 110.
19. Rusche, S (2017a). Tracking the Money That's Legalizing Marijuana and Why It Matters. In: http://www.nationalfamilies.org/survey_report.html.
20. Rusche, S & Sabet, K (2017b). What Will Legal Marijuana Cost Employers? In: https://www.natio nalfamilies.org/reports/What_Will_Legal_Marijuana_Cost_Employers--Complete.pdf.
21. Von Wedelstädt, A (2015). Abgabenordnung und Finanzgerichtsordnung. 21. Auflage. Stuttgart.

A.24. Cannabiskonsum und Erziehung

1. Calafat, A, Garcia, F, Montse, J, Becoña, E & Fernández-Hermida, JR (2014). Which parenting style is more protective against adolescent substance use? Evidence within the European context. In: Drug and Alcohol Dependence. Volume 138. Pp. 185-192.
2. Hoffmann, D, Strey, G & Wallraven, KP (Hrsg.)(1993). FreizeitLernen. Intentionen und Dimensionen pädagogischer Kulturarbeit. Weinheim: Deutscher Studien Verlag.
3. Horwood, LJ, Fergusson, DM, Hayatbakhsh, MR, Najman, JM, Coffey, C, Patton, GC et al. (2010). Cannabis use and educational achievement: findings from three Australasian cohort studies. In: Drug Alcohol Depend 110 (3). Pp. 247-253.
4. Hurrelmann, K & Unverzagt, G (2000). Kinder stark machen für das Leben. Freiburg: Herder.
5. Hurrelmann, K & Bründel, H (2003). Einführung in die Kindheitsforschung. Beltz.
6. Koller, G (2006). Das Feuer hüten. Risflection – Ein Handlungsmodell zur Entwicklung von Rausch- und Risikopädagogik im Cannabiskonsum. In: Kolte, B et al. (Hrsg.). Was tun, wenn Cannabis zum Problem wird? Frankfurt/Main.
7. Schlieckau, J (2009). Pädagogische Ansätze in der Postakutbehandlung. In: Thomasius, R et al. (Hrsg.). Suchtstörungen im Kindes- und Jugendalter. Das Handbuch: Grundlagen und Praxis. Stuttgart, New York: Schattauer. 260-270.
8. Schlieckau, J & Geest, I (2019). Broschüre für Eltern cannabisgefährdeter Jugendlicher in Stadt und Landkreis Cuxhaven. Cuxhaven: Eigenverlag VBS e. V.
9. Tossmann, P (1998). Haschisch – Lebensprobleme und Drogenabhängigkeit. Ein Ratgeber für Eltern und Jugendliche. Berlin: Beltz.
10. Urech, C (2009). Rauchen, Saufen, Kiffen. Dank Erziehung stark gegen Abhängigkeit. Zürich: Atlantis pro juvente.
11. Widmer, A (2006). Kiffen bei Jugendlichen: Kursangebot „Spaß am Leben". In: Kolte, B et al. (Hrsg.). Was tun, wenn Cannabis zum Problem wird? Frankfurt am Main.

A.25. Modelle der Cannabisprävention und -behandlung

1. Anthony, JC (2006). The epidemiology of cannabis dependence. In: Roffman, RA & Stephens, RS (Eds.). Cannabis dependence: Its nature, consequences and treatment. Cambridge, UK: Cambridge University Press. Pp. 58-105.
2. Bender, K, Tripodi, S, Sarteschi, C & Vaughn, M (2011). A meta-analysis of interventions to reduce adolescent cannabis use. In: Research Soc Work Pract 21. Pp. 153-164.
3. Benyamina, A, Lacacheux, M, Blecha, L, Reynaud, M & Lukasiewicz, M (2008). Pharmacotherapy and psychotherapy in cannabis withdrawal and dependence. In: Expert Rev Neurother 8. Pp. 479-491.
4. Bonnet, U (2007). Moderne Behandlung der Cannabisabhängigkeit. In: Suchttherapie 8/2007. 33-40.
5. Budney, AJ, Moore, BA, Rocha, DL & Higgins, ST (2006b). Clinical trial of abstinence-based vouchers and cognitive-behavioral therapy for cannabis dependence. In: Journal Consult Clinical Psychology 74. Pp. 307-316.
6. Budney, AJ, Roffman, R, Stephens, RS & Walker, D (2007). Marijuana dependence and its treatment. In: Addict Science Clinical Pract 4. Pp. 4-16.
7. Davis, ML, Powers, MB, Handelsman, P, Medina, JL, Zvolensky, M & Smits, JA (2015). Behavioral therapies for treatment-seeking cannabis users: A meta-Analysis of randomized controlled trials. In: Eval Health Prof 38. Pp. 94-114.
8. Denis, C, Lavie, E, Fatséas, M & Auriacombe, M (2013). Psychotherapeutic interventions for cannabis abuse and/or dependence in outpatient settings. In: Cochrane Database Syst Rev 2006 (3): CD00 5336. Review Update.
9. Dutra, L, Stathopoulou, G, Basden, SL et al. (2008). A meta-analytic review of psychosocial interventions for substance use disorders. In: American Journal of Psychiatry 165. Pp. 179-187.
10. Franzkowiak, P & Schlömer, H (2003). Entwicklung der Suchtprävention in Deutschland. Konzepte und Praxis. In: Suchttherapie 4 (4). 175-182.
11. Hoch, E, Noack, R, Henker, J et al. (2012). Efficacy of a targeted cognitive-behavioral treatment program for cannabis use disorders (CANDIS). In: European Neuropsychopharmacology 22. 267-280.
12. Hoch, E, Bühringer, G, Pixa, A et al. (2014). CANDIS treatment program for cannabis use disorders: findings from a randomized multi-site translational trial. In: Drug Alcohol Depend 134. Pp. 185-193.
13. Hoch, E, Petersen, KU & Thomasius, R (2016). Cannabis. In: Batra, A & Bilke-Hentsch, O (Hrsg.). 33. Praxisbuch Sucht. Therapie der Suchterkrankungen im Jugend- und Erwachsenenalter. Stuttgart New York: Thieme.
14. Horn, WR (2004). Cannabis-Prävention in der pädiatrischen Praxis. In: Kinder- und Jugendarzt 35 (5). 343-353.
15. Hurrelmann, K (1994). Suchtprävention trotz gesellschaftlicher Ursachen? In: DHS (Hrsg.)(1994). Suchtprävention. Freiburg.
16. Kadden, RM, Litt, MD, Kabela-Cormier, E & Petry, NM (2007). Abstinence rates following behavioral treatments for marijuana dependence. In: Addict Behav 32. Pp. 1220-1236.
17. Kim, JI (2003). Drogenkonsum von Jugendlichen und suchtpräventive Arbeit. Frankfurt am Main.
18. Kolte, B & Stöver, H (2006b). „In einer Spirale nach oben" – Ein bibliotherapeutisches Programm für mehr Selbstkontrolle und reduzierten Drogengebrauch als Angebot für problematisch gebrauchende CannabiskonsumentInnen. In: Kolte, B et al. (Hrsg.). Was tun, wenn Cannabis zum Problem wird? Frankfurt am Main.
19. Landschaftsverband Westfalen-Lippe (LWL; Hrsg.)(2007). Expertise „Zugang zu jungen Cannabiskonsumentinnen". Münster.
20. Marizzis, K, Universität Bielefeld Fakultät für Gesundheitswissenschaften, School Ob Public Health - WHO Collaborating Center AG Prävention und Gesundheitsförderung (Hrsg.)(2004). Bericht Wissenschaftliche Begleitung des NRW-Modellprojektes MOVE Motivierende Kurzintervention in der Schwerpunktprävention mit konsumierenden Jugendlichen. Bielefeld.

21.Petermann, H & Roth, M (2006). Suchtprävention im Jugendalter. Interventionstheoretische Grundlagen und entwicklungspsychologische Perspektiven. Weinheim: Juventa.

22.Petermann, F & Helbig, S (2008). Entwicklungsaufgabe "Substanzgebrauch": Bewältigungskompetenzen und Ressourcenförderung bei Jugendlichen und jungen Erwachsenen. In: Sucht Aktuell 15. 14-19.

23.Rosenbaum, M (2016). New perspectives on drug education/prevention. In: Journal of Psychoactive Drugs. Vol 48 (1). Pp. 28-30.

24.Schettino, J et al. (2015). Treatment of cannabis related disorders in Europe. In: European Monitoring Centre for Drugs and Drug Addiction. Lissabon.

25.Schlieckau, J (2011). Jugendliche mit cannabisbezogenen und komorbiden Störungen. München: GRIN Verlag.

26.Simon, R, Sonntag, D, Bühringer, G, et al. (2004). Cannabisbezogene Störungen: Umfang, Behandlungsbedarf und Behandlungsangebot in Deutschland. München. In: http://www.bmgs.bund.de/downloads/cannabisbezogenestoerungen.pdf.

27.Tait, RJ & Christensen, H (2010). Internet-based interventions for young people with problematic substance use: a systematic review. In: Med Journal Aust 192. P. 15.

28.Thomasius, R & Stolle, M (2008). Substanzbezogene Störungen im Kindes- und Jugendalter - diagnostische und therapeutische Strategien. In: Sucht Aktuell 15. 41-48.

29.Thomasius, R, Weymann, N, Stolle, M & Petersen, KU (2009). Cannabiskonsum und -missbrauch bei Jugendlichen und jungen Erwachsenen. Auswirkungen, Komorbidität und therapeutische Hilfen. In: Psychotherapeut 54. 170-178.

30.Thomasius, R (2005). Cannabismissbrauch und -abhängigkeit erkennen und behandeln. Die Folgen regelmäßigen Konsums werden oft unterschätzt. In: IN[FO]Neurologie & Psychiatrie 7 (6). 48-56.

31.Wartberg, L (2011). Ergebnisse einer Katamnesestudie zur stationären Behandlung jugendlicher Substanzkonsumenten: Kovac.

32.Wied, K (2002). Veränderte Missbrauchsmuster und qualifizierte Entzugsbehandlung Jugendlicher. Euro-TC-Konferenz. Berlin.

B. Politische Stellungnahmen zur Cannabispolitik

1. Akzept e. V. (2001a). Cannabisreform in Deutschland: Argumente und Fakten. Eine politische Bestandsaufnahme. Materialien Nr. 5. Münster.

2. Akzept e. V. (2001b). Die Cannabiskampagne. In: Akzeptanz 9. Jg. Heft 2. 50-55.

3. Akzept e. V. (2014). Nach dem Krieg gegen die Drogen: Modelle für einen regulierten Umgang. Berlin.

4. Amendt, G (O. J.). Drogenpolitik – Dafür gibt's was auf die Pfoten, In: http://woz.ch/artikel/2007/nr49/leben/15719.html.

5. Babor, TF, Caetano, R, Casswell, S, Edwards, G, Giesbrecht, N, Graham, K, Grube, JW, Hill, L, Holder, HD, Homel, R, Livingstone, M, Österberg, E, Rehm, J, Room, R & Rossow, I (2010). Alcohol: No ordinary commodity - Research and Public Policy. 2nd edition. Oxford and London: Oxford University Press.

6. Blickman, T (2014). Cannabis policy reform in Europe: Bottom up rather than top down. Amsterdam: Transnational Institute (TNI).

7. Bürgerschaft der Freien und Hansestadt Hamburg (2015). Protokoll der öffentlichen Sitzung des Gesundheitsausschusses vom 24.09.2015. Thema: Modellprojekt zur kontrollierten Abgabe von Cannabis an Erwachsene. Hamburg.

8. Bundesministerium für Gesundheit und Soziale Sicherung (2004). PM v. 30. November 2004: „Jugendkult". Cannabis - Risiken werden oft verharmlost, Hilfen für riskante Konsumenten erforderlich. In: http://www.bmgs.bund.de.

9. Bundesministerium für Gesundheit (BMG)(2007). Sucht- und Drogenbericht 2006. Berlin.

10.Bundesministerium für Gesundheit (BMG)(2008). Sucht- und Drogenbericht 2007. Berlin.

11. Bundesministerium für Gesundheit (BMG). http://www.bundesgesundheitsministerium.de/servi ce/begriffe-von-a-z/c/cannabis/faqcannabis-als-medizin.html.

12. Bundesverband der deutschen Spirituosenindustrie und -Importeure e.V. (BSI)(2018). Daten aus der Alkoholwirtschaft 2018. Bonn.

13. Bundesvereinigung Deutscher Apothekerverbände e. V. (ABDA), https://www.abda.de/service/ter mine/terminarchiv/rezepturarzneimittel-mit-cannabis/.

14. Weinkauf, W (2001). Die Philosophie der Stoa. Ausgewählte Texte. Stuttgart: Reclam.

15. Bussik, D & Eckert-Lill, C; Bundesapothekerkammer (2017). Cannabis als Medizin, Was kommt auf die Apotheken zu? In: Pharmazeutische Zeitung, http://www.pharmazeutische-zeitung.de/index .php?id=67762, 08/2017, aufgerufen am 17.02.2019.

16. DAP – Deutsches Apotheken Portal (2017). Cannabis aus der Apotheke. Stand: November 2017. https://www.deutschesapothekenportal.de/fileadmin/user_upload/download/arbeitshilfen/dap _merkblatt_cannabis.pdf.

17. Deutscher Bundestag (2007). Medizinische Verwendung von Cannabis erleichtern. Antrag der Abgeordneten Dr. Harald Terpe. Drucksache 16/7285 vom 27.11.2007.

18. Deutscher Bundestag (2008). Cannabis zur medizinischen Behandlung freigeben. Antrag der Abgeordneten Monika Knoche. Drucksache 16/9749 vom 25.06.2008.

19. Deutscher Bundestag (2011). Zugang zu medizinischem Cannabis für alle betroffenen Patientinnen und Patienten ermöglichen. Antrag der Abgeordneten Dr. Harald Terpe. Drucksache 17/ 6127 vom 08.06.2011.

20. Deutscher Bundestag (2012a). Öffentliche Anhörung zum Antrag der Abgeordneten Frank Tempel, Dr. Martina Bunge, Jan Korte, weiterer Abgeordneter und der Fraktion DIE LINKE. Legalisierung von Cannabis durch die Einführung von Cannabisclubs. BT-Drucksache 17/7196 vom 25.01.2012. Berlin.

21. Deutscher Bundestag (2012b). Eigengebrauch von Cannabis wirksam entkriminalisieren – Nationale und internationale Drogenpolitik evaluieren. Antrag der Abgeordneten Dr. Harald Terpe et al. Drucksache 17/9948 vom 13.06.2012. Berlin.

22. Deutscher Bundestag (2015). Entwurf eines Cannabiskontrollgesetzes (CannKG). Gesetzentwurf der Abgeordneten Dr. Harald Terpe. Drucksache 18/4204 vom 04.03.2015. http://dip21.bundestag.de/ dip21/btd/18/042/1804204.pdf, aufgerufen am 05.08.2015.

23. Deutscher Bundestag (2016). Antwort der Bundesregierung auf die Kleine Anfrage der Abgeordneten Dr. Harald Terpe, Beate Walter-Rosenheimer, Maria Klein-Schmeink, weiterer Abgeordneter und der Fraktion BÜNDNIS 90/DIE GRÜNEN – Drucksache 18/8465 – Alkoholprävention in Deutschland, vom 31.05.2016.

24. Deutscher Bundestag (2017). Antwort der Bundesregierung auf die kleine Anfrage der LINKEN. 27.03.2017. Drucksache 18/11701. Cannabismedizin und Straßenverkehr. In: http://dip21.bundes tag.de/dip21/btd/18/117/1811701.pdf.

25. Deutscher Bundestag (2019). Sachstand zur Verkehrstüchtigkeit unter Einfluss von Cannabis. Grenzwerte und Messverfahren in Deutschland und den Niederlanden. Az WD7-3000-040/19.

26. DICE Consult GmbH; Deutscher Hanfverband (Hrsg.)(2018). Die Kosten der Cannabis-Prohibition in Deutschland. Düsseldorf.

27. Die Drogenbeauftragte der Deutschen Bundesregierung (2017). Drogen- und Suchtbericht 2017. Berlin.

28. Die Drogenbeauftragte der Deutschen Bundesregierung. Cannabis als Medizin. http://www.drogen beauftragte.de/themen/drogenpolitik/cannabis-als-medizin.html.

29. Dreitzel, HP (1997). Drogen für alle. Manuskript. Berlin.

30. Friedmann, M (1992). Der Drogenkrieg ist verloren. In: Spiegel Nr. 14/1992. 77-86.

31. Ganschow, M (1990). Drogen-Freigabe? Vorsicht Glatteis! In: Suchtreport, H. 2. 13-17.

32. Geyer, S & Wurth, G (2008). Rauschzeichen - Cannabis: Alles, was man wissen muss. Köln: Kiepenheuer & Witsch.

33. Gröhe, H (2017). Bundesgesundheitsminister Hermann Gröhe am 19. Januar: „Schwerkranke müssen bestmöglich versorgt werden". Gesetz „Cannabis als Medizin" vom Bundestag einstimmig beschlossen. Pressemitteilung des Bundesministeriums für Gesundheit. https://www.drogenbeauf

tragte.de/fileadmin/dateiendba/Drogenbeauftragte/4_Presse/1_Pressemitteilungen/2017/2017_
I_Quartal/Downloads/2017-01-19_02_PM_Cannabis_als_Medizin.pdf.

34. Gundlach, H (1991). Gegen Denkverbote bei der Drogenbekämpfung. In: Der Kriminalist. 297-299.

35. Hambrecht, M (2003). Schöne neue Welt: Cannabis für alle? Anmerkungen aus psychiatrischer Sicht. In: Psychiat Prax 30. 179-181.

36. Hess, H (1992). Schattenwirtschaft und Abenteuerkapitalismus. In: Neue Kriminalpolitik. H. 2. 24-29.

37. Jacobs, JB (1992). Nachdenken über die Legalisierung von Drogen. In: DVJJ-Journal H. 1-2. 110-116.

38. Katholnigg, O (1990). Ist die Entkriminalisierung von Betäubungsmittelkonsumenten mit scharfen Maßnahmen zur Eindämmung der Betäubungsmittelnachfrage vereinbar? In: Goltdammer's Archiv für Strafrecht. 193-200.

39. KfN (2017) Wissenschaftliche Stellungnahme zum Antrag der Fraktion der FDP (Dr.S. 17/6683) „Cannabis entkriminalisieren - Jugendschutz stärken" an den Niedersächsischen Landtag. Hannover: KfN.

40. Kindermann, W (1989). Das Drogenrecht sollte modifiziert werden: Akzeptanz und Hilfe statt Stigmatisierung und Strafe. In: Adams, M (Hrsg.). Drogenpolitik. Freiburg. 64-72.

41. Kleiman, M & Ziskind, J (2014). Lawful access to cannabis: Gains, losses and design criteria in LSE Expert Group on the Economics of Drug Policy. Ending the drug wars. London: LSE Ideas.

42. Körner, HH (1989). Anstelle Strafverfolgung der Drogenabhängigen begrenzte Straffreiheit zur medizinischen und psychosozialen Behandlung. In: Adams, M (Hrsg.). Drogenpolitik. Freiburg. 73-82.

43. Kolte, B, Schmidt-Semisch, H & Stöver, H (2006a). Cannabis: Zwischen Problem und Problematisierung. In: Kolte, B et al. (Hrsg.). Was tun, wenn Cannabis zum Problem wird? Frankfurt/Main: Fachhochschulverlag.

44. Landgericht Hildesheim (1992). Vorlagebeschluss vom 26.03.1992 zur Frage der Verfassungsmässsigkeit des Verbots von Cannabis. In: DVJJ-Journal. H. 1-2. 117-118.

45. Landgericht Lübeck (1992). Vorlagebeschluss vom 19.12.1991 zur Frage der Verfassungsmäßigkeit des Verbots von Cannabis. In: Strafverteidiger 1992. 168-180.

46. Loos, P (1987). Vater Staat als Drogenspender? In: Kriminalistik. 17-21.

47. Ministry of Public Health of Belgium (2002). Cannabis 2000. Technical Report of the International Scientific Conference. 25.02.2002. Brüssel.

48. Neu, P (2018). Betrachtungen zu einer möglichen Neuregulierung der Cannabispolitik in Deutschland unter Berücksichtigung der Erfahrungen aus den Niederlanden und Colorado. In: Fortschritte der Neurologie-Psychiatrie 86 (7). 428-433.

49. Obradovic, I (2016). Législations relatives à l'usage et à la détention de cannabis: Définitions et état des lieux en Europe. Paris: OFDT.

50. Patzak, J (2014). Stellungnahme zum Antrag verschiedener Abgeordneter sowie der Fraktionen DIE LINKE und BÜNDNIS90/DIE GRÜNEN vom 4. Juni 2014 (BT-Drs. 18/1613) für die öffentliche Anhörung des Gesundheitsausschusses des Deutschen Bundestages am 5. November 2014.

51. Quensel, S (1989). Cannabis Politik. In: Scheerer, S & Vogt, I (Hrsg.). Drogen und Drogenpolitik. Frankfurt/M., New York. 396-407.

52. Rolles, S, & Murkin, G (2013). How to Regulate Cannabis: A Practical Guide. Bristol: Transform Drug Policy Foundation.

53. Rolles, S (2014). Cannabis policy in the Netherlands: Moving forwards and not backwards. Bristol: Transform Drug Policy Foundation.

54. Schildower Kreis (2013). Resolution deutscher Strafrechtsprofessorinnen und -professoren an die Abgeordneten des Deutschen Bundestages. In: http://www.schildower-kreis.de/themen/.

55. Schlee, D (1990). "Die Drogen rauben uns unsere Kinder". Sicherheitspolitische Betrachtung des Rauschgiftproblems. In: Schlee, D (Hrsg.). Drogen rauben unsere Kinder. Stuttgart u. a. 126-195.

56. Schlieckau, J (2004). Themeninterview. In: SPIEGEL TV XXP (Hrsg.). Die Seuche Cannabis. Drogen an Deutschlands Schulen. 28.06.2004. Berlin.

57. Schlieckau, J (2010). Rauschtrinken und evidenzbasierte Alkoholkontrollpolitik. München: Grin Verlag.

58. Schlieckau, J (2015). Kompendium der deutschen Alkoholpolitik: Zum Schutz unserer Kinder und Jugendlichen brauchen wir eine wirksame Verhältnisprävention. Hamburg: disserta Verlag.
59. Schmidt-Semisch, H (2000). Cannabis - Legalisierungsmodelle. In: Schneider, W et al. (Hrsg.). Cannabis - Eine Pflanze mit vielen Facetten. Berlin.
60. Schneider, W (1996). Einstiegsdroge Cannabis? In: Akzept e.V. (Hrsg.). Wider besseres Wissen. Die Scheinheiligkeit der Drogenpolitik. Bremen.
61. Schneider, W (2000). Drogenmythen. Zur sozialen Konstruktion von „Drogenbildern" in Drogenhilfe, Drogenforschung und Drogenpolitik. Berlin.
62. Schneider, W (2004). Sinn und Unsinn suchtpräventiver Maßnahmen – Zur gesellschaftlichen Konstruktion von Drogenproblemen. In: Schneider, W & Gerlach, R (Hrsg.). DrogenLeben. Bilanz und Zukunftsvisionen akzeptanzorientierter Drogenhilfe und Drogenpolitik. Berlin.
63. Schneider, W (2006). Die sanfte Kontrolle. Suchtprävention als Drogenpolitik. Berlin.
64. Siebert, J (2018). Begehrte Blüten. In: SZ vom 09.03.2018. 5.
65. Stöver, H (1996). Dammbruchszenarien oder Aufklärung und Enkulturation. In: Akzept e. V. (Hrsg.). Wider besseres Wissen. Die Scheinheiligkeit der Drogenpolitik. Bremen.
66. Stöver, H & Plenert, M (2013). Entkriminalisierung und Regulierung. Friedrich-Ebert-Stiftung.
67. Stroup, K (2013). It's NORML to smoke pot: The 40-year fight for marijuana smokers' rights. New York: Trans High Corporation.
68. Thamm, BG (1989a). Drogenpolitik darf kein Tabuthema sein: Drogenliberalisierung heute und Drogenlegalisierung morgen. In: Adams, M (Hrsg.). Drogenpolitik. Freiburg. 89-95.
69. Thamm, BG (1989b). Drogenfreigabe Ausweg? Hilden.
70. Thomasius, R (2012). Stellungnahme zum Antrag der Fraktion BÜNDNIS90/DIEGRÜNEN „Eigengebrauch von Cannabis wirksam entkriminalisieren – national und internationale Drogenpolitik evaluieren". Drucksache 17/9948. Berlin.
71. Thomasius, R (2018). Stellungnahme des Einzelsachverständigen Prof. Dr. med. Rainer Thomasius zum Gesetzentwurf der Abgeordneten Dr. Kirsten Kappert-Gonther, Katja Dörner, Maria Klein-Schmeink, weiterer Abgeordneter und der Fraktion BÜNDNIS 90/DIE GRÜNEN Entwurf eines Cannabiskontrollgesetzes (CannKG), BT-Drucksache 19/819 vom 24.06.2018.
72. Yazdi, K (2018). Die Cannabis-Lüge. Warum Marihuana verharmlost wird und wer daran verdient. Berlin: Schwarzkopf-Verlag.
73. Zobel, F & Marthaler, M (2014a). Four shades of green: Modelle der Cannabisregulierung. In: Sucht Magazin 6/2014.
74. Zobel, F & Marthaler, M. (2014b): Vom Río de la Plata bis zum Genfersee: Regulierung des Cannabismarktes – neue Entwicklungen. 2. aktualisierte Auflage des Berichts Von den Rocky Mountains bis zu den Alpen. Lausanne: Sucht Schweiz.
75. Zobel, F & Marthaler, M (2016). Neue Entwicklungen in der Regulierung des Cannabismarktes: von A (Anchorage) bis Z (Zürich). 3. aktualisierte Auflage des Berichts Von den Rocky Mountains bis zu den Alpen. Lausanne: Sucht Schweiz.

C. Behördliche Stellungnahmen zur Cannabispolitik

1. ABDA. https://www.abda.de/service/termine/terminarchiv/rezepturarzneimittel-mit-cannabis/.
2. Alaska Department of Public Safety (2016b). Uniform Crime Reports, 2014-2016. Retrieved February 6, 2018, from https://dps.alaska.gov/Statewide/R-I/UCR.
3. Alaska Department of Public Safety (2016a). Alaska state troopers annual drug report. Retrieved February 3, 2018, from https://dps.alaska.gov/getmedia/f259530b-5277-408e-9d45-4999958fe530/2016-Annual-Drug-Report6-28-17final.aspx.
4. BAK (Hrsg.)(2017). Verordnung von Arzneimitteln mit Cannabisblüten, extrakt und Cannabinoiden. Information für verschreibende Ärzte/innen. Stand: 02.03.2017. 3.
5. BfArM (2017). Cannabis als Medizin. Hinweise für Ärzte. http://www.bfarm.de/DE/Bundesopiumstelle/Cannabis/Hinweise_Aerzte/_node.html.

6. BfArM. Begleiterhebung. In: http://www.bfarm.de/DE/Bundesopiumstelle/Cannabis/Begleiterhe bung/_node.html.

7. Bund Deutscher Kriminalbeamter (2014). Drogenpolitik: BDK unterstützt Forderung nach Einsetzung einer Enquete-Kommission. In: https://www.bdk.de/der-bdk/aktuelles/der-kommentar/dro genpolitik-bdk-unterstutzt-forderung-nach-einsetzung-einer-enquete-kommission.

8. Bundesärztekammer, kassenärztliche Bundesvereinigung und Arzneimittelkommission (2008). Stellungnahme zu den Anträgen der Fraktion BÜNDNIS 90/DIE GRÜNEN „Medizinische Verwendung von Cannabis erleichtern" vom 27. Nov. 2007 und der Fraktion Die LINKE „Cannabis zur medizinischen Behandlung freigeben" vom 25.06.2008. Berlin.

9. Bundesärztekammer (BAK)(2013a). Stellungnahme zum Antrag der Fraktion BÜNDNIS 90/DIE GRÜNEN „Eigengebrauch von Cannabis wirksam entkriminalisieren – Nationale und internationale Drogenpolitik evaluieren". Drucksache 17/9948. Berlin.

10. Bundesärztekammer in Abstimmung mit der Arzneimittelkommission der deutschen Ärzteschaft (2013b). Stellungnahme zu dem Antrag der Fraktion BÜNDNIS90/DIE GRÜNEN „Zugang zu medizinischem Cannabis für alle betroffenen Patientinnen und Patienten ermöglichen". Drucksache 17/6127, Berlin.

11. Bundesärztekammer (BAK, Hrsg.)(2017). Verordnung von Arzneimitteln mit Cannabisblüten, -extrakt und Cannabinoiden, Information für verschreibende Ärzte/innen. S. 7. Stand: 02.03.2017.

12. Bundesanstalt für Straßenwesen (2014). Begutachtungsleitlinien zur Kraftfahreignung. Bergisch Gladbach.

13. Bundesanstalt für Straßenwesen (2016). Begutachtungsleitlinien zur Kraftfahreignung. In: http://www.bast.de/DE/Verkehrssicherheit/Fachthemen/BLL/Begutachtungsleitlinien2016.pdf?__blob= publicationFile&v=9, 28.12.2016, insbesondere S. 82.

14. Bundesgerichtshof (1992a). Urteil vom 25.08.1992 zur Verfassungsmäßigkeit der Strafbarkeit von Haschischerwerb. In: Strafverteidiger. 513-514.

15. Bundesgerichtshof (1992b). Beschluss vom 25.09.1990 zum Schutzzweck der Vorschriften des Betäubungsmittelrechts. In: Strafverteidiger. 272-273.

16. Bundesinstitut für Arzneimittel und Medizinprodukte (BfArM)(2017). Cannabis als Medizin, Hinweise für Ärzte. In: http://www.bfarm.de/DE/Bundesopiumstelle/Cannabis/Hin weise_Aerzte/node.html, aufgerufen 17.02.2019.

17. Bundesinstitut für Arzneimittel und Medizinprodukte (BfArM), http://www.bfarm.de/DE/Bundes opiumstelle/Cannabis/Begleiterhebung/_node.html.

18. Bundesinstitut für Arzneimittel und Medizinprodukte (BfArM), http://www.bfarm.de/DE/Bundes opiumstelle/Cannabis/Hinweise_Patienten/_node.html.

19. Bundesinstitut für Arzneimittel und Medizinprodukte (BfArM). Zulassungsverfahren, http://www .bfarm.de/DE/Arzneimittel/zul/zulassungsverfahren/_node.html.

20. Bundeskriminalamt (2013). Rauschgiftkriminalität Bundeslagebild 2013. Wiesbaden.

21. Bundeskriminalamt (2017). Bericht zur polizeilichen Kriminalstatistik. Berlin.

22. Bundeskriminalamt. Lagebericht Rauschgift. Erscheint jährlich.

23. Bundeszentrale für gesundheitliche Aufklärung (BZgA; Hrsg.)(2001). Die Drogenaffinität Jugendlicher in der Bundesrepublik Deutschland 2000. Endbericht. Köln: BZgA.

24. Bundeszentrale für gesundheitliche Aufklärung (BZgA; Hrsg.)(2004). PM v. 30.11.2004: Cannabis bei Jugendlichen hoch im Kurs. Köln: BZgA. In: http://www.bzga.de.

25. Bundeszentrale für gesundheitliche Aufklärung (BZgA; Hrsg.)(2007). Cannabiskonsum der Jugendlichen und jungen Erwachsenen in Deutschland. Köln: BZgA. In: http://www.cannabis-archiv.de. Stand: 20.11.2006.

26. Bundeszentrale für gesundheitliche Aufklärung (BZgA; Hrsg.)(2008). Die Drogenaffinität Jugendlicher in der Bundesrepublik Deutschland 2008. Alkohol-, Tabak-, und Cannabiskonsum. Erste Ergebnisse zu aktuellen Entwicklungen und Trends. Köln: BZgA.

27. Bundeszentrale für gesundheitliche Aufklärung (BZgA)(2012). Drogenaffinität Jugendlicher in der Bundesrepublik Deutschland 2011. Der Konsum von Alkohol, Tabak und illegalen Drogen bei Ju-

gendlichen und jungen Erwachsenen. Kurzbericht zu einer aktuellen Repräsentativbefragung und Trends. Köln: BZgA.

28. Bundeszentrale für gesundheitliche Aufklärung (BZgA)(2014). Der Cannabiskonsum Jugendlicher und junger Erwachsener in Deutschland 2012. Ergebnisse einer aktuellen Repräsentativbefragung und Trends. Köln: BZgA.

29. Bundeszentrale für gesundheitliche Aufklärung (BZgA)(2015). Der Cannabiskonsum Jugendlicher und junger Erwachsener in Deutschland 2014. Ergebnisse einer aktuellen Repräsentativbefragung und Trends. Köln: BZgA.

30. Bundeszentrale für gesundheitliche Aufklärung (BZgA)(2016a). Die Drogenaffinität Jugendlicher in der Bundesrepublik Deutschland 2015. Köln: BZgA.

31. Bundeszentrale für gesundheitliche Aufklärung (BZgA)(2016b). Der Cannabiskonsum Jugendlicher und junger Erwachsener in Deutschland 2014 und2015. Zentrale Ergebnisse der bundesweiten BZgA-Repräsentativbefragung. Köln: BZgA.

32. Cremer-Schaeffer, P (2017a). Cannabis als Medizin: Bisherige Erfahrungen des BfArM und Aufgaben der Cannabisagentur. Vortrag MDK-Veranstaltung am 16.03.2017 in Dortmund.

33. Dauber, H, Specht, S, Künzel, J & Braun, B (2016) Suchthilfe in Deutschland 2015. Jahresbericht der Deutschen Suchthilfestatistik. München: IFT.

34. Deutsche Beobachtungsstelle für Drogen und Drogensucht (DBDD)(2014). Neue Entwicklungen und Trends Deutschland. Drogensituation 2013/2014. München.

35. Drug Policy Alliance (DPA)(2015a). Marijuana legalization in Colorado after one year of retail sales and two years of decriminalization. New York: DPA.

36. Drug Policy Alliance (DPA)(2015b). Marijuana legalization in Washington after 1 year of retail sales and 2.5 years of legal possession. New York: DPA.

37. EU Drugs Agency (EMCDDA)(2004). Is cannabis getting stronger? 25.06.04. In: http://www.Emcdda .eu. Stand: 09.09.2004.

38. Europäische Beobachtungsstelle für Drogen und Drogensucht (EBDD)(2007). Jahresbericht 2006. Stand der Drogenproblematik in der Europäischen Union und Norwegen. Lisboa.

39. Europäische Beobachtungsstelle für Drogen und Drogensucht (2011). Jahresbericht 2011. Stand der Drogenproblematik in Europa. Luxemburg: Amt für Veröffentlichungen der Europäischen Union.

40. Europäische Beobachtungsstelle für Drogen und Drogensucht (EBDD)(2012). Stand der Drogenproblematik in Europa. Jahresbericht 2012. Kapitel 3: Cannabis. Luxemburg: Amt für Veröffentlichungen der Europäischen Union. 44-54.

41. Europäische Beobachtungsstelle für Drogen und Drogensucht (EBDD)(2014). Drogenangebot in Europa (EMCDDA). In: Europäischer Drogenbericht 2014: Trends und Entwicklungen. Luxemburg: Amt für Veröffentlichungen der Europäischen Union.

42. Europäische Beobachtungsstelle für Drogen und Drogensucht (2015). Europäischer Drogenbericht 2015: Trends und Entwicklungen. Luxemburg: Amt für Veröffentlichungen der Europäischen Union. Vgl. auch: Cannabis: Prevalence and patterns of use. http://www.emcdda.europa.eu/online/annu al-report/2010/cannabis/3, aufgerufen am 05.08.2015.

43. Europäische Beobachtungsstelle für Drogen und Drogensucht (EBDD)(2016). Europäischer Drogenbericht 2016. Trends und Entwicklungen. Lissabon: Amt für Veröffentlichungen der Europäischen Union.

44. Europäische Beobachtungsstelle für Drogen und Drogensucht (EBDD)(2017). Europäischer Drogenbericht 2017: Trends und Entwicklungen. Amt für Veröffentlichungen der Europäischen Union, Luxemburg In: https://www.dbdd.de/fileadmin/user_upload_dbdd/05_Publikationen/PDFs/EDR-2017_DE.pdf, aufgerufen am 31.03.2019.

45. Europäische Beobachtungsstelle für Drogen und Drogensucht (EBDD)(2018). Europäischer Drogenbericht 2018: Trends und Entwicklungen. Amt für Veröffentlichungen der Europäischen Union, Luxemburg.

46. European Monitoring Centre for Drugs and Drug Addiction (EMCDDA)(2012). Cannabis production and markets in Europe, EMCDDA Insights. Luxembourg: Publications Office of the European Union.

47. European Monitoring Centre for Drugs and Drug Addiction (EMCDDA)(2013). Models for the legal supply of cannabis: recent developments. Lisbon: EMCDDA.

48. European Monitoring Centre for Drugs and Drug Addiction (EMCDDA)(2014). European Drug Report 2014: Trends and developments. Luxembourg: Publications Office of the European Union.

49. European Monitoring Centre for Drugs and Drug Addiction (EMCDDA)(2015). Treatment of cannabis-related disorders in Europe. Luxembourg: Publications Office of the European Union.

50. Gomes de Matos, E, Atzendorf, J, Kraus, L & Piontek, D (2016). Substanzkonsum in der Allgemeinbevölkerung in Deutschland. Ergebnisse des Epidemiologischen Suchtsurveys 2015. In: Sucht 62 (5). 271-281.

51. Haughwout, P & Slater, M (2018). Surveillance report #108: Apparent per capita alcohol consumption: National, state, and regional trends, 1977–2015. National Institute on Alcohol Abuse and Alcoholism (Ed.). Bethesda, MD. In: https://www.niaaa.nih.gov/sites/default/files/publications/Surveillance/Surveillance108/CONS15.pdf.

52. Henchman, J & Scarboro, M (2016). Marijuana legalization and taxes: lessons for other states from Colorado and Washington. Washington: Tax Foundation.

53. Hughes, B (2017). Cannabis legislation in Europe: An overview. Luxembourg: Publications Office of the European Union.

54. Institut national de la santé et de la recherche médicale (INSERM; Ed.; 2001). Cannabis. Quels effects sur le comportement et la santé? Paris: Les édition Inserm.

55. Inter-American Observatory on Drugs. (2011). Report on Drug Use in the Americas 2011. Washington, DC: OAS/CICAD.

56. Kassenärztliche Vereinigung Westfalen-Lippe (KV)(2017). Cannabis als Kassenleistung. Information über die praktische Umsetzung. In: https://www.kvwl.de/arzt/verordnung/arzneimittel/ info/invo/cannabis.pdf

57. KBV (Hrsg.)(2017). Informationen an die Pharmakotherapieberater der KVen. Stand: 09.03.2017.7.

58. Knaus, I & Erhardt, E; BKA (1993). Freigabe von Drogen: Pro und Contra. Literaturanalyse. Wiesbaden: BKA.

59. Landeskriminalamt Niedersachsen (2018). PKS-Jahrbuch 2017. Die Kriminalität in Niedersachsen 2017 auf Basis der Polizeilichen Kriminalstatistik. Hannover: LKA Niedersachsen.

60. Landeskriminalamt Niedersachsen, Zentralstelle Jugendsachen (O. J.). Zehn gute Gründe, Cannabis nicht zu legalisieren. Hannover: LKA Niedersachsen.

61. Light, MK, Orens, A, Lewandowski, B & Pickton, T (2014). Market size and demand for Marijuana in Colorado. Denver: Colorado Department of Revenue.

62. Mischo, J (2018). NOZ: Bundesärztekammer warnt dringend vor Cannabis-Freigabe wie in Kanada. Osnabrück, 17.10.2018.

63. National Academies of Sciences, Engineering, and Medicine (2017). The health effects of cannabis and cannabinoids: The current state of evidence and recommendations for research. Washington, D.C.: The National Academies Press.

64. National Highway Traffic Safety Administration (2017). Fatality Analysis Reporting System (FARS) 2006-2011 and Colorado Department of Transportation 2012-2016. In: http://www.rmhidta.org/html/FINAL%202017%20Legalization%20of%20Marijuana%20in%20Colorado%20The%20Impact.pdf.

65. Orth, B & Töppich J (2014). Der Cannabiskonsum Jugendlicher und junger Erwachsener in Deutschland 2012. Ergebnisse einer aktuellen Repräsentativbefragung und Trends.

66. Orth, B, Piontek, D & Kraus, L (2015). Illegale Drogen – Zahlen und Fakten zum Konsum. In: Deutsche Hauptstelle für Suchtfragen (Hrsg.). Jahrbuch Sucht 2015. Lengerich: Pabst. 127-139.

67. Orth, B (2016). Die Drogenaffinität Jugendlicher in der Bundesrepublik Deutschland 2015: Rauchen, Alkoholkonsum und Konsum illegaler Drogen: aktuelle Verarbeitung und Trends (BZgA-Forschungsbericht). Köln: Bundeszentrale für gesundheitliche Aufklärung.

68. Patzak, J (2019). Vorbemerkungen zu §§ 29 ff. BtMG Rn. 39. In: Körner, HH, Patzak, J & Volkmer, M (Hrsg.). Betäubungsmittelgesetz: BtMG Betäubungsmittel-Verschreibungsverordnung, Arzneimit-

telgesetz, Neue-psychoaktive-Stoffe-Gesetz, Anti-Doping-Gesetz, Grundstoffüberwachungsgesetz. Kommentar. 9., neu bearbeitete Auflage. C. H. Beck.

69. Pfeiffer-Gerschel, T, Kipke, I, Flöter, S & Jakob, L (2011). Bericht 2011 des nationalen REITOX-Knotenpunktes an die EBDD Deutschland: Drogensituation 2010/2011. München: DBDD.

70. Piontek, D, Matos EG, Atzendorf, J & Kraus, L (2017). Substanzkonsum und Hinweise auf klinisch relevanten Konsum in Bayern, Hamburg, Hessen, Nordrhein-Westfalen, Sachsen und Thüringen. Ergebnisse des Epidemiologischen Suchtsurveys 2015.

71. Reed, J (2016). Marijuana Legalization in Colorado: Early Findings. Colorado Department of Revenue.

72. Rocky Mountain High Intensity Drug Trafficking Area (RMHIDTA)(2015). The legalization of marijuana in Colorado: The impact. Volume 3. Denver: RMHIDTA.

73. U.S. Department of Health and Human Services, Substance Abuse and Mental Health Services Administration (SAMHSA, Ed.)(2014). Results from the 2013 National Survey on Drug Use and Health: Summary of National Findings. Rockville, MD: Center for Behavioral Health Statistics and Quality, Substance Abuse and Mental Health Services Administration.

74. U.S. Department of Health and Human Services, Substance Abuse and Mental Health Services Administration (SAMHSA, Ed.)(2017). Key substance use and mental health indicators in the United States: Results from the 2016 National Survey on Drug Use and Health (HHS Publication No. SMA 17-5044, NSDUH Series H-52). Rockville, MD: Center for Behavioral Health Statistics and Quality, Substance Abuse and Mental Health Services Administration.

75. Simon, R, Spegel, H, Hüllinghorst, R, et al (2002). Bericht des Nationalen REITOX-Knotenpunkts für Deutschland an die EBDD: Drogensituation 2001. In: http://www.dbdd.de/Download/REITOX_D2002_D_finb.pdf.

76. Spegel, H, Simon, R, Hüllinghorst, R, et al. (2003). Bericht des Nationalen REITOX-Knotenpunkts für Deutschland an die EBDD: Drogensituation 2002. In: http://www.dbdd.de/Download/REITOX_D2003_D_finb.pdf.

77. Trautmann, F, Kilmer, B & Turnbull, P (Eds.)(2013). Further insights into aspects of the EU illicit drugs market. Luxembourg: Publications Office of the European Union.

78. UNGASS (Ed.)(2016). Outcome document of the 2016 United Nations General Assembly 13. Special Session on the world drug problem. New York.

79. United Nations Office on Drugs and Crime (2014). World Drug Report 2014. Vienna.

80. United Nations Office on Drugs and Crime (2016). World Drug Report 2016. New York.

81. United Nations Office on Drugs and Crime (2017a). Market analysis of plant-based drugs: Opiates, cocaine, cannabis. United Nations publication, Vienna.

82. United Nations Office on Drugs and Crime (2017b). World Drug Report 2017. Vienna.

83. United States Department of Justice, Drug enforcement, administration: National drug threat assessment summary 12.

84. World Health Alaska Department of Public Safety. (2016). Alaska state troopers annual drug report. Retrieved February 3, 2018, from https://dps.alaska.gov/getmedia/f259530b-5277-408e-9d45-4999958fe530/2016-Annual-Drug-Report6-28-17final.aspx.

85. World Health Organization (WHO)(1992). ICD-10 Classifications of mental and behavioural disorder: Clinical descriptions and diagnostic guidelines. Geneva: WHO.

86. World Health Organisation (WHO)(2016). The health and social effects of nonmedical cannabis use. World Health Organisation, Geneva.

D. Fachliche Stellungnahmen zur Cannabispolitik

1. American College of Obstetricians and Gynecologists (2017). ACOG Committee Opinion Number 722, October 2017. Washington, D. C. Retrieved February 3, 2018, from https://www.acog.org/Clini-cal-Guidance-and-Publications/Committee-Opinions/Committee-on-ObstetricPractice/Marijuana-Use-During-Pregnancy-and-Lactation.

2. Arzneimitteltelegramm (2017). Nabilon (Canemes) 48. 42-43.

3. Arzneimittelkommission der deutschen Ärzteschaft (AkdÄ)(2015). Cannabinoide in der Medizin. Überblick über die Studienlage zum therapeutischen Einsatz von Cannabinoiden der Arzneimittelkommission der deutschen Ärzteschaft (AkdÄ). Berlin.

4. AWO – Arbeiterwohlfahrt (2016). Regulierung statt Repression - Positionspapier zur Cannabisdebatte. Berlin.

5. Barben, J (2011a). Tabaklobby und Kinderfänger - wie cool ist rauchen wirklich. Teil 1: Tabakepidemie, Werbung und Manipulation. In: Schweiz Med Forum 11. 370-375.

6. Barben, J (2011b). Tabaklobby und Kinderfänger – wie cool ist rauchen wirklich. Teil 2: Passiv-rauchen und Strategien der Tabakindustrie. In: Schweiz Med Forum 11. 389-393.

7. Barben, J (2018). Cannabis-Legalisierung - wer profitiert davon? In: Schweizerische Ärztezeitung - Bulletin Des Médecins Suisses – Bollettino Dei Medici Svizzeri 99 (48). 1710-1712.

8. Dachverband der offenen Jugendarbeit et al. (2015). Jugendschutz im regulierten Cannabismarkt. Grundlagenpapier. Zürich.

9. Der Paritätische (Hrsg.)(2017). Positionspapier: Ein „Weiter so!" verbietet sich. Cannabispolitik ändern – Jugend schützen. Berlin.

10. Deutsche Gesellschaft für Pneumologie und Beatmungsmedizin e.V. (DGP; Hrsg.); Kreuter, M, Nowak, D, Rüther, T, Hoch, E, Thomasius, R, Vogelberg, C, Brockstedt, M, Hellmann, A, Gohlke, H, Jany, B & Loddenkemper, R (2016a). Cannabis - position paper of the German respiratory society (DGP). In: Pneumologie 70 (2). Pp. 87-97. doi:10.1055/s0042-100040.

11. Deutsche Gesellschaft für Pneumologie und Beatmungsmedizin e.V. (DGP; Hrsg.)(2016b). Cannabis - Positionspapier der Deutschen Gesellschaft für Pneumologie und Beatmungsmedizin e. V. In: Pneumologie 70. 87-97.

12. Deutsche Gesellschaft für Kinder- und Jugendpsychiatrie, Psychosomatik und Psychotherapie e.V. (DGKJP; Hrsg.)(2015). Deutsche Gesellschaft für Kinder- und Jugendpsychiatrie, Psychosomatik und Psychotherapie Gemeinsame Stellungnahme zur Legalisierungsdebatte des nichtmedizinischen Cannabiskonsums. In: http://www.dgkjp.de/aktuelles1/347-cannabiskonsum.

13. Deutsche Gesellschaft für Psychiatrie und Psychotherapie, Psychosomatik und Nervenheilkunde (DGPPN; Hrsg.)(2015). Zur Legalisierungsdebatte des nichtmedizinischen Cannabiskonsums. In: http://www.dgppn.de/fileadmin/user_upload/_medien/download/pdf/stellungnahmen/2015/20 15-127_DGPPN_Positionspapier_Cannabis__FINAL.pdf.

14. Deutsche Gesellschaft für Psychiatrie und Psychotherapie, Psychosomatik und Nervenheilkunde (DGPPN)(2015). Zur Legalisierungsdebatte des nichtmedizinischen Cannabiskonsums. Positionspapier vom 7. Dezember 2015.

15. Deutsche Gesellschaft für Soziale Arbeit in der Suchthilfe (DGSAS)(2015). Stellungnahme. „Erfahrungen in der Frühintervention bei jugendlichen Cannabiskonsumenten". http://www.dgsas.de/downloads/Stellungnahme%20Cannabis%20BMG_DG-SAS_23.2.15.pdf, Zugriff: 27.01.2019.

16. Deutsche Gesellschaft für Suchtforschung und Suchttherapie (DG-Sucht)/DGPPN (Hrsg.)(2004). Cannabisbezogene Störungen. Leitlinien. In: Neurol Psychiat 72. 318.

17. Deutsche Gesellschaft für Suchtforschung und Suchttherapie (DG-Sucht; Hrsg.)(2015). Stellungnahme zur Legalisierungsdebatte des nicht-medizinischen Cannabiskonsums. In: http://www.dg sucht.de/fileadmin/user_upload/pdf/stellungnahmen/Stellungnahme_Legalisierungsdebatte_Can nabis_DGSucht.pdf.

18. Deutsche Gesellschaft für Suchtmedizin e. V. (Hrsg.)(2015). Warum das Betäubungsmittelgesetz (BtMG) aus suchtmedizinischer Sicht auf den Prüfstand gehört". http://www.dgsuchtmedizin.de/ fileadmin/documents/dgs-info_extra_20150218/DGS-BtMGPru%CC%88fbedarf-2015.pdf, aufgerufen am 14.08.2015.

19. Deutsche Hauptstelle gegen die Suchtgefahren e.V. (DHS; Hrsg.)(1999). Suchtstoffpolitik ist mehr als Drogenpolitik und ein Gesamtkonzept der Suchtkrankenhilfe ist mehr als die Summe von Einzelaktivitäten. Hamm.

20. Deutsche Hauptstelle für Suchtfragen (DHS; Hrsg.)(2004a). Mit dem Cannabiskonsum steigen auch die Probleme. PM v. 28.07.2004. Hamm.

21. Deutsche Hauptstelle für Suchtfragen (DHS; Hrsg.)(2014). Suchthilfe und Versorgungssituation in Deutschland. Hamm.

22. Deutsche Hauptstelle für Suchtfragen (DHS; Hrsg.)(2015a). Cannabispolitik in Deutschland. Maßnahmen überprüfen, Ziele erreichen. Stellungnahme des Vorstandes der DHS. Hamm.

23. Deutsche Hauptstelle für Suchtfragen (DHS; Hrsg.)(2015b). Kein Alkohol unter 18 Jahren. Positionspapier der Deutschen Hauptstelle für Suchtfragen e.V. Hamm.

24. Deutsche Hauptstelle für Suchtfragen (DHS; Hrsg.)(2018). Cannabispolitik. Maßnahmen zur Befähigung, zum Schutz und Hilfen für junge Menschen. Hamm.

25. Fachverband Drogen- und Suchthilfe (FDR; Hrsg.)(2013). Stellungnahme: Anderer Umgang mit Cannabis notwendig. Hannover.

26. Freie Träger der Berliner Suchthilfe (2015). Neue Wege in der Cannabispolitik. Positionen von freien Trägern der Berliner Suchthilfe. Berlin, 08. Juni 2005. http://www.fixpunkt-berlin.de/fileadmin/user_upload/PDF/Aktuelles/04-06-2015_Neue_Wege_in_der_Cannabispolitik1.pdf, aufgerufen am 05.08.2015.

27. Gesamtverband für Suchtkrankenhilfe (GVS, Hrsg.)(2016). Positionspapier des Gesamtverbands für Suchthilfe e.V. zur Cannabispolitik in Deutschland. Berlin.

28. Global Commission on Drug Policy (2011). War on Drugs. Report of the Global Commission on Drug Policy, in: http://www.globalcommissionondrugs.org/wp-content/themes/gcdp_v1/pdf/Global_Commission_Report_German.pdf, aufgerufen am 05.08.2015.

29. Hamburgische Landesstelle für Suchtfragen (HLS; Hrsg.)(2017). Stellungnahme „Regulierung des Cannabismarktes in Hamburg". Hamburg.

30. Havemann-Reinecke, U, Hoch, E, Preuss, UW, Kiefer, F & Batra, A (2015). Zur Legalisierungsdebatte des nichtmedizinischen Cannabiskonsums: Deutsche Gesellschaft für Psychiatrie und Psychotherapie, Psychosomatik und Nervenheilkunde (DGPPN).

31. National Families in Action (Ed.)(2018). New report by national families in action rips the veil off the medical marijuana industry. In: http://d3r5by4xdsowev.cloudfront.net/NFIA_Tracking+the+Money_News+Release_031417F.pdf, aufgerufen am 10.03.2019.

32. Raiser, P & Kreider, C (2016). Illegale Drogen: Positionen in der Debatte um eine Cannabisfreigabe zum nicht-medizinischen Gebrauch. In: Deutsche Hauptstelle für Suchtfragen (Hrsg.). Jahrbuch Sucht 2016.

33. Rehbein, F, Weber, J & Staudt, A (2017). Prävention und Hilfe bei stoffgebundenen und stoffungebundenen Suchterkrankungen in Niedersachsen. Erster Forschungsbericht für das Niedersächsische Ministerium für Soziales, Gesundheit und Gleichstellung: Kriminologisches Forschungsinstitut Niedersachsen (KFN).

34. Rumpf, HJ, Hoch, E, Thomasius, R & Havemann-Reinecke, U (2015). Stellungnahme zur Legalisierungsdebatte des nicht-medizinischen Cannabiskonsums: Deutsche Gesellschaft für Suchtforschung und Suchttherapie e.V. (DG-Sucht).

35. Simon, R (2016). Prohibition, Legalisierung, Dekriminalisierung: Diskussion einer Neugestaltung des Cannabisrechts. In: Sucht 62 (1). 43-50.

36. Thomasius, R & Holtmann, M (2016a). Sind Jugendschutz und Cannabisfreigabe miteinander vereinbar? Die Legalisierungsdebatte aus kinder- und jugendpsychiatrischer Sicht. In: Zeitschrift für Kinder- und Jugendpsychiatrie und Psychotherapie 44. 99-100.

37. Thomasius, R, Holtmann, M, Melchers, P, et al. (2016b). Gemeinsame Stellungnahme der kinder- und jugendpsychiatrischen Fachgesellschaft und der Fachverbände DGKJP, BAG KJPP, BKJPP. Erarbeitet durch die Gemeinsame Suchkommission zur Legalisierungsdebatte des nichtmedizinischen Cannabiskonsums. In: Zeitschrift für Kinder- und Jugendpsychiatrie und Psychotherapie 44. 158-163.

E. Völkerrechtliche Übereinkommen, Entschließungen, Gesetze und Verordnungen zu Cannabis

1. Europäisches Parlament (2019). Entschließung des Europäischen Parlaments vom 13. Februar 2019 zum Einsatz von Cannabis in der Medizin (2018/2775(RSP)). Straßburg.
2. Gesetz zu dem Einheits-Übereinkommen vom 30. März 1961 über Suchtstoffe vom 4. September 1973. Bundesgesetzblatt, Teil II 1973. Nr. 50. 1353-1400.
2. Protocol Amending the Single Convention on Narcotic Drugs von 1973
3. Gesetz zur Ausführung des Übereinkommens der Vereinten Nationen vom 20. Dezember 1988 gegen den unerlaubten Verkehr mit Suchtstoffen und psychotropen Stoffen (Ausführungsgesetz Suchtstoffübereinkommen 1988).
4. Art. 2 V b, 4 c ÜB61; Art. 5 i.V.m. 7 ÜB71; Art. 3 II ÜB88
5. Art. 23 I, Satz 1 GG, Art. 100 I GG i.V.m. § 80 II Satz 1 BVerfGG
6. Art. 71 II, III und V des Schengen II-Abkommens
7. Rahmenbeschluss zu Art. 31e EUV
8. Betäubungsmittelgesetz - BtMG in Verbindung mit der Anlage 1 in der Fassung der Bekanntmachung vom 1. März 1994 (BGBl. I S. 358), zuletzt geändert durch Artikel 2 des Gesetzes vom 20. Mai 2015 (BGBl. I S. 725).
9. Gesetz zur Änderung betäubungsmittelrechtlicher und anderer Vorschriften („Cannabis als Medizin"). Bundesgesetzblatt 2017 Teil I Nr. 11 vom 09.03.2017. S. 403 ff. In: https://www.bgbl.de/xaver/bgbl/start.xav?startbk=Bundesanzeiger_BGBl&jumpTo=bgbl117s0403.pdf#__bgbl__%2F2F*%5B%40attr_id%3D%27bgbl117s0403.pdf%27%5D__1490341763937.
10. Verordnung über die Begleiterhebung nach § 31 Absatz 6 des Fünften Buches Sozialgesetzbuch (Cannabis-Begleiterhebungs-Verordnung – CanBV): Bundesgesetzblatt 2017 Teil I Nr. 14 vom 29.03.2017, 520f. https://www.bgbl.de/xaver/bgbl/start.xav?startbk=Bundesanzeiger_BGBl#__bgbl__%2F%2F*%5B%40attr_id%3D%27bgbl117s0520.pdf%27%5D__1492010895730.
11. Runderlass des Ministeriums für Wirtschaft und Mittelstand des Landes Nordrhein-Westfalen vom 06.06.1999 (bezogen auf die Werte der Daldrup-Tabelle).

F. Diagnostische und therapeutische Manuale und Leitlinien

1. American Psychiatric Association (APA)(2013). Diagnostic and statistical manual of mental disorders. 5th edition. Arlington, VA: APA.
2. Dilling, H, Mombour, W & Schmidt, MH (1992) Internationale Klassifikation psychischer Störungen. ICD-10 Kapitel V (F). Klinisch-diagnostische Leitlinien. 7. Aufl. World Health Organization, Geneva.
3. Bonnet, U, Harries-Hedder, K, Leweke, FM, Schneider, U & Tossmann, P (2004). AWMF-Leitlinie: Cannabisbezogene Störungen. In: Fortschr Neurol Psychiatrie 72. 318-329.

Wenn Sie auf dem Laufenden bleiben wollen, können Sie *„Google Alerts"* nutzen. Es gibt auch *„Talkwalker Alerts"* und *„Buzzlogix".* Anleitungen dazu finden Sie im Internet.

Die Autorin und der Autor

Dr. (Univ. Leuven) Imke Geest

seit 2007	Fachärztin für Psychiatrie und Psychotherapie, niedergelassen als ärztliche Psychotherapeutin in eigener Praxis, Cuxhaven Konsiliararzttätigkeit, HELIOS Klinikum, Cuxhaven Teilnahme am kassenärztlichen Notdienst, Cuxhaven Fachärztin für Psychiatrie und Psychotherapie, Fachstelle Sucht für den Landkreis Cuxhaven des VBS e. V., Cuxhaven
2004-2007	Assistenzärztin, Klinik für Neurologie und Neurophysiologie des Klinikums Bremerhaven
2000-2004	freiberufliche Tätigkeit, Gutachten, Bereitschaftsärztin in der Psychiatrie, Tätigkeit im Gesundheitsamt Cuxhaven, Mutter von 2 Söhnen
1991-2000	Stationsärztin, Psychiatrische Klinik der DRK-Krankenanstalten Wesermünde, Bremerhaven
bis 1991	Studium der Humanmedizin, Gent, Kortrijk und Leuven

Qualifikationen

- Weiterbildung zur Verhaltenstherapeutin, Universität Tübingen
- Weiterbildung zur Tiefenpsychologin, Psychiatrische Klinik Geestland Langen
- Weiterbildung Psychosoziale Onkologie, Univ.-Klinik Heidelberg, Univ.-Klinik Hamburg

Dipl.-Päd. Jürgen Schlieckau

seit 2018	Leiter Fachstelle Sucht für den Landkreis Cuxhaven des VBS e. V., Cuxhaven
2011-2018	Pädagogischer und Organisatorischer Leiter und stv. Einrichtungsleiter, Dietrich-Bonhoeffer-Klinik, Ahlhorn und Fachklinik Oldenburger Land, Neerstedt
1995-2011	Pädagogischer Leiter und psychoanalytisch-interaktionell orientierter Sozialtherapeut, Dietrich-Bonhoeffer-Klinik, Ahlhorn
1987-1996	freiberuflicher Teamer in der Erwachsenenbildung, Friedrich-Ebert-Stiftung, Hannover
1983-1986	Studium der Erziehungswissenschaften an der Helmut-Schmidt-Universität der Bundeswehr, Schwerpunkt Erwachsenenbildung, Hamburg
1982-1995	Offizier der Deutschen Bundeswehr

Qualifikationen

- Weiterbildung zum psychoanalytisch-interaktionell orientierten Sozialtherapeuten, Gesamtverband für Suchtkrankenhilfe (GVS), Berlin, staatliche Anerkennung
- Heilpraktiker für Psychotherapie (eHP), Bezirksregierung Lüneburg, staatliche Anerkennung
- Weiterbildung zum Personalreferenten, Deutsche Gesellschaft für Personalführung (DGfP), Düsseldorf
- Qualitätsmanager im Gesundheitswesen DIN EN ISO 9001:2008 (deQus), Kassel
- Rauchfrei-Trainer, Institut für Therapieforschung (IFT), München